地域文化史の調査と研究

鈴木秀幸

日本経済評論社

目次

はじめに

本書の題名は、『地域文化史の調査と研究』とした。いうなれば日本における幕末以降の地域における文化史について、資料調査の実践とその研究結果をまとめたものである。

とはいえ、用語の定義となると実に難解である。とりわけ題名中の「地域」、「調査」、「文化」のことである。しかもこれら用語の解釈は長年、多くの先学によってなされてきたが、いまだ明確な結論は出されていない。周知の通り、「地域」には「地方」という類語がある。一般には「地域」は人間性や生活感を伴わない表現とされ、「地方」は中央を意識した用語とされるが定説ではない。ここでは双方を併記したり、一方の用語でもう一方も兼ねることとした。

また「調査」とか「資料調査」という用語についても断っておきたい。それらは資料取り扱い上の一環であるが、この場合も単に探訪することを指す場合もあれば、保存・整理等々をも含む場合もある。一般には地域・地方の資料調査の際、前者のみで終わりということはほとんどない。ここで留意しておくべきことは「収集」との関わりである。地域・地方における資料は所蔵者宅や地元の施設・設備で管理することが多い。したがってこの場合は例えば農村に出向き、農家を訪ねる。問題は機関・学校・会社といった組織体の資料である。この場合の資料調査はさきのような資料調査とは異なることが少なくないので、こうした資料調査のことも視野に入れておくべきである。だがここでは前者を中心とする。なお、本書では「調査」と「資料調査」は同義的に扱う。

さらに「文化」という用語も分かったようで、漠としている。この定義は広義（通俗的・日常的なものも含む）と狭義（知的・学問的）に区分されることが多い。一応、本書では後者を中心としつつも、前者も十分に意識して論じたい。

冒頭から用語解説のようになってしまったのは、そもそも本書のような題名を付した書物が少ないからである。それだけにある程度、用語の定義をしておいた方が散漫な文章となることをいささかなりとも避けられると思い、このような形にした。

本書の構成は全三章であるが、実際は大きく第一章・第二章と第三章、つまり二部により成り立っている。この双方ともに共通するのは、というよりも本書の最大の特色といってよいことは、地域、つまり村落に出向き、這いずり回るようにして歩いたことによって成り立った結果である。「足」でかせいだ資料調査によったものといっても差し支えない。

むろん歩き出す前にさまざまなことを考える。しかしやはり実際には地域の中で歩き、景観を一望したり、生の資料に出会ったり、時には地域の人々の話を聞くことにより、がぜん発想が湧いてくる。その場合に当然、調査の人員・期間・予算等々に規定されることはいうまでもないが、やはり原則として当初は地域全体の資料を対象とすべきである。つまり地域（村落）内部を徹底して調査する。それは「内での調査」とでも言うべきものであり、悉皆とか博捜といった目的意識が込められている。

第一章はそうしたことを実践したことによる論稿である。すなわち同章は村落およびそこで生活する人々によってなされた文化活動を究明したものであるが、最初から芸術・芸能とか文学といった具体的なテーマを掲げて入ったというよりも、途中よりそうしたテーマを設定したといった方がよい。地域の人々はわれわれのような歴史を研究しようとする人のために活動したり、資料をのこしたのではないからである。同章で対象とした地域は以前に自治体史編さんの資料所在調査に参加したり、あるいは共同研究のメンバーとして調査から出版まで関わったり、その後も一人で足を運んでいる所である。

それに対して第二章の資料調査は前者のような事情や状況とは異なる。まずはその人物や業績を知った。つまり筆者の場合は大学史に関わる中で、その人物の東京における在学時や卒業後のことをまずは把握したのである。それにより次には成育環境や帰郷後のことを検討する必要が生じたわけである。ということは東京から、ある地域に入り込んだのである。この場合は対象とした地域が東北や四国などと遠隔であり、調査にかける費用にも限界があるため、「内での調査」のようないわゆる「鍋の底までことごとく」という結果にならない。このことはやむえないというよりもむしろ、状況や条件によっては別の方法を考えた方がよいと判断した。具体的には地域の人たち（資料所蔵者・研究者・文化財団体や自治体の関係者・卒業生・有志等）との相互協力・共同あるいは連携である。もっともそうした方々の理解をえることに時間を要する。だがいずれにしても当時の地域の状況、人々の動向、修学事情等々を把握できた。こうして中央と地方・地域を結ぶことにより、近代日本の中央と地方の相関を分析が可能であると確信したのである。ごく分かりやすくいえば第二章は「外への調査」であり、照射・追求といった目的意識が込められている。さらにいうならば一定の基点から他の地域に飛ぶようなものであり、降りた所は角錐をイメージした。その頂点に降りて、徐々に底辺をめざしたのである。

第三章は第一章・第二章とは異なり、そのような研究を成り立たせた資料調査の実践を述べたものである。ところが本章は筆者の資料調査歴に基づくために懐古的・随想的な部分の存在も否めない。それに対し、第一章・第二章の方は研究論文のため学術的である。したがってこの第三章も研究論文調に書き直すことを幾度か試みたが、最後には無理に統一を図る必要はないという考えにいたり、ここでは自然のおもむくままの筆致にまかせた。結果として第一章・第二章の硬調と比較し、軟調になったが、うったえたい本質や目的は変わりない。

次に、ごく簡潔に各節の概要を述べておきたい。第一章一「幕末維新期の地域社会と数学知識」では、幕末には多くの地域で荒廃化が顕著となり、村方騒動や一揆などの事件も発生するのであるが、この要因は単に好んで「ごたごた」を起したわけではなく自立や向上をめざした結果でもある。ゆえに彼らの学問や教育は地域事情やその生活と大きく関係していたのである。そのことを本節では埼玉県の小川地域の和算を中心に社会経済史研究・地域社会論等を援用しつつ証明しようとした。

同章二「ある農家の生活と文化」では、茨城県の千代川地域の農家の三代について、とりわけ私文書を主としつつ、地域における生活とその変貌について、とくに関心事や人の往来を中心に追った。そこでは近代的な文化や文化人に接することもあるが、それとは対照的なそれに関わることも少なくない。本節では生活史研究を援用しつつ考察しようとしたつもりである。

同章三の「地域の文化形態と景観」はまず一定時期の地域における文化の形態を把握した。地域内の文化は必ずしも一様ではなく、それは取り巻く景観に規定されることを明確にしようとした。さらにそうした各文化はどのようにして成り立ったのか、そしてどのような行く末をたどるのかということに着目した。さらに地域における文化の醸成や活動の場の解明をも試みた。ここではとりわけ景観論が解明の大きな契機となった。

第二章は大きな目的としては地方（地域）と中央（大学）の相関による近代日本の特質・構造の解明、方法としては「地方（地域）史と大学史」といった対極的な存在の融合化・有機化をめざしたものである。同章一「自由民権期の法律学校学生と地域」では上京し、在学時より自由民権運動で活躍したのちの国会議員の佐藤琢治に注目した。幕末に東北の一地域に生まれ、育った少年が、立身出世をめざして東北の中心・仙台で学んだのちに上京、そこで自由民権の風潮の下、その色彩の濃い明治法律学校に入学する。修学そのものよりも運動に関心を示すが、同志の存在を知ることにより、それまでの東北振興論・薩長への全面対決だけではなく、さらに視野を広げる。帰郷後は新聞記者や県会議員をつとめ、やがて衆議院議員として国政に参加する。

同章二「明治期青年の上京と修学」では、明治法律学校時代に「お雇い外国人」の教師・パテルノストロや国際法学者・岩谷孫蔵らと交流、卒業後も考古学や文学などを学んだ安藤正楽を中心に検討した。その事績としては「非戦」論や差別廃止論を主唱したり、司法官安達峰一郎あるいは多くの芸術家らとの交流によりさまざまな著作をのこした。こうした安藤正楽について、地域の社会的経済的な状況、修学の事情、近隣青少年の動向、続いて上京、修学の実態、さらに帰郷後の活動や折々の上京の様子を追究した。

同章三「地域から東京、そしてアメリカへの修学」は元首相としてあまりにも有名な三木武夫を中心に論じた。ここでも前節同様、人物研究のあり方をも視野に入れつつ、調査や研究をした。というのも政治家の場合、伝記類は少なくないのが通例であるが、孫引きや真実が疑われるものもある。したがって事実の確定には、ことのほか時間や労力を要する。研究目的としては「地方（地域）史と大学史」論だけではなく、「大学史と世界史」論も意識した。地域に成育し、修学したのち、東京の明治大学に入学し、在学中は大学の命を受けるなどして、アメリカへ二度、留学した。帰国すると、同大学卒業と同時に衆議院議員に当選した。その後、母校・明治大学や郷里・徳島との関わりを強めるのみならず、海外をも視野にリベラルな政治の実現をめざした。

なお、前章も同様であるが、あるいはそれ以上に本章では人物の調査・取扱いについても意識して論考した。

第三章一「木村史学における文化史論」は、戦後の歴史学を牽引した木村礎（故人）の資料調査と、それによる日本村落史研究の確立、そして文化史の開拓を追った。これらは何よりも筆者に大きな影響を与えるとともに、今後の課題も考えさせたからである。

同章二「地域文化史調査の軌跡」は必ずしも条件や立場に恵まれたわけではない筆者が、地域史や大学史の調査に苦悩し、それをどのように推し進めようとしたのかという、正しく「山あり、谷あり」の足跡を綴った。

同章三「「大学史歩き」の提唱」では大学史の資料調査も学内だけではなく学外、とくに地域に積極的に向かうべきであることを主張した。また狭い意味で考えれば大学および周辺とても地域である。そのような場合、どのように資料を扱ったらよいのかということにも触れた。

このようにしてみると、本書の特長は次の七点になる。

・いままでほとんどない地域（地方）文化史の調査論を試みた。

・とくに研究者のつごうによる文化史研究ではなく、地域の人々の生活の中から文化史を見出そうとした。

・そのために地域の「内での調査」を強調した。

・一方、「外への調査」の必要も説いた。またそれに関連して「大学史と世界史」論にも及んだ。

・その大学史活動においては「大学史歩き」をすすめた。

・全章にわたって人物の調査や取り上げ方をも念頭に置いた。

なお、近年、従来の資料調査論に対するアーカイヴズ論的資料論の立場からの強い批判があることにも触れておきたい。新たな論説を主唱する場合、往々にして攻撃的になることはやむをえないかもしれないが、それだけ逆にさまざまな批判や反論がある。このことについて筆者は最近、明治大学『大学史紀要』第一六号において、「木村史学における文化史論」（本書所収）と「「村歩き」の研究――資料調査から見た木村史学について――」（第一七号）と題した論文により歴史学者・木村礎の資料調査について論じた。そこではこのアーカイヴズ論的資料調査論そのものを取り上げることはないにしても、強く意識しつつ、「一定の意義や有用性を認めつつも、従来の資料調査への批判に対しては視点にズレがあることと、実践面での検討課題が多いことも事実である」ことや、資料調査の現場では「アーカイヴズ的資料調査法の内、整理に関する技術は採用に値すると思い、より簡便にした」（両引用とも第一七号）方法で実践してきたことを述べた。本質は誰もがどこでも容易に資料を扱うことができ、かつ後世のために保存するにはどうすればよいのかということであろう。

すでに述べたように本書は資料調査をもとに史的分析をした結果である。そのために筆者は多くの場所に出向いたが、その全てを網羅することはできなかった。以下、本書で取り上げた主な地域の概要を簡単に紹介する。

小川町……埼玉県のほぼ中央部に位置し、比企郡に属する。山地・台地・低地があり、とくに中央の盆地は商業地として発展してきた。また伝統産業としての和紙製造は全国的に名が知られている。近隣には現在、ときがわ町・寄居町・東秩父村などがある。

旧千代川村……茨城県の西部（「県西」）にあり、結城郡に属した。平成一八（二〇〇六）年一月の旧下妻市との合併により、新たな下妻市の一地域となった。ほぼ南北に鬼怒川と小見川という大河川が流れている。また西部は台地、中部は河岸段丘、東部は低地と大別でき、全体としては農業が中心であった。中部の宗道河岸周辺はかつて官衙・商家などで繁栄した。近隣には現在、常総市・筑西市・つくば市などがある。

旧登米《とよま》町……宮城県の北部・岩手県に接し、登米《とめ》郡に属した。平成一七（二〇〇五）年四月の合併により登米《とめ》市となった。北上山地や北上川のある田園地帯である。明治初年には水沢県庁が置かれた。近隣には現在、石巻市・南三陸町・栗原市などがある。

旧土居町……愛媛県の東部（「東予」）で香川県や高知県や徳島県に接し、宇摩《うま》郡に属した。平成一六（二〇〇四）年四月の合併により四国中央市となった。地質の関係でサトイモの栽培や五葉松の生産がさかんである。近隣には現在、新居浜市・三好市・本山町などがある。

旧土成《どなり》町……徳島県の北部・香川県に接し、板野郡に属した。平成一七年四月の合併により阿波市となった。讃岐山地が多くを占め、南部は吉野川流域となっているため農業およびその関連産業が中心である。近隣には現在、吉野川市・美馬市・東かがわ市などがある。

旧干潟町……下総国の東部（「東総」）にあり、千葉県香取郡に属した。平成一七年七月の一市三町の合併により旭市の一地域となった。旧町の中央部東西に県道が走り、北部は下総台地により畑作が中心、南部は「干潟八万石」（干拓）と呼ばれる水田が中心である。近隣には現在、香取市・銚子市・匝瑳《そうさ》市がある。

いずれにしてもこれまでの資料調査によって学びとり、論考に生かしたことなどを紹介した。筆者は「金もない、地位もない、施設もない」、それに加えて「四足の草鞋」といった職務や立場で当たってきた。こうした事情からすれば、とても成功談は書けないし、ましてや「ベシ」論は不可能である。だが逆に考えれば「自由」・「手作り」・「開拓」という利点も無いとはいえないが、やはりその間は不安と迷いの連続という印象の方が強い。こうしたいわば弱々しい「エンジン」ながら、何とか、切れることなく目標に近づこうと紆余曲折・悪戦苦闘をした、その過程や結果を綴ることを目的とした。実際、こうした筆者のような境遇や状況の人も少なくないと思われるので、何がしかの参考になればと思ったのである。

第一章　地域の中の文化史

一　幕末維新期の地域社会と数学知識——小川地域について——

はじめに

和算研究が、当時の地方・地域との関連で考察されたことはほとんどない。このことについて、筆者はかつて千葉県東部、いわゆる東総地方を中心に調査をして、『歴史論』第八号所収「村落生活と和算」(1)において指摘したことがある。しかしその研究動向はいまだ変っていない。そこで繰り返しを極力避けつつも、同稿の内容をごく簡単に紹介する。

・研究の潮流——和算の研究を算額を中心とするもの、算書を分析したもの、洋学との対比をしたもの、その他と四区分できる。しかし全体としては数理的研究であるとした。

・和算普及の状況——和算普及を追うと、中央に比べ、地方・地域では年々、盛んとなることを知りうる。その実情について、東総の干潟地域における江戸の遊歴算学者・剣持章行とその門人・花香安精により検証した。

・算学研究の実態——中央の算学はともかく、地方・地域のそれは生活の必要によりなされる。そのことについて、流通経済、土地開発あるいは日常生活の側面から指摘した。
・算術の教育事情――地方・地域の和算教育者の意識・気概、教授の方法を追ってみると、生業の傍らとはいえ、想像以上に厳正・厳粛に学問に当たっており、しかも通説のような秘密・ギルド的と必ずしもいえないことをも知りえた。またその教育や学習の目的は社会や地域事情を考慮してのものであった。であるから、彼らは和算の教育においては日用化・実用化・簡便化に日々努力しているということも分かった。
以上のことをふまえつつ、本節では幕末維新期の政治的・社会的な大変動の中で、地域・地方の人々は、和算をどのように援用したのかということについて、追ってみる。

1　幕末維新期の地域社会

本節では幕末維新期の武蔵国比企地域、とくに現在の埼玉県比企郡小川町を対象の中心としつつ、また時には隣接の嵐山町の事例をも補いつつ、論をすすめる。

そのための前提として小川町の概要を紹介しておく。大まかにいうと、同町は埼玉県の中央部にある。総面積は六〇・四五平方キロメートルであり、地形は山地（丘陵地も含む）、台地、低地からなっている。地目別に見れば山林が三八・三六パーセントと圧倒的に多く、田は同五・八二、畑同八・七二、宅地同九・四六といった割合である。町の中心は中央部、すなわち小川盆地に形成されている。人口は三三、六五二人である(2)。また鎌倉街道、八王子道、川越秩父道の形成により中継地としての交通・商業、さらには山地の多さにより養蚕織物・和紙等の産業も発達した。そのことからすれば純農村稲作地帯というわけではなかった。

同地域の歴史にとって、とりわけ幕末維新期の最大の出来事は「武州世直一揆」とか、「武州一揆」と称される慶応年間の打ちこわしである。この騒擾に関する研究は実に多い。ここでは、その説明は極力省略するが、事は慶応二

（一八六六）年六月一三日、近隣の秩父郡下飯能・名栗地方に発生、貧民層が中心となり、米価の値下げや質物の無償返還等々を要求、豪農・富商あるいは陣屋を襲撃、その範囲はさらに武蔵・上野・多摩と広範囲に拡大した。結局は幕府や各藩による武力行使、あるいは豪農による自警団や農兵の出動で鎮圧されたが、幕末の世直し一揆としては有数のものであり、それだけに領主層への打撃は大きく、さらに、その後の村および村人への影響も多大であった。

こうした大一揆が発生するということは、すでに、それ以前にさまざまな紛擾や騒動、あるいはトラブルが頻発していたのである。すなわち幕末の村落ではもめ事、いわゆる「ごたごた」の頻度がますます高くなっていたのである。

例えば小川村下分では弘化二（一八四五）年六月に小前一同より領主に宛て訴状「乍恐以書付御訴詔奉願上候」が提出された。それは名主による金銭・年貢・村入用等の不正を訴えたものである。(3)また勝呂村でも嘉永四（一八五一）年八月の「差出し申口書一札之事」(4)によれば御用金の類焼をめぐり小前一統が「騒立徒党強訴」に及び、「為取替一札之事」（同年月）によれば名主は退役をしている。(5)このように小前らは村政への疑問・不満を公然と訴え、かつ強烈に当事者にぶつけ、糾弾に及ぶようになった。

一方、村人の中には自力で窮状を打開する方法を模索し、実行に移す者もいた。このことに関して、ここでは小川町域の二つの村について、事例を紹介する。

飯田村では、慶応二（一八六六）年一二月に百姓代・惣百姓四九名が「議定書」をしたためている。その内容は放火強盗あるいは悪党の乱暴に対しては協力し合うなどして討ち取ったり、打殺す。その際は骨折料を支給するというものである。(6)同村は翌年正月には「取極メ申議定書之事」を百姓代・惣百姓五一名で取り交し、村役人へ差出している。そこでは近年物価高騰の折柄、質素倹約につとめるとしたものであり、例えばその第一条では年始の際、酒は一切出さぬことなどとしている。(7)

慶応三（一八六七）年四月、近隣の増尾村では、詳細な取極めを百姓代・小前惣代によって制定し、村役人に提出している。「村方仕法書」と題した文書の冒頭には、近年、物価の高値が続いており、生活の手段に困っている。さらに昨年より年貢や助郷に難渋している。とくに昨年以来の臨時入用等が多分にかかり、今年春からは極難渋に陥り、とても親・妻子の養い方が行届きかねる状態である。そこで小前一同が、百姓代に相談し、仕法書をしたためたという。全一七カ条の内、その多くは村役人の役務に関する費用の確定であり、つまり削減を意味している。また村生活において廃止すべきことを確認している。さらに村の役務に関して小前の参加も定めている。このように幕末村落の荒廃の進行する中、村人らは自己を律し、自らの手により、村の防衛・更正・再建を図ったのである。(8)

ところで頼みの支配者は無力・無能に近い状態であった。というよりも自らの家政に四苦八苦しているのが実情である。例えば、文政一三（一八三〇）年二月（無題）、腰越村の地頭細井藤左衛門は村役人を地頭役所の勝手賄方に任命し、財政管理を任せる旨、申達している。(9) また高見村でも安政二（一八五五）年四月「入置申証文事」によれば地頭の田村氏は駿府への徳川氏同行、葬儀等々でしばしば名主へ無心をしている。(10)

ついに地頭大嶋氏知行の勝呂村・木部村等は安政六（一八五九）年一〇月の「乍恐以書付御府内願奉申上候」によれば地頭用所役人の減少願を、(11) さらに勝呂村・和名村では慶応元（一八六五）年五月（無題）、勝手仕法の勘定・意見書を提出している。(12)

ここで重要なのは、幕末維新の動乱、それによる村落の混乱の中、確実に村民は村のため、自らのため、積極的に解決や前進をはかって奔走していることである。そのことが伝統的村落自治の発現なのか、農民層の階級的自覚なのかはともかく、小前層の自立、さらには成長を示すものであり、全く支配に服したり、あきらめているわけではなかったのである。それとともにさらに購入をめぐる疑惑、すなわち数値的疑問、そのことに関する問題提起にも大いに注目できる。つまり、数学的な観念が高まってきたことを意味する。さらにはその数学知識が村の自治にも応用されていたわけである。このことはきわめて重要であるので、後項でもふれたい。

2　小川地域の算学者と吉田勝品

(1) 小川地域の算学者たち

本項では小川地域の算学者たちを確認することにより、全体的傾向を概観する。その前に、小川地域における和算の研究史について、紹介しておきたい。同地域の和算家を世に知らしめたのは三上義夫である。三上は明治八（一八七五）年二月一六日に現在の広島県安芸高田市に生まれたが、健康に恵まれず、旧制二高（現東北大学）も中退せざるを得なかった。しかし日本数学史の研究をし、明治四一年には帝国学士院嘱託として和算史の研究に当たった。その後、東京帝国大学（現東京大学）の文科大学・大学院で学んだ。三上が全国の和算関係資料を求めて調査を始めたのは大正四（一九一五）年である。

調査のため、彼が小川一帯を歩いたのは昭和一〇（一九三五）年のことで、職業は東京物理学校（現東京理科大学）の講師であった。その時の調査については『日本文化史論叢』に「比企郡竹沢小川の諸算者」と題して、吉田源兵衛・杉田久右衛門・福田重蔵・松本寅右衛門のことを紹介し、さらに同地域周辺の調査をして、続編も用意した。ところが同書刊行前に同種の原稿を大塚仲太郎が『埼玉史談』に「北武の古算士」として発表した(13)。

大塚は、三上と同年の明治八年四月七日、小川地域の大塚に生まれ、埼玉県師範学校で学んだのち、永年、地域の小学校教育に尽力した。退職後は和歌・俳句を嗜むかたわら、郷土史を研究したり、社会教化にも貢献した。三上が小川地域の調査をした際にも協力をおしまなかったのである。

しかし、三上にすれば後塵を拝した形となってしまった。だが同じ『埼玉史談』に「武蔵比企郡の諸算者」と題し、大塚より多くの人物を取り上げ、かつ大塚の調査内容を修正しつつ、同郡の調査結果を詳細に紹介している(14)。

三上・大塚の両者の間で齟齬をきたしたことは事実であるが、そのことはともかく二人によって小川地域の和算を

表１　小川地域和算資料所在状況（地区別）

旧町村		所　蔵　者（資料中の名前）
小川町	小川村	松本敏治（清三郎）、吉田栄治、前田昌徳
	大塚村	稲垣進
	下里村	島田旭（長年）
大河村	腰越村	関根明人（孟輔）、澤田行雄、山口麟三郎（麟三郎）
	上古寺村	小久保芳雄（勘右衛門）
八和田村	中爪村	本多章信（近弥・知三）、細井弘一（長次郎）
	高見村	高橋喜久雄（和重郎）
	高谷村	関口勇男（鶴吉）、岡部章（留次郎・新六）
竹沢村	笠原村	笠原喜平（半平）
	勝呂村	宮沢敏明（勇八）、吉田稔（勝品）
	木呂子村	青木要作（伝次郎）、粟嶋久治、武藤義旦（郡治郎）

注１）2011年８月、筆者作成。
　２）括弧内は、資料に記されている著者・作成者・持主の名前。

世に知らしめた意義は大である。しかし残念ながら当時、精力的に和算家の子孫宅を訪ねた両名であるが、資料の対象が限定的であった。つまり子孫への聞き取り、墓碑、算書が対象であり、和算以外の家文書や地域の資料には及んでいない。また資料の整理・保存の処置（目録作成等）をしていない。さらに研究者としての三上には、とりわけ客観的普遍化が求められるべきであるが、ほとんど調査報告書の段階で終わっている。

　例えば北武蔵地域については「北武蔵の数学」で次のように記している。[15]

　　現に北武蔵の各地を訪うて諸算家の遺跡を尋ねて見ても、殆んど悉く忘れられ、称するに足るものは無い。

また、前出『日本文化史論纂』では、小川地域について、歴史的論理的、とくに総括はほとんどなされておらず、終章（二頁）の中で、吉田勝品について、「たとひ数学上の知識は浅薄であろうとも、努めて農村の子弟に教授して、日用の必要を充たし、興味を喚起し、算法を普及した功労は、充分に認めなければならない」とごく簡単に述べている程度である。さらに例えば「武蔵比企郡の諸算者」においては、「三十四、総括」という章を設けながら、調査そのものについて、整理というよりも感想を一頁半ほど記し、「此一郡に於て三〇余人の算者が曲がりなりにも見出されたのは多とすべきであろう」と結んでいる。

なお、昭和三六（一九六一）年一一月、小川町教育委員会にて刊行した『小川町史』には「小川町の和算家」という一節で、一一名の人物が紹介されている。そのほとんどは、さきの三上・大塚の遺作に依拠しているが、それでも時々編纂時の情報が追記されている。例えば、細井長次郎（後出）の掲額が取り壊された時期・事情等々である。また平成一五（二〇〇三）年八月、小川町発行の『小川町の歴史』通史編上巻では第六章第二節一の「村の文人」の中で「和算家吉田勝品」、「算額を奉納する人々」として述べられている。自治体史書であるため、紙数に制約があったこと（四頁半）と察せられる。(16)

現在、小川町では自治体史書『小川町の歴史』刊行完結後、作成した資料所在目録について、原蔵者許可の分を公開している。それに基づいて作成したのが、表1の「小川地域和算資料所在状況（地区別）」という一覧表である。一見して町域まんべんなく所在していることを知りうる（西古里村と鷹巣村の場合は昭和三一〔一九五六〕年一月、一部編入）。また表2は「小川地域和算資料所在状況（編年順）」である。それによれば総計八五点で、上限は天明三（一七八三）年、下限は明治三一（一八九八）年である。表3「小川の算学者」は同地域の主な人物を一覧化したものである。

表2　小川地域和算資料所在状況（編年順）

時期（年）	点数	時期（年）	点数
天明3	1	（近世）	2
4	2	明治7	2
寛政5	1	8	3
文化7	1	10	3
文政1	1	11	1
天保3	1	16	2
5	1	17	1
7	1	19	1
8	1	20	1
13	3	21	1
弘化4	2	28	1
嘉永元	1	31	1
4	1	明治期	4
5	2	（近代）	6
万延2	1	不明	34
慶応2	1		
4	1	計	85

注1）2011年8月、筆者作成。
　2）その年のものと思われるものも含む。

以上、表1から表3のデータを基にすれば、近世後期以降、小川地域には実に多くの和算家がおり、活動をしていたことを察知することができる。しかもここで紹介した和算家のほとんどは指導者等の有力な人物であり、もし和算家という概念を門人等まで拡大すれば、その人数はかなりにのぼり、地域的にも広がると思われる。というのも例えば表中の松本寅右衛門の場合は神文現存四

表3　小川の算学者

人　名	村名	職　業	生没（歳）	師　匠	備　考
杉田久右衛門（藤吉）	小川	商人（質屋・酒屋）	～安政2・3・13	古川氏清 栗原辰右衛門（福田）	至誠賛化流
関口元次郎	小川				細井長次郎算額文書「舌換」あり
笠間庄左衛門	小川	名主			
松本清三郎	小川			吉田勝品	
島田長平	下里		天保2・6・20～		『貢法算術記』等を著す、子の亥三郎『算術伝授全集』
村山米蔵	西大塚			吉田勝品	明治17年師に神文提出
村山信左衛門	同上			同上	同上
福田重蔵	笠原		明和4～弘化5	栗原辰右衛門（福田） 市川玉五郎行英（上州）	
馬場与右衛門（安信）	腰越		文化1～ 弘化2・7・28（41）	市川玉五郎行英（上州）	慈光寺（平）に掲額（文政13・3）
久田善八郎（儀知）	腰越	職人（鋳掛屋）	～嘉永4・4・24	同上	同上
山口三四郎（友三郎、和重、順山）	腰越	農民 商人	文化10・7・3～ 明治22・4・22（77）		私学舎を設ける、 門人約30人
田端徳次郎	腰越		嘉永1～ 明治30・2・3（50）	山口三四郎	弟子近隣 そろばん中心
田中与八郎（信道）	下古寺			市川玉五郎行英（上州）	『算法雑俎』に算題収載、慈光寺（平）に掲額（文政13・3）
宮沢彦太郎	増尾	商人（足袋屋）	～昭和14・3・31	吉田勝品	
細井長次郎（宗七）	中爪	農民	寛政11～ 安政7・1・28（61）		薬王山普光寺（中爪）に算額奉納
本多東右衛門（近信）	中爪	農民	寛政6～慶応2		普光寺（同上）に墓地
高橋和重郎	高見	地主	天保6・1・25～ 明治31・4・30（64）	細井長次郎	地租改正地主総代、村会議員、『算法遺術五百題』を著す
松本寅右衛門（栗島）	木呂子	名主	享和2・2～ 明治15・5・1	市川玉五郎行英（上州）	門人約300人

出典）「北武の古算士」（下）大塚仲太郎『埼玉史談』8－5、「武蔵比企郡の諸算者」（上）三上義夫『埼玉史談』11－5、『小川町史』小川町史編纂委員会、昭和36年11月、『小川町の歴史』通史編上、小川町、平成15年8月、「江戸時代の庶民の暮らし――算術を学ぶ人々」（平成18年度小川町立図書館歴史講座資料、吉田稔）。

○余通、免許皆伝七〇名、普通門弟二〇〇名という[17]。
　また同じく安政六（一八五九）年正月の細井長次郎門人帳「算術指南神明之乗」には現町域大字の中爪・高見・能増・志賀・鷹巣・小川・高谷から、さらに町外の吉田・菅谷・寄居・富田・花園といった各村の者まで、総勢六〇人の名前が記されている[18]。算額写と思われる嘉永五（一八五二）年三月の同人筆「舌換」には居住村中爪のほか近隣の鎌形・下小川・下里・高見、さらには越後藤塚の各村まで門人三二名が列記されている。このことからすれば、少なくとも同地域の和算は単に上層農民のみならず小前層まで広く普及していたことが分かる。

　次に、この地域の和算普及の契機となった遊歴の者・域外の者等について紹介する。すでに見た表3「小川の算学者」の「師匠」欄に市川玉五郎の名が見える。市川は上州甘楽郡勧能村（現在の南牧村羽沢）の人で、天保七（一八三六）年に円理に関する『合類算法』を著わし、布陣布列法を編出し、著名となった。安政元（一八五四）年、五〇歳で没するのであるが、この間、門人は地元上州のみならず、他地域にも及んだ[19]。例えば、小川地域でも門人の田中与八郎（下古寺村）・馬場与右衛門（腰越村）・久田善八郎（同）は文政三（一八二〇）年に慈光寺へ算額を奉納している[20]。また同じく門人の松本寅右衛門（木呂子村）は文政一三年に松山稲荷神社（箭弓神社）へ算額を奉納している[21]。

　さらに同表にある杉田久右衛門とは、寛政八（一七九六）年八月穀仲間「定」、文政一〇（一八二七）年三月質屋仲間「議定書」等にある小川村の米穀・質商人である。杉田の算学の師匠は福田村の栗原辰右衛門である。福田村とは現在の比企郡滑川町であり、小川宿の白木屋に勤務していたことは確かである[22]。杉田が同人の自宅もしくは白木屋で学んだのか、あるいは算学指南にまま見られる師自らが来訪したのかは分からない。しかし、いずれにしても栗原は小川地域外の人物である。

　こうした地域和算家の教育・学習の内容にあって特筆すべきことは実務・実用性である。同表の中から高見の高橋和重郎を紹介する。その生涯は墓碑に経歴が刻まれており明確である。天保六（一八三五）年一月二五日に誕生し、明治三一（一八九八）年四月三〇日に没したが、農務の傍ら江戸期には組頭、明治期には副戸長・村会議員等多くの公務を歴任した。(23) 算学については前出・細井長次郎の高弟として修得した後、村内に算術研究会を興すなど研讃と啓発に尽力した。同人の和算の活動にとってとりわけ注目すべきことが二点ある。ひとつは戸長小沢太郎兵衛から「算師　高橋和重郎大人」に宛てた一通の書状（九月二七日付、明治初年）である。そこには、このたびの地租改正では測量から図面作成等までしていただいた云々と記されている。事実、今日、その際の「改正台帳」（明治九年一月一日）や「改正地引絵図」（同九年五月一五日、同年一〇月、同一一年七月九日）が現存する。もうひとつは和重郎は没する前年・明治三〇年一二月に「算法遺術五百題　全」をまとめていることである。同書は「乗方除乗引法」以下、二二部の構成になっており、相場・利息・普請等々、日用的・実務的算題が掲載されている。二題抽出する。

・川除堤羽口長サ拾五間高サ式間横壱間此之入用萱并竹何程ヲ問

・今溜池普請ニ付長サ拾五間深サ六尺横三尺ニ腹付ヲシテ此土舛数ヲ問

高見村は村端に市野川が流れるものの、小川地域に散在する溜池に頼ることが少なくないため、「時々水旱に苦しむ」状況であった。(24) 同家に今日でも残されている『算法地方大成』や『算法開蘊』は水災・旱害を考慮しつつ、より高次の数学知識を日夜求めていたことを示すものである。また和重郎がより高いレベルをめざしていたことは同家所蔵の「暦算之術」という暦額の文書からも知りうる。

ところでこの「算法遺術五百題　全」の序文は隣村の能増村の文学者・石川巌による。そこには「珠算特ク単純ニシテ已ムヘケンヤ（略）悉ク珠算法式ニ変換シ、高尚複雑ノ数ニ当ルモ立トコロニ算盤ニ上セ以テ日用ニ便セントス」と、つまり珠算は計算等で日用に便利であると記されている。

実際、小川地域の和算家の中から十露盤（珠算）に関する資料や記録を見出すことは難しくない。高橋の師・細井長次郎は前出「舌換」の中では「十露盤をもて四五乗方為し見せよ」と友に言われて高次の開方を十露盤の図柄で示している。また表3にある杉田久右衛門は「そろばんの達人であつた」とか、松本寅右衛門は「十露盤が一番好きである」、あるいは山口三四郎は「十露盤では倉の錠前でも明けると言はれた」という。また同表の久田善八郎・田端徳次郎にも十露盤の教授等の伝えがある。(25)

こうした十露盤重視の傾向は、和算家による実務化、日用化、そして平易化に大きく影響を与えた。それだからこそ修学者も増加したのであろう。

また以上の説明からは小川地域の和算は明治に入っても相当の時期まで続けられたことが分かる。このことから、いくら文部省が明治五（一八七二）年に洋算への切替を断行しても地域にあっては相変わらず和算が行われていたということが知れる。それほどまでに和算は地域に定着していたのであろう。

以上、本項では幕末村落における和算、とくに和算教育の飛躍的な普及・拡大のようすを追った。そして、その実態は日常性・実用性を有するものであり、それだけ村人は和算など学問をすることに邁進し、その成果をさまざまに表現しようとしたのである。

(2) 吉田源兵衛勝品の生涯

ここではとくに一人の和算家を取り上げる。その人物とは、表3の「師匠」の欄にある吉田源兵衛勝品である。彼の生涯を簡潔に年表にしたのが、表4である。一覧のように彼は文化六（一八〇九）年一〇月三〇日に勝呂村に生まれ、幼少年時に和算を学んだ。村役人の傍ら和算を指南するなどして、明治二三（一八九〇）年八月二日に没した。

その八二年の生涯のほとんどは、明治一四（一八八一）年に自らの手で「吉田勝品一代誌」(26)としてしたためられている。以下、おもに和算に関することを中心に要約をしてみる。勝呂村吉田家は勝品の祖父・勝正まで村吏をしてきたが、勝正が早世するなどしたため、父・勝氏の代になると生活が困窮する。その嫡子として勝品は文化六（一八〇

表4　吉田源兵衛勝品の年譜

年　月　日	出　来　事
文化6・10・30	生まれる（勝呂村）
文政10・1・7	福田重蔵（笠原村）に入門する（1月15日、免許をうける）
〃 10・1・25	杉田久右衛門（小川村）に入門する（8月15日、免許をうける）
天保3	組頭となる
〃 6・7	算術指南をはじめる（一時、中断する）
弘化2	名主となる
嘉永2	十一ヶ村支配中小姓格となる
安政2	野田村出役となる
文久2	講元伊勢太々修行をする
明治11・5・30	門人ら、寿蔵碑を建立する
〃 17	碑陰に感謝文を刻む
〃 23・8・2	没する（82歳）

出典）吉田勝品寿蔵碑、「吉田勝品一代誌」。

九）年一〇月三〇日に誕生した。同八年・三歳の時、目に疱瘡が入り、両親は青山村の薬師[27]に信心し、また医療に尽した結果、全快した。同一一年正月・六歳の時に火焚庵里白和尚に入門し、書を学ぶ。同一三年八月、里白は六一歳で病死したが、門弟は八〇人余にのぼった。

同一四（一八一七）年正月、同じ勝呂村の名主吉田金右ェ門三男織平に入門して、四書まで修めた。文政五（一八二二）年正月、一四歳の時、吉田彦兵衛、同勇吉ほか四・五人が父を師として算術稽古に来たので、自分も習い始め、同年正月までに八算・見一・相場割を覚え、それより父とともに毎年、年貢勘定に出かけた。一五歳の時、相州大山に父とともに参詣した。また休み日には『精忠義士伝』二〇巻の書写をした。（略）

年々、正月には算術稽古に来る者が多くなった。自分も開平・開立の解き方を父に問うが答を得られない。その頃、笠原村の福田重蔵[28]という者が算法を指南し、門人は六〇人余もいる。この人の指南のようすをうかがうと、門入神文金一〇〇疋、開平法伝授金一〇〇疋、開立は二〇〇疋もかかり、入門することはできない。しかしどうしても、その解法を修得したいため、父は門人や朋友に相談した。結局、吉田勇吉・同八百蔵・木部村高橋浪二郎が金一〇〇疋ずつ出金するので、伝授を受けてきてほしい、そしてそれをさらに彼らが受けるということになった。それにより文政一〇（一八二七）年正月七日、一九歳の時、福田先生に入門、門入神文として金一両を納め、その日に開平術を覚えた。同一二日、勝品の家に先生が来たので、酒食を出し、二、三の術を受けた。一五日に算木・算盤をこしらえ、早朝、弁当持参で先生宅へ行き、開立、三乗・四乗・九乗、それから天元術を伝授された。もう教えることは無いとして、三日間で関孝和先生九伝免許書を受けた。そして、これらの術をさきの三名に伝えた。

さらに算法の奥儀をきわめたいと念願していたところ、小川下宿の杉田久右衛門という者が若い頃から算術を好み、江戸で将軍に算法指南をしていた五〇〇石取の古川山城守氏清の門弟で、武蔵国の「田舎」では岡陣屋の川田弥一右衛門と並び称されるほどの達人といわれた。しかしこの頃は使用人を三〇人余も抱えるほどの富商で繁忙につき、算法は教えていなかった。しかし、文政一〇（一八二七）年正月二五日、小川村名主笠間庄左ェ門に依頼し、入門することができた。ただ繁忙ゆえに、休み日か雨天の時に来るように言われた。算書は九〇両余も買い求めて置かれており、それを披見することができた。数日、口伝を受けた。あるいは書を写し取り、帰宅して清書したが、鶏の鳴き声を知らないほど、終夜勉強、夜が明ければ農業に精を出し、両立につとめた。それにより修得した天元・演段など諸役術は別書の通りである。しかし同年八月、頭の上に盤石を置くような痛みに襲われ、驚いた両親は角山村医師栗生田元伯に診てもらったところ、これは算術に心まどわされ、「気根」を失ったためであるから、算術を捨て、薬を飲み、保養しなければ一命にかかわるといわれた。そこで算木や算盤等を氏神に奉納し、算術を止め、保養と仕事をすることとした。その保養のためにその頃、村人の間で流行していた義太夫をすることとし、奥沢村三味源蔵に依頼して、それと三味線の稽古を始めた。

以上が、吉田勝品の修学のようすである。読み書きを近隣師匠から学んだのち、父から和算の基礎から手ほどきを受けた。その後、より高いレベルを求めて、別の和算師匠に修学するのであるが、在村では限界があった。また良師を求めると自然、学費もかさむこととなった。そのため共同出資により代表して修学、その後、メンバーに還元するという方法を考え出したのである。地域における学問修得の実情をリアルに見てとれる。

だが、あまりにも度が過ぎ、和算を一時断念したのである。さらに同資料を追ってみよう。天保六（一八三五）年七月、靫負村へ算法指南を頼まれて行く。門人は吉田広良治ら七人である。その一〇月、同村は年貢徴収が行われることとなり、調査書類を作成する必要があった。だが名主が不在であったため、勝品の門人が作成に当たるようにとのことであり、無事終えることができた。勝品は和算界では師匠として登場したわけである。そして和算は単に趣味的に行われていたわけではなく、地域の必要からなされ、応用されたことの一端が分かる。

弘化二（一八四五）年、三七歳の時に名主役を仰せ付けられた。その後、村方では木呂子村と勝呂村で入会をめぐり、対立があったが、両村熟談し、嘉永二（一八四九）年に領主に届け出たため、その功績により一一カ村取締頭取名主となり、中小姓格を仰せ付けられた。

明治二（一八六九）年二月には小川村の永井平五郎、大塚村の伊藤政七に開平まで伝授、同四年八月には小川村白本屋広森藤吉に免許を出した。同五年正月には、多くの門弟の中でも小川村茂兵衛ら高弟に開平法について、書き与えた。彼は村のリーダーとして、地改めなど行政上で算術を援用し、また師匠としても名声は高まったのである。

明治一〇（一八七七）年一〇月、地租改正が不公平・非道であるとして、等級改めを地元役所に願い出たが取り上げられなかった。さらに埼玉県に歎願したが、やはり取り上げはなかった。このことについて、門人に書き伝えた「算法指南実記　前編」（明治一一年）[31]には「去明治十丑年難忍儀相蒿（嵩カ）御建白御歎願再三たるに十二月押詰（詰カ）願書御下渡不採上趣是非もなき事と歎甚したる二間も」と吐露している。勝品の和算人生において最も注目すべきはこの一件である。当時は新政権に対し、不平・不満、さらには抵抗運動が続発した。不平士族の乱、農民一揆、自由民権運動等々である。この地租改正事業に対しても反対や不満の動きが各地で見受けられた。ただし、彼は反体制主義者ではない。むしろ和算家としての信念と情熱から社会に貢献しようとした人である。それがゆえに、不合理なことが起こった場合は、自ら研鑽し、蓄積してきたもの（とくに和算）により自信を持って強く主張したのである。

その後、勝品は七五歳の時（明治一六〔一八八三〕年二月）、『算法九章名義記秘術帳　全』[32]を著わした。これは稿本であるが、長年関わってきた和算の奥儀をしたためたものである。その序文は「夫算法ハ六芸長数量根元也」にはじまる。そして、貧賤であろうと、算術文学の勉強を怠りなくすれば光栄富貴を得る、玉磨かざれば光輝とならず、学ばざれは知る事あたわず、芸能知らざれば愚かである、としている。さらに「続（読カ）書と礼義算術知らざるハ人と生れて人の甲斐なし」とまで詠んでいる。

同書では以下、「算法誌」と題して本論を述べている。まず「九章名義」について、「第一　方田門」から「第九鈎股門」を解説している。例えば次のようである。

一、第一　方田門　以御二疇（田疇カ）界城一（域カ）地方検地求積術

以下、各門の解法を紹介している。例えば次のようである。

第一方田門　　二十四（三カ）問

一、勾股　⊿勾五間、殳十二間、積問　答三十歩　術日へ殳乗半レ之

このようにして四二五術を列記しているが、最初は前掲のように基本・基礎的な事例を列記しているが、やがて実用・実務的なものが多くなってくる。例えば堤図の下部に「一、堤法　上厚、二間半、下向三間、上長七間、下長九間、高二間、積問」と、普請については飯台の図柄入りで「一、飯櫃上寺長一尺二寸下一尺横五寸について、あるいは深六寸入目問」といったような生活道具を題材としている。あるいは「一、七十一銭賃銭払熊谷五里三人、寄居二里半五人、松山四里二人、右割合銘々若干問」という地名を含めた問題もある。さらに中途には和歌を挿入して解法の要領を伝えている。「題と代相場代ニ除るならいづれの品も代金となる　同名を法名となすべき相場割異名ならハ乗て知るべし」などといった按配である。次にこうした術が伝授された時期、師名が記されている。すなわち前記した福田・杉田両師匠のことである。最後に門人のことが記されている。総数では五〇〇余人としているが、その内「上

達高弟」は五五人とある。その多さに驚く。さらにその内、免許授与者七名については、授与日、居住地、氏名が書かれている。同書は、当時としてはかなり高齢時の筆ゆえ、若干、不安定な部分もあるが、それでも彼の人生において重きを占めた和算の集約書とでもいうべきものであろう。

翌年の明治一一（一八七八）年、勝品七六歳を祝って九ヶ村三〇人の門人たちは寿蔵碑を建立した。そこには家紋・戒名とともに「辞世　限りなき萱の浮世の寿にやゆかしき」と刻まれた。その後の同一七年五月、七六歳の時、勝品は「想遺碑日」として人生を述懐し、さらに和歌で「天地や人たる道を守りなハ　神の恵に福寿円満」と詠んで、刻んだ。前記したように、吉田勝品が没したのはその五年後、明治二三年八月二日のことである。

(3)村方一件と数学知識

いずれにしても、筆者はこれまで地域で和算を教え学ぶ人達は算木・算盤とか筆・紙を用意してただひたすらに書斎で机に向かっていたのではなく、日常生きていく中で算術を役立てようとしたこと、そして実際に大変役立つこととなったことを見てきた。実は、それこそが村の学問教育らしさを示すものである。

ところで、思い起こしてほしいことがある。すなわち筆者は前項で、勝呂村における夫喰米購入に対する小前の不正追求一件等々を紹介した。また(2)では、地租改正に対する同村和算家吉田勝品の等級改め歎願のことを指摘した。そこで、以下、異常事態と和算の関係について、さらに踏み込んで探ってみたい。

前出『小川町の歴史』通史編上巻には三件の村方騒動のことが述べられている。[33] 享保・寛政・天保の場合である。同書でも記されているように、これらの騒動は江戸時代中期以降の村落内身分、つまり有力農民と小前層との主従的関係が後者の自立により変化が生じたことに基づくものである。旧来の村内秩序崩壊と新たな社会の萌芽ともいえよう。

前記自治体史書の記述を見ると、それぞれに時期的な特色がありながらも激化・組織化は顕著になっている。むろんこれら三つの騒動は一連の全体的流れの中にあることは当然である。またこれに類する事件はさまざまに起こっていたことも確かであるが、ここではそうしたことがリアルに顕在化した天保の場合を同書で追ってみる。

ことは天保五（一八三四）年一二月、青山村の名主の家で起こった。村役人が集まり年貢や村入用の勘定をしているところへ、百姓の藤蔵なる者がやってきて村の経費や人足料が多くかかっているので、帳簿を見せるよう求めた。閲覧の結果、同人と百姓代の一人は納得できず地頭に訴え、名主・組頭の退役を願った。こうした藤蔵らの行為の背景には村内における日雇労働者による不満・不信もあった。結局、大事件にいたる前に内済という形でおさめたのは、当該村の地頭や村役人ではなく、村内の寺院関係者や隣村の村役人であった。そしてこの事件により、名主と組頭の役務、村役の特権について、変革がなされた。

ここで重視したいのは勘定への不信と、それによる帳簿の点検である。もっともそれ自体はこの天保の村方騒動以前からも全く無かったということではないにしても、公然と明解になされたのである。しかも訴えたのは小前のみならず、実質上日雇層も含まれていたわけである。こうした背景には、村内における数学知識の普及とその利用なくしては考えられない。

もう一例、紹介したい。比企郡遠山村（現在の同郡嵐山町遠山）は、『武蔵田園簿』では石高四九石余（内、田方一三石余、畑方三五石余）、『武蔵国郡村誌』では戸数二五、人口一四五人であり、小川地域の近隣ゆえ、学問教育をも含めた文化的状況は両者ともさほど変わらない。すでに紹介したような幕末維新期における村落の動向も同様である。同村の領主は、旗本内藤主膳・小膳（二八〇〇石取）が支配してきた。その後、天保一三（一八四二）年には川越藩領、慶応二（一八六六）年には前橋藩領となる。その内藤氏配下の天保四年六月、同村小前惣代の百姓茂左衛門と次郎右衛門は、名主と組頭を地頭所に訴えた(34)。村人を代表して訴えた内容とは、以下の通りである。自分達の村の村高は七九石余、家数一九軒で、名主と組頭が村の用務をしてきた。しかし村民は年々夫銭や年貢の負担がかさんできて生活に困難をきたしている。その勘定の時は百姓代が立合ってきた。年々、百姓代が代わるにつれ、筆算をできる者が立合うようになってきた。そのため今までは名主・組頭にまかせていた帳簿について、見届けたいと申し出たところ、百姓代の身で村役人に指図をした云々と圧力をかけてきた。今後、帳面を調べ、勘定を明白にしていけば、小前の永続にもなることであるので、そのようにしてほしい。この件について、同年一〇月の「差上申済口證文」・「為取替申議定一札之事」[35]といった関連文書によれば、名主の退役、村役人の年番、帳簿の検討などが盛り込まれているので、一定の成果をあげたといえる。

幕藩体制の動揺・崩壊による村落の混乱・変容の中で、体制の不正・不当を正し、新たな村の再編成に向けて、村人は自ら蓄えてきた学力・知力を徐々に発揮するようになってきたのである。つまり村人たちは地域・社会の立て直しと発展のために数学の学習成果を生かしていったのである。いうなれば、そのことは実利・実用のレベルを越えるものであった。

おわりに

本節では、地方における村人の和算の実態を追ってきた。それは当初は遊歴者等村外の力によることもあったが、幕末期になると年々、村人たちにより学習や教育がなされ、広く普及した。しかも、その学問教育は必ずしも趣味的・高踏的なものではなく、地域や生活に利用・援用しようとしたものである。

さらに村人は和算の修得と向上により村治上の不正をあばき、さらには権利を獲得するようになった。あるいは明治期に入ると維新政府の土地・税制改革に対しても疑問を持ち、県庁に申し出る者も出てきた。

こうした背景には政治社会的背景のみならず、学問教育が大きく影響を与えたのである。

以上、本節では、幕末維新期、民衆社会において学問が発達した要因・理由を実態に即して解明したのである。

注

(1) 明治大学近世近代史研究会、昭和六二年九月。のちに拙著『幕末維新期　地域教育文化史研究』(日本経済評論社、平成二〇年一〇月)に所収。
(2) 以上、『小川町勢要覧　2011』(小川町、平成二三年三月)等。
(3) 『小川町の歴史』資料編　5　近世Ⅱ、小川町、平成一三年三月。
(4) 同右。
(5) 同右。
(6) 同右。
(7) 同右。
(8) 同右。
(9) 同右。
(10) 同右。
(11) 同右。
(12) 同右。
(13) (上)、第八巻第三号、埼玉郷土会、昭和一二年一月。(中)、第八巻第四号、同会、昭和一二年三月。(下)、第八巻第五号、同会、昭和一二年五月。つまり『日本文化史論叢』(中文館書店刊行)は昭和一二年一一月である。
(14) (上)、第一一巻第五号、埼玉郷土会、昭和一五年五月。(二)、第一一巻第六号、同会、昭和一五年七月。(三)、第一二巻第一号、同会、昭和一五年九月。(四)、第一二巻第二号、同会、昭和一五年一一月。(五)、第一二巻第三号、同会、昭和一六年一月。
(15) 『武蔵野』第二三巻第五号、武蔵野会、昭和一一年五月十五日。
(16) 資料としては『埼玉県教育史金石文集』上(埼玉県教育委員会、昭和四二年三月)に「吉田勝品の壽藏碑」、『埼玉の算額』(埼玉県立図書館、昭和四四年三月）に「舌換」（細井長次郎恵長）、『新編埼玉県史』資料編『小川町の歴史』資料編5　近世Ⅱ（小川町、平成一三年三月）に「細井長次郎中爪村普光寺へ奉納算額写」・「中爪村細井氏算法門人帖」・「吉田勝品一代誌（抄）」が掲載されている。また平成一八年度小川町立図書館歴史講座テキスト「江戸時代の庶民の暮らし――算術を学ぶ人びと」（吉田稔）も参考になる。

(17)　前出三上論文「武蔵比企郡の諸算者（上）」。

(18)　一名、村名欠。本人の名も含む。

(19)　以上、『群馬県史』通史編6、近世3、群馬県、平成四年。

(20)　『埼玉の算額』埼玉県立図書館、昭和四四年三月。

(21)　同右。

(22)　前出三上論文「武蔵比企郡の諸算者（二）」。

(23)　先代は重次郎（万延元年九月一〇日没）。

(24)　明治九年一月調査『武蔵国郡村誌』第六巻、埼玉県、昭和二九年七月。

(25)　以上、松本・山口・久田・田端は前出三上義夫「武蔵比企郡の諸算者」（上）・（五）、同『小川町史』による。

(26)　勝呂、吉田稔家文書。

(27)　江戸期の『新編武蔵風土記稿』第一〇巻（蘆田伊人、雄山閣、平成八年六月）によれば青山村の円光寺に薬師堂の記載ある。同寺所蔵に明治二二年の「薬師堂家根替募縁簿」ある（現在、建物は無い）。

(28)　同村栃本に居住。市川行英門下。

(29)　文化一三年八月から文政三年六月まで勘定奉行を勤めたが、この文政一〇年正月には役職を退いていたと思われる。至誠賛化流の創始者。

(30)　保則。上総久留里藩士。廃藩後、郷里の子弟の教育に尽力。「岡陣屋」とは久留里藩のもので、現在の深谷市岡。至誠賛化流。

(31)　小川、松本敏治家所蔵。

(32)　前出吉田稔家文書。

(33)　前出『小川町の歴史』。同書の資料編には関係資料は掲載されていない。また前記の町史目録にも削除されているので、通史編によった。

（34）「遠山村役人私欲押領一件」（嘉永四年写）勝呂、宮沢敏明家文書。同家では『塵劫記』（文化七年六月）など和算書五点、『循環暦』など暦学書二点所蔵。

（35）同右。勝呂、宮沢敏明家蔵。

二 ある農家の生活と文化——飯泉家を例に——

はじめに——伊古立と飯泉家について——

(1)伊古立村

本節では近世から近代にかけての農家の三代を通して生活とそれに関わる文化を追う。対象地域とする伊古立《いごたつ》は茨城県下妻市（以前は結城郡千代川村）に属する大字である。その伊古立は四ケ村《しかむら》と呼ばれる旧村の南端に位置する。四ケ村とは、江戸時代の検地による村切以前にあった四つの集落（坪、見田・唐崎・長萱・伊古立）からなる郷のような塊である。[1] 土地の言い伝えによれば、伊古立の集落はもとは、現在の東隣、つまり村の鎮守の横（字北台）にあったという。それが、いつの時代にか、何らかの事情で現在地に移ってきたという。[2] 元屋敷と目される同地はその後、幾度かの開発・整備を経ているとはいえ、今日、航空写真等で検討してみると、いくぶん低い。そのために、より高い土地の現在地に移動したのであろうか。そして神社の境内の所だけは多少高いために、同地に残され、現在では伊古立集落から外れて存在するのであろうか。

集落移動の実情はともかく、現在、伊古立の集落は四方を道路や用水路、あるいは元小河川に囲まれている。表5として掲げた「『沿革誌』（明治二〇年〔一八八七〕九月調査）にみる伊古立」から察せられるように同村はきわめて

表5　「沿革誌」（明治20年9月調査）にみる伊古立

面積（旧検地帳）						地味・地勢		民　業		物　産			社寺	
田	上田	4町	2反	1畝	1歩	色	淡黒	農業	15	米	308石	4斗	神社	6
	中田	3	9	7	27	質	真土	農商	2	糯米	30	6		
	下田	7	9		23	適種	五穀・	内	上戸1分	大麦	114			
	小計	16	1	2	21		桑		中戸2分	小麦	11	5		
畑	上畑		5	7	29	水脈	鬼怒川		下戸7分	大豆	63	9		
	中畑	7	7	14			→砂沼			実綿	401貫	300目		
	下畑	10	7	5	5		→当地							
	小計	12	1		18	全地	平垣、							
屋敷		2	2	1	1		農事							
外		2	1			形勢								

出典）「沿革誌」より筆者作成。

小規模である。坪が村となった典型的な例である。地味も、この段階では上等ではないが、それでも、この調査時までかなり開発・整備は進められてきた。また、このあとも土地改良の事業が続けられた。

(2) 飯泉家の概要

ところで、この集落の地形は北から南へ、わずかであるが傾斜している。これから分析対象とする飯泉家は、伊古立では最も高い、北端、地字では「北」に位置する。そもそも、伊古立には飯泉・永瀬・笠島という三つのイッケがあり、同家はその一角を占めていた。

表6は、石高については明治二（一八六九）年一一月現在のもの、田畑屋敷面積については同四年一二月現在のものである。それによれば飯泉家は明治二年には四六石余を有し、かつ村内では上等の土地を占めていたことがわかる。また同表にも付記したように、同家は近世では伊古立村の名主を勤めていた。

その後の同家の経営を米穀収穫に限って、大雑把にまとめたのが表7である。一覧のように同家の米穀収量は順調な伸びを示す。それとともに、次項でも述べるように同家の戸主は戸長・村長を歴任し、ますます地域の名望家として名を高めていく。

なお、同家の人々については、図1に略系図を記した。この系図の解説も次項以下でおいおいしていく。

表6　伊古立村の家々

No.	人名	田			畑			屋敷	石高	備考
		上田	中田	下田	上畑	中畑	下畑			
1	飯泉斧一郎	町9反3畝27歩	1町2反9畝	町7反4畝24歩	町　反　畝　歩	町1反1畝16歩	1町2反9畝4歩	町　反　5畝27歩	46石1斗5升3合9勺	名主
2	A	1 7 16		6 15	9 22		3 6 1	2 18	7 7 7 1 4	
3	B	1 4 6	2 3 25	3 8		25	4 8 17	4 10	8 6 4 1	百姓代
4	C	2 1 9	4 3	4 2 20		2 16	4 7 15	1 26	10 6 3 4 1	
5	D	1 2 4		3 7 29			3 6 15	1 26	6 3 8 3 3	
6	E	1 9 3	1 1 16	3 4 14	9 6	9	7 4 7	1 12	12 3 8 5 1	
7	F			1 21	1		2	1 16	2 7 8 9	組頭
8	G	8 25	1 5 11	1 3 17		2 17	6 5 21	1 20	9 2 2 2	
9	H	2 3 1	5 1 11	5 1 9		3 3 22	5 2 21	9 5	20 9 6 7 3	
10	I	1 7 16		6 6	1 12	8 8	6 2 8	1 26	14 2 2 1	
11	J	6 13		2 4	6	5 7	6 8	3	4 9 4 9 9	
12	K	3 2 4	3 1 7	4 9 6	1 3 26	1 18	7 5 24	2 12	19 2 4 8 2	百姓代
13	L	1 5	1 2 8	5 6 6			9 2 6	2 15	3 1 3 4	
14	M		1 7 8	6 5 9			5 6 18	3 4	11 9 9 7 5	
15	N	5 9 28	4 4 29	6 2 26		6 29	5 9	5	31 7 8 7 5	組頭
16	O	8 9		28	4 23		1 4 11	1 26	2 4 5 1	
17	P	4 5 12	2 2 19	6 18		3 27	7 6 29	4 9	19 8 2 3 2	

出典）「豊田郡伊古立村名寄帳」（明治4年12月）「高帳」（明治2年11月）より筆者作成。
注）　No. の欄の番号は「戸籍番号取調帳」（明治4年9月）による。

表7　飯泉家の米収穫量

時期	収穫量					備考
明治4	42石	3斗	8升	9合	7勺	
〃 25	67	5	9			
大正3	79	9	7	2		＋α
〃 12	81	5	5	8		＋α

出典）「伊古立村名寄帳」（明治4年）、「小作徴収簿」（明治25～昭和24年）、「米穀出納帳」（明治25年～昭和13年）より筆者作成。

注）　明治26年の日記によれば小作入付23人。

1　孫兵衛の時代

(1)近世の飯泉家

飯泉家の始祖について知る手がかりは目下のところ、ない。同家に残る寛永七（一六三〇）年八月一七日「四箇村検地帳」（屋敷分、写）には伊古立分として次郎右衛門（一反歩）以下、一六人の百姓が名請けされているが、飯泉家と断定できる手がかりは見い出せない。

同家の最古の墓石には、次のように刻まれている。

道昭禅定門
霊位
妙高禅定尼

この者が始祖とは断定できない。いずれにしても近世前期までの同家についてはわからない。

飯泉家にはのちの桂一郎の筆による「飯泉本家及両分家血統書」という、かなり精度の高い系図が残っている。それに若干、筆者が手を加えたのが、図1である。後述するように系図作成者の桂一郎は堅実、きわめて几帳面な性格であり、あいまいなデータは記載しない。そのために、彼による系図の人物は明確になる近世後期からしか出てこない。それによれば、同家の場合、江戸期に「孫兵衛」を名乗っていることがわかる。

同家所蔵の嘉永五（一八五二）年一月作成「名寄帳」は同家の田地に限ったものであるが、各筆のところに「水帳」作成時、「明和度」さらに「改未」（のちの明治四年）の名請人名が記されている。それによれば水帳（前出の寛永七年の類か）にある「兵庫」・「正けん」所持の八筆分（計七反六畝二三歩）は明和年度（一七六四～一七七二）には孫

図１　飯泉家系図

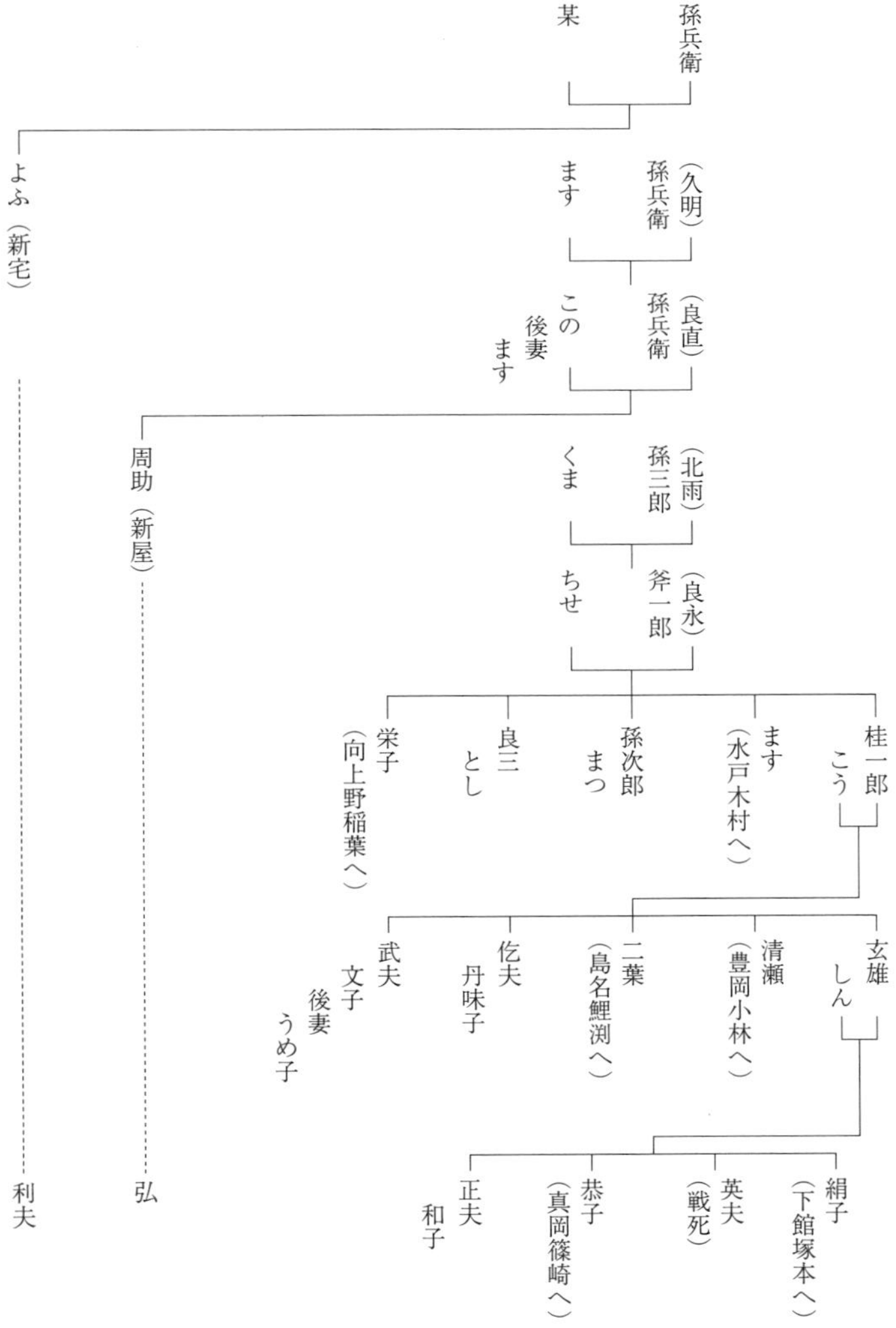

出典）「飯泉本家及両家分家血統書」、「飯泉本家及両家分家血統調査書」、飯泉正夫氏御教示による。

兵衛のものとなっている。

この明和年度の孫兵衛とは同家墓石で三番目に古い、文政九（一八二六）年三月二〇日に没した「鏤阿院春霞密厳居士」ではなく、恐らく檀那寺密蔵院（見田村）日拝の書付にある「伊古立　孫兵衛　明和三年三月二五日諦」か、次代と察せられる。

しかし、いずれにしても同家の先祖代々の孫兵衛たちは着実に土地集積をはかって、安定的地位を得ようとしていた。

(2)孫兵衛の活動

近世の飯泉家について、不明な点が多いのは、後述する大正年度の母屋類焼による。しかし、それでも焼け残った文書等によって江戸期の最後の孫兵衛のことは、今までの孫兵衛のことよりはわかる。この孫兵衛は図1の系図では三番目の戸主にあたる。

そのプロフィールは同家墓地内の「飯泉君碑」によって知りうる。彼は文化一四（一八一七）年三月一一日、父孫兵衛（久明）、母森氏の長子として生まれた。幼名は佐吉、のちに孫兵衛・兵庫と称した。その後、村長となり、天保六（一八三五）年、家督を継いだ。そして幕府が組合村を設置した際には小組合長となった。また領主の旗本林氏のもとで村治に尽力したという。

この孫兵衛の村政に対する勤勉ぶりは同家の文書によっても証明できるので、いくつかの点を列記してみる。

安政元年一二月　苗字帯刀を許される。

万延元年一二月　地頭より風破した家の修復のため、御用金要求。献金に応じたとして、金七両下げ渡される。

元治二年正月一六日　給人格となり、苗字・給米二俵をうける。

慶応四年五月　総房三州鎮静方手伝心得を任ぜられる。

孫兵衛は幕末社会の混乱の中、見田村で名主が欠けた時には兼帯したり、またある時には地頭からの風紀取締を受けて奔走したり、さらには村内、四ケ村あるいは他村のもめごとの解決に尽力するなどした。

このように村長として確実に公務を全うする孫兵衛にとって、家政上での最大の業績は経営の拡大である。さきに示した「名寄帳」（嘉永五（一八五二）年一月）によれば、孫兵衛名義となったものが、田地のみで二六筆（計一町六反九畝八歩、内、上田は一町二反五歩、つまり七一パーセント）である。当然、この土地集積には先代あるいは先々代孫兵衛の分も含まれるであろうが、経営を飛躍させたことにまちがいはない。

ところで、以上のようにどちらかというと地道に、堅実に生きてきた孫兵衛は明治期を迎えると完全に村治・家政面から引退し、別の事に関心を寄せる。もともと彼は信仰心が強かったようである。嘉永四（一八五一）年一一月、金三両二分を檀那寺密蔵院に、本堂修復のためとして寄付したことと、年来、世話役を勤めてきたことにより、同寺から永代院居士大姉号を許される[3]。同寺は応永年間（一三九四〜一四二八）、土浦領主が伊古立の近隣の亀崎に創建したものを、文禄二（一五九三）年二月、下妻領主の代官が四ケ村弥陀ケ原弥陀堂の所に移築したものであり、その後、近郷七ヶ寺の支配を命ぜられた[4]。

そうした地域の由緒ある寺院の有力檀家であった彼が、早くも明治元（一八六八）年一二月には役所に宛てて、神主就任、改名（兵庫）家内神葬祭変更を願い出た。その願書によれば、当村鎮守には前々より神主がいないため、自分の家で宮守をしてきたこと、奉幣等の儀は村内福蔵院に願ってきたが無住となったこと、さらに今般、神仏混淆が禁止されたことを理由にあげている[5]。

この時、すでに孫兵衛は公職である名主も、また家督も子の斧一郎に譲っていた。その彼が意義ある余生の送り方を模索した時、選んだのは神主であった。その選択理由は右記のような村内の宗教上の事情による。また時代の新しい動き（王政復古）も鑑みた上であろう。そして明治二（一八六九）年二月には神祇官より伊古立村鹿島神社神職に補せられた(6)。さらに翌四年七月には見田村々民より同村鎮守鹿島神社神職兼務を願われることになった(7)。

すなわち孫兵衛は政治を志向する一手段として国学・神葬祭に関わったのではない。むしろ一段落ついた自己、そして村の長老としての存在、あるいは新しい時代における地域の宗教事情（むしろ習俗に近い）を考慮した上での結果である。

ところで、本項の最後に記しておかねばならないことは、地域における神葬祭運動の実態である。確かに無住と化した密蔵院末寺は明治三（一八七〇）年一〇月に廃寺とされた(8)。また飯泉家は神葬祭となった。当然、その後、飯泉家と密蔵院との交際の機会はなくなったはずであるが、最低限の仏教行事は今日まで続いている。このように近代史を考える時に、単純に神葬祭運動、イコール廃仏毀釈と割り切れないものがある。

孫兵衛は明治八（一八七五）年一一月四日、没した。

2　斧一郎の時代

(1)里正としての斧一郎

前記「飯泉本家両分家血統図」（図1）を振り返ってみる。一見の通り、孫兵衛の継嗣は孫三郎であるが、嘉永四（一八五一）年正月、一九歳の若さで亡くなっている。

そして飯泉家はその嫡子斧一郎が継ぐこととなった。斧一郎の葬儀の際に子の桂一郎によってしたためられた「葬儀雑記」によれば、彼の経歴は次のようである。

嘉永三（一八五〇）年一月一日に生まれ、やがて伊藤清庵、次に梁川雪香の門に入って学んだ。そして明治元（一八六八）年九月二五日、一八歳の時に近村石下の新井五郎左衛門家より妻ちせを迎えた。公職としては元治元（一八六四）年、伊古立村外四ケ村の名主役を勤め、明治期に入ると二年に若森県勧農役補に、さらに五年にはこの地域は印旛県となり、その第四大区四小区の戸長となった。その後、一三年には茨城県豊田郡伊古立村外六ヶ村の連合戸長となった。

このことからもわかるように、彼は年若くして村の長となった。それはすでに述べたように、元治二（一九六五）年正月、祖父孫兵衛が「出精」により給人格にとり立てられた関係である。そして明治期になると新しい行政機構の下、地域のリーダーとして自治行政に尽していった。ゆえにたとえば若森県からは明治二（一八六九）年六月に窮民賑恤の際、立替出金に尽力したこと、同三年三月に破牢者の捕縛に万端、村民を指図したこと、さらに同年七月には鬼怒川洪水で危急の際、堤防方として抜群に尽力したことにより褒賞されている。また斧一郎は同五年ころ、生計困難な、かつての領主林勇次郎の相談にのり、永代扶助のために伊古立村全戸をまとめている(9)。

こうした背景には、持って生まれた彼の行政手腕、同家における村の長としての世襲的存在があったであろう。加えて着実に築かれてきた経済力も忘れてはならない。彼が家督を譲り受けたころは表6にある通り、四六石余の米穀収量である。こうしたことからすれば、この時期の斧一郎は祖父のあとをうけ、村治に、家政に努力し、ますますその方向を拡大発展させようとした時期である。

(2) 政治への関心

ところで現在、飯泉家には近代文書八九点（内、冊一〇・状七九）、近代文書六九七点（内、公文書四八八・私文書二〇九）、書籍一四八点（内、和装本五四・洋装本八九・稿本五）、地図九点、合計九四三点の資料が所蔵されている。このうち、とくに公文書の類は諸文書を整理して厚めに簿冊に綴じてあるものも含むので、実際の点数はかなりの数になろう。これらの資料群のうち、最大の特色は私文書の存在である。その二〇九点の内訳は日記帳五九点（明治一五年〜昭和一〇年、以下「日記」と呼ぶ)、収支決算簿二八点(明治二七年〜昭和一七年)、小作徴収簿一二点(明治二五年〜昭和二四年)、米穀出納帳五点(明治一二年〜大正一五年)、貸借帳五点(明治一二年〜大正一五年)、その他一〇〇点(明治一〇年〜昭和八年)である。そのうちの「明治弐拾参年拾月以降万年帳」(昭和二年三月、以下「万年帳」)は同家の主要記事を「日記」より書き抜いたものである。

「日記」の内、斧一郎筆のものは明治一五(一八八二)年から同一九(一八八六)年までである。彼は元来、豪放な性格であったらしく、勢いのある文字で綴り、かつこと細かなことは記さなかった。その点では小さな文字で筆まめぶりを年々、発揮していく次代の桂一郎とは親子でも対照的である。

ここでまず、斧一郎による明治一五年「日記」について、(A)「誰々来る」といった類の文言と、(B)「どこどこへ行く」といったそれを抽出してみる。(A)は一年間で四五件である。この数字は少ない。つまり、これは主な用件で来た人々の数であり、日常的な往来人物は重要な用件でない限り省略したのであろう。その内、とくに目立つのは左官や瓦屋などの職人、あるいは通いの作人、それと金銭の貸借人のことである。時折目につき、気にかかるのは国府田雄四郎・加藤平八郎・諏訪弥七郎・森隆介といった人物である。これらの人々は政治的同志である。したがって斧一郎が出かけていくこと(B)、七二件)の内、かなりの理由が政治行政関係である。たとえば明治一五年三月分から、明らかにその関係のものを抽出してみる。

二〇日　自由党懇親会　二二日　戸長選挙会　二七日　共立社の買物と自由党誘導　二八日　自由党の集まり

二九日　前同　三〇日　共立社の集まり

この年の政治行政関係の記事は計五六件にのぼる。その活動のため、「日記」の中には無尽開講や個人的金銭貸借、あるいは銀行からの金銭借入といった費用に関する記事も少なくない。事実、明治一六(一八八三)年の「金銭出入帳」でも、二月二六日　公撰報告書印刷代三円、同月二七日　懇親会入費九円一〇銭、四月一七日　同志会支払四二銭、六月一六日　自由党懇親会入費一円、七月三日　運動懇親会入用二円・同志会々費二円、と表向のものだけでも次々と政治行政関係に要している。

斧一郎が明治一三（一八八〇）年、茨城県豊田郡伊古立村外六ヶ村の連合戸長となったことはすでに述べたが、このころ、部長選任問題に大変、関心を寄せていた。同年一一月二〇日付『朝野新聞』によれば、官選の郡長就任に反対し、選挙によることを主張、ついに斧一郎ら七名の戸長は辞職願を出している。

彼がその二年前に茨城県で最初に結成された絹水社、およびその後身の同舟社に加わったことは十分に推察できる。しかし、そのことで彼の名前が文書に出てくるのは、同舟社のあとをうけ、同じ本宗道村に結成された常総共立社（前出「日記」の「共立社」。明治一三年八月結成）の時である。その中心は先の（A）で来訪者に名のあった森隆介である。「常総二州一般人民ノ権利ヲ保全シ幸福ヲ進展セント欲スル」ことを設立趣旨にうたった同社はついに明治一四年、次のように決議した。

常総共立社人見県令ニ対スル一件決議

一、本社ハ人見県令カ職権上ノ所分ヲ不当トシ、県令ノ退任ヲ其筋ニ請求スルコト

一、前条ノ手続ハ人民惣代共ヨリ請求、上京委員へ向ケ委任状ヲ請取ルコト

一、前条ノ事務ヲ運ブガ為、左ノ役割ヲ定ム

事務総理　森新三郎

通信係リ　飯泉斧一郎

草案方　飯村丈三郎

檄文ハ来月廿五日マデニ送付スルコト

委任状ハ十四年二月廿四日マデニ取纏メノ事

右之通リ決議候事(10)

その後、斧一郎は前出「日記」で見た通り、常総共立社および自由党茨城支部（明治一四〔一八八一〕年一二月結成）の活動に奔走する。その活動の実績により斧一郎は明治二二年四月、宗道村初代村長に当選、三期勤めたのち、同二五年四月、茨城県議会議員に当選する。

同家の明治二五年「日記」（子の桂一郎筆）によれば、県議会議員の投票は二月一日に宗道村にて行われた。当日のようすについて同日記には次のように綴られている。

二月一日　県会議員ニ付父（斧一郎）宗道行、村内一仝飯泉菊次郎（分家）へ召集シ酒肴ヲ饗応ス

さらに翌日には壮士を雇った。

二月二日　県会議員開票ニテ父宗道行、保護ノ為入江平八郎・谷部某・斎藤熊造ノ三人ヲ雇ヒ宗道へ遣ス

次の日も開票日であった。

二月三日　県会議員開票ニ付父宗道行キシ故、村内一仝ノ者宗道へ保護トシテ出張、夕帰

この場合の宗道とは町場の本宗道・新宗道、村内とはおもに伊古立のことである。斧一郎の身辺を伊古立坪の人達が警固したのであり、それだけに地域の人々による初の県会議員選挙への期待は大きかったし、斧一郎自身も期するものがあった。

だが、彼の県議会におけるきわだった活動は目下のところ、見い出せない。

(3) 変心

県会議員は役職上、つき合いが多く、したがって出歩くことも多い。斧一郎の場合、明治二五（一八九二）年「日記」だけでも近くは宗道、遠くは信州へと出向いている。よって彼の議員活動は議会内だけでは評価できないが、い

ずれにしても明治二七年、茨城県議会議員を辞し、以後、選挙には出馬しない。

ところで、同家「万年帳」の明治二六（一八九三）年四月一一日の条には、次のように書かれている。


隠居斧一郎東京ニ移住スルニ家族談合シ本日単身上京ス家事一切ヲ嫡子桂一郎へ譲渡ス七月十四日ちせ子（妻）東京ニ移住ス卅六年十一月十五日復帰ス

なぜ東京に転居したのか。容易に考えられることはもともと関与していた自由党、あるいは発起人の一人となった甲午倶楽部[11]の東京駐在員就任といった政治上のつごうである。行跡を追う。斧一郎が居を構えた場所は、明治二七（一八九四）年「懐中日記」によれば、東京府神田区猿楽町である。そしてこの寓居を「筑陽館」と名付けた。こうした過程では当時、伊古立飯泉家に時々、顔を見せる東京人渡辺重石丸との関わりもあったと思われる。渡辺は大分県士族で明治一五年一月より府内麴町区富士見町で道生館という私塾を開き、神典ならびに漢籍を教えていた[12]。その私塾に倉持家（茨城県真壁郡倉持村の神主家、斧一郎の妻ちせの姉、つまり新井五郎左衛門三女るいが治興に稼す）のものが通学したことがある。その関係で渡辺は飯泉家と親しくなる。当然、両者の東京における交流も続いたであろう。

たとえば同家「日記」の明治二六（一八九三）年九月八日の条に「白米四弐入壱俵・味噌四斗入壱、本石下竹村川岸ヨリ出、東京筑陽館へ送る」とあるように伊古立飯泉家は筑陽館へ食料を送った。当然、金円も、同家「日記」では同二六年四月二七日を初出に、時々送っている。明治二八年に同館は金三〇〇円を支出しているが、これは家の購入のためと考えられる。また、三一年「日記」には三月一五日に「筑陽館雇入ノ下女大宝村糸井うた夕刻来ル」、三三年「日記」には一月二七日に「倉金伊作娘よし、筑陽館下女ニ雇入、本日孫次郎ト共ニ上京ス」とあるように賄人を雇ったことがわかる。前述したように筑陽館は明治二六年より同三六年まで設けられた。だが、この館における斧一郎の活動内容を明確に示す資料はない。彼は時々、伊古立の実家に帰省し、旧友らを訪ねることもあったが、精力的に政治活動をした形跡はない。

ところで、図1の「飯泉本家及両分家血統書」にある通り、斧一郎の次子は孫次郎である。彼の「履歴書」によれば、「明治二十八〔一八九五〕年三月　東京府私立錦城中学校卒業」とある。三子の良三の履歴書は残されていないが、続くように上京、同中学校に入学し、卒業したことは確かである。同中学は筑陽館とは同じ神田区内にあり、きわめて近い。当時、地方の有力者はとくに教育活動に力を入れていたこともあり、斧一郎の場合も自家の子弟を含めた育英事業に専心した可能性がかなり高い。そのことは桂一郎が明治二八年七月三日に筑陽館で記した「懐中日記」の次のような部分からわかる。

降雨止マズ両親ト相談ヲナシ孫次郎ノ不品行ヲ誡メ将来ヲ注意ス衣類書籍ヲ取調フ堅ク買物スルヿヲ禁ズ是マテノ質物三回丈請出サシム

また、飯泉家の言い伝えによれば、同館は地元子弟のために下宿をしていたという。だが、時には地元以外の者も引き受けたようであり、明治三一（一八九八）年の『明治法律学校校友名簿』には次のようにある。

明治三十一年七月卒業　　神田区猿楽町二丁目二番地筑陽館

新潟県　　蔵田重義

既述のように、その後、斧一郎夫妻は実家にもどり、余生を送った。そして斧一郎は明治四五（一九一二）年四月二三日卒した。行年六三歳であった。その葬儀のようすは長子桂一郎により「一　死去時日及発病状況」から「一葬儀後、到着シタル悔状ノ氏名」まで、全二四項をこと細かに「葬儀雑記」として記録された。

それによると同葬儀について、とりわけ注目すべき点は以下のようなことである。

・神葬祭によって催されたが、たとえば葬儀当日の役割とか出棺行列順序等、手続・手順は滞りなく進められた。

・親族はまず大字の人々に連絡をし、その人を中心に、死亡連絡・神官手配・調理などが進められている。実際には桂一郎はもちろんであるが、六度組（大字一〇人）の人々が動いている。

・玉串料が近郷近村はいうまでもなく、水戸・香川さらには朝鮮からも寄せられている。それは生前の斧一郎の地域におけるリーダーぶり、そして子の孫次郎・良三らの村外への飛躍といった時代的状況による。

斧一郎の父孫兵衛は一家の長として家の経営の拡大に、また村の名主として伊古立村の村政に尽力したのち、時代が変わると神葬祭という宗教・思想運動に関わった。斧一郎は地域のリーダーとして伊古立村の名主・戸長、そして合併後の村長として村政に奔走する中で自由民権運動に関わった。そしてそれを基盤に県会議員に出馬し、当選する。だが、二年勤めた後、引退した。それはちょうど明治期の中頃、政治的には壮士的な自由民権・大同団結の時代が終わり、新しい官僚的政治体制が出発しはじめた時であった。そして彼は地域を離れ、東京に「筑陽館」を設け、そこに居を構え、当時の地方名望家がそうであったように育英事業に当たろうとしたようである。折しも教育界は帝国大学以下、学校体系が整備され、とくに実業教育・中等教育が注目されはじめた。

3　桂一郎の時代

(1)若き日の桂一郎

図1の「飯泉本家及両分家血統書」で確認しておくと、斧一郎の長子は桂一郎である。彼は明治三（一八七〇）年七月一三日に生まれた。同家に残る経歴書（無題）を中心にまずその学歴を追ってみる。

明治十一年五月　見田小学校ニ入学

幸いに明治五年の学制頒布により、村立小学校が開校されていた。

明治十五年　長萱杉田弥四郎宅ノ私塾ニ入リ仙賀某ニ就キ国史略ヲ修ム在塾二ケ月ニテ退塾

明治十五年九月　復見田小学校ニ入リ同十七年十一月卒業

どのような事情かはわからないが、見田小学校を退学し、隣村長萱村の通称「杉田先生」の塾に入り、中等教育程度の教材『国史略』の指導をうけた。しかし、まもなく退塾し、また見田小学校に復学し、卒業した。

明治十七年十一月十五日　本宗道森新三郎方林悼吉木内伊之介ニ就キ漢文及英語ヲ修ム同十八年六月十三日退学

森家は宗道河岸でも名の聞こえた豪商である。新三郎は父斧一郎とは素封家として旧知の間柄である。木内については後述するが、理論的民権家として地域では著名であった。このように桂一郎は周囲の進歩的文化人により新鮮な学問を施された。

明治十八年九月一日　茨城県第三中学校（下妻町）ニ入リ第一年級ニ入リ同十九年三月第二年級ニ進ミ同年六月退学

桂一郎は同年七月一・二日に受験者一九名、合格者一三名中九番の成績で県下のエリート校に入学したのであった(13)。

明治十九年十月一日　本宗道青柳米次方ニ於テ山川善太郎ニ就キ英漢学ヲ修ム同年十二月退学

目下のところ、山川については定かではないが、とにかく彼から英語、漢学の修業を学んだ。

明治二十年一月二十日　私立東洋英和学校（東京麻布区鳥井坂）ニ入リ第三年級ニ偏《ママ》入セラレ同二十二年中等科卒業

桂一郎は東京の学校の課程を終えた。

明治二十三年　茨城県立農事講習所（猿島郡境町）ニ入リ四周《ママ》間織田又太郎ニ就キ農学ヲ修ム

やがて、帰郷し、家業を継ぐためにも農学の勉強に励んだ。

以上のことからすれば、桂一郎は小学校で基礎教科を、私塾で旧来からの正統学問や新来の学問を学んだ。それをもとに、中等課程や実学を修得したわけである。当時、地域にあってはかなり高い学歴である。

学校を終えるか、終らぬ二〇歳頃、桂一郎は自己の主張を文章にすることに関心を持った。彼は「妄信する勿れ」という小文を『常総之青年』に投稿し、その第一〇号（明治二二年三月五日発行）に掲載された。その主張は「近来諸宗ハ己レ自ラ其勢ヲ占メントシ」ているが、「新ニ宗教ニ入ラントスル者ハ虚心平気以テ各宗ノ静動ヲ窺ヒ其真理ヲ窮メ彼是能ク比較シタル后情実ニ関セズ利欲ニ暗マズ公明正直ナル宗教ヲ撰ムベキナリ」というものであった。

この『常総の青年』は明治二一（一八八八）年に真壁郡下妻町に結成された大同団結運動系の結社、常総青年社の機関誌である。同社はかつて宗道村に拠点を置いた同舟社の社員が多数を占めている。「監督」という代表には森隆介が、そして編輯人には木内伊之介が選出された。その主義・主張は第一号（明治二一年七月一〇日）の社説にあるように「その抱持する所は平民主義にして、自由を愛し、進歩を愛し、平和を愛するものなり」ということであった。

桂一郎は第一回衆議院議員選挙が行われた明治二三（一八九〇）年七月からまもなく、『政治小説　選挙之正夢』（草稿）をものしている。この小説はいいなずけ同士の恋愛感情と日本で最初の帝国議会の議員選挙における村人の狂奔ぶりを混ぜ合せて描いたものである。作品中の、財産家秋山厳の娘・秀の婚約者である清水潔とは桂一郎自身のことのように察せられる。村の小学校、そして地元の中学校を卒業した清水は東京の専門学校に学んだ。帰郷後の彼は周囲の「風俗の澆季に流れしを嘆き人情の軽薄を悲み」、「之を匡済せんと（略）日夜郷里の頑民を相手となして送」ることとなった。そのために花嫁修業をしている秀は相手が自分を忘れたものかと、悶々とする毎日である。そのような中、世間は初めての帝国議会の選挙のため、この田舎においても演説会やら人力車の往来やらで騒然となり、「丁度遊園と正月が一処になった様だ」と結んでいる。

すでに述べたように、このころ父の斧一郎は村長をしつつ、次の段階（議会政治家、県会議員）をめざしていた。それに影響されて息子の桂一郎も政治の世界にあこがれることがあったとしても言い過ぎではない。その心情・雰囲気はすでに記した二つの作品によっても十分に察せられる。また同家の明治二五（一八九二）年「日記」からもよくわかる。

同「日記」について、人の往来を（A）「行く」の類と、（B）「来る」の類に分ける。その一年間について、（A）

を見ると医者および病気の見舞い客が多い。このことは後にふれる。職人も糀屋・大工・庭師・畳屋・木挽と延三一日、六人も来ている。当然、親類縁者もよく来るし、泊を伴うことも多い。最も多いのは石下の新井球三郎の一二回である。彼は桂一郎の母ちせの兄にあたり、戸長、村会議員、村長、町長、郡会議員そして県会議員となり、その議長をした。桂一郎はその影響を受けることもあったであろう。他には下新田の河原井（桂一郎の妻こうの実家）の母や兄弟が来る（延一二回）。ちせの姉（倉持るい、赤松ちか）もよく来る。倉持家の治休（るいの子）は五回来た。また数須の中山家から甚平（分家から養子へ。斧一郎の祖父の弟）らが来る。この人は「数須の老人」と称され、家をあけることの多い斧一郎、そしてそのあとを継いだ桂一郎の補佐役・後見役であった。よって同人の葬儀の日（明治四二年二月二七日）、桂一郎は「万年帳」に「飯泉家ノ功労者」と称えている。これら親類縁者の用件はさまざまである。その点、山中茂一郎・長塚源次郎・多賀谷彦四郎といった人々は明確に政治目的の来客である。その相手は主に斧一郎であった。したがって、（B）について、斧一郎の場合を記すと主な行き先は宗道・国生・石下・水海道・北条・野州・信州であり、政治的な用務やつき合いで出かけることが多い。こうした雰囲気のため、桂一郎は年は若くとも政治に興味がなかったわけではない。親類の川尻・赤松新右衛門（前出ちかの夫。第一回衆議院議員。武国期多賀谷氏の臣・武将赤松氏の末裔）の遊説をするなどしている。

だが、桂一郎は翌年、家督を継ぐと、ほとんど冠婚葬祭を含めた一家の長としての用務に専念する。また出向く先もほとんど近隣に切り替えてしまう。政治に関心があったとしても、まだ若年であり、かつ家政が第一であった。

ところで桂一郎はすでに記したように下新田の富農河原井家のこう（守三の娘）と結婚した。この人がさきの小説の秋山秀のモデルかどうかはわからない。こうは香とも書いて、秀と似ている。それはともかく、明治二三（一八九〇）年一二月からの「万年帳」によれば結納は同二四年四月三日、結婚式は同月八日（旧二月三〇日）に取り行われた。

地域名望家の長子として生まれた桂一郎は今日、残された写真で父斧一郎と比較すると対照的である。肥満で頭髪が少なく、豪放的な感じの父に対し、彼は細身で髪に恵まれ、端正な感じである。新しい時代をゆく、地域のエリートとして、リーダー的素養を持っていた。

(2)家督の相続

桂一郎は父斧一郎が県会議員となったり、あるいは東京へ居住したため、明治二六（一八九三）年に家督を継ぐこととなった。その関係で、同家「日記」は一九年までは斧一郎により、二〇年のものは目下、欠けているが、二一年からは桂一郎、不在（修学）の時は弟の孫次郎が記すようになった。

桂一郎が家政を取り仕切るようになる頃の財産は田方六町七反四畝二七歩、米穀収穫量六七石五斗九升（明治二五〔一八九二〕年現在）であった[14]。これらはほとんどを旧四ケ村の者に小作に出していた。したがって、同家「日記」によれば田地の作業は戸主桂一郎はもちろん、同家の家族もほとんど行っていない。畑地についての所有状況は同年の場合、わからない。大まかな推定であるが、大正一四（一九二五）年における同家の田方面積は六町六畝一歩で明治二五年段階とさほど変わらない。畑方は三町一反一畝五歩である[15]。そのことからすれば、明治二五年ころの同家の畑方は三町前後であろう。

孫兵衛（桂一郎祖父）の時代の土地集積のところでいささかふれたように、同家は上田を占有する比率が高かった。とはいえ、表5でも一覧したように同地の地味は上質とはいいがたく、作付適種は五穀以外に桑であった。桂一郎は早くも養蚕業に着目し、畑地の大部分を桑畑と化した。「日記」によると、この養蚕の仕事には先頭をきり、下男・下女まで、一家総出で当たっている。養蚕業は斬新で、近代的な産業であることを桂一郎はとくに農事講習所などで学んできたはずである。かつ、同家の経営を飛躍させると読んだからである。二〇年代からの同家「日記」には養蚕の記事が目立つ。しかし、そのほとんどは桑畑の草取りとか上蔟とか養蚕教師の来泊といった作業・技術あるいは収繭量のことが多く、明治期の実際の収益高はわからない。やむなく、飯泉家が代表となり大正一二（一九二三）年に認可されたところの長萱伊古立蚕業組合の収支を見る。同組合の大正一四年における収入は七八〇円八四銭である。その内、飯泉家が四〇〇円余を得ている。

とにかく、桂一郎は大正七（一九一八）年六月からは「桑園管理帳」という帳簿をしたためてますます精を出し、またさまざまな養蚕組合の役員を歴任する。

彼が家督を継いだ明治二六（一八九三）年「日記」をめくると、たとえば次のような穀物売買に関する記事が目につく。以下、そのことを整理してみる。

旧二月四日　渡辺重石丸へ（米三七俵）、中島又九郎へ（米一一俵）
四月九日　石下青木屋へ（並米一〇俵）
六月二六日　原村七右衛門へ（信州米一〇俵、並米一〇俵）
九月二五日　松本定市へ（大麦本貫二反二六貫六〇〇目）
一〇月二〇日　市川藤一郎へ（並米一一俵、糯米二俵）
一二月一七日　青木某へ（囲米一〇俵）

小作米等を売却することによって、収益をあげていたことがわかる。

また、「収支明細帳」によれば、同家はこれら収益をもとに貸金を行い、この年だけで一、一〇八円二銭八厘を扱っている。内、同年二月一一日は水海道五木田弥五郎より金九〇〇円を、一二月一〇日には中久喜茂七より金一五〇円を借入している。そのほとんどは養蚕や米穀売買の運転資金に当てられたと思われる。

そして全体として、以上の米穀生産、養蚕、米穀売買による同家の収益は「収支帳」によると、以降、明治二八（一八九五）年一九円六一銭五厘、二九年二四五円六銭九厘と順調な伸びを示す。ただ、父斧一郎が政治に関与していた時期は出費もかさんだ。同家「日記」の明治二五年二月二四日の記事によれば、ある婦人について「嘗テ父へ貸金セシ請求ニ来ル、其挙動ノ無礼ナルコト悪ミテモ余リアリ」とあるのは、そうした費用であろう。

このように家督を相続してからの桂一郎は、すでに前項でも見たように、政治的な事に関心はありながらも、新しい発想と方法を採り入れ、まずは足元の家政の充実・拡大をはかっていった。

(3)公務への関わり

桂一郎が相続をした明治二六（一八九三）年における同家「日記」の外出記事から、公用のものを探してもあまり見当たらない。強いてあげれば、次のようなものである。一月一七日宗道相談会へ、九月二〇日用水積金の件で宗道綱屋へ、同二九日下妻常総倶楽部「内地雑居尚早会」演説会へ、一二月一五日栃木屋の会へ、同二三日甲午倶楽部発会式へ。すでに記したこともあるように、彼は政治に興味を持っていないわけではない。しかし、まだ若年で、また家督を継いだばかりのため家政の面で多忙である。かつ父の方が政治活動に打ち込んでいるため、そうした行動は抑えたと思われる。

しかしこのころの彼の外出記事を子細に見ると、地域の事件や紛争等の調整や仲裁に関わっていることがわかる。たとえば同年三月一二日は用水に関することで、四月二七日は訴訟事件のことで下妻へ、九月二七日も用水事件のことで小保川へ、一〇月三〇日は荒川・森川らの事件のことで豊田村へ、一一月四・六・七日はある一家不和のことで国生へ出向いている。

明治二〇年代最後の二九（一八九六）年「日記」でも同様のことがいえる。公用に該当しそうなものは一一月二日郡役所へ用水預金返納、同一三日北条町小林区署へ、といった類が強いてあげられる程度である。一方、桑買い、繭況視案、〆粕注文といった家業に関する外出と、旧四ケ村内のある農家の義捐（二月一八・二一日、三月四・七日、一二月二八日）とか村内の仲裁（一一月四・五日）といったことに奔走している。

なお、明治二七（一八九四）年の場合は、次の(4)でも紹介するように、桂一郎は衆議院等の選挙の応援に出向く。それは血縁の濃い親族の者が立候補したためである。すなわち、私的関係によるものである。

次に、例によって、同家明治三五（一九〇二）年「日記」から往来者の実態を追ってみる。まず飯泉家に来訪したものは、親戚、医者、病気見舞客、職人の者が多く、その傾向は従来と変わらない。それでも細かく見れば二〇年代と比べて親族の来訪者が減っている。その理由としては、前述したような、後見役の来訪を必要としないほど桂一郎が一人前になったためである。また彼の在宅の減少も影響している。一方、桂一郎の「行」き先および用件の方の変化は著しい。最も多いのは六月一〇日を最初とする「役場へ出勤」という文言である。この類だけで同年は七一件にのぼる。それは彼が六月四日の村会において村長に当選したからである。かつ、彼は役場に宿泊することがぜん多くなった。そして就任二か月半後くらいには鬼怒川辺の「人家ノ全潰田畑ノ被害甚敷百年以来類ナキ大害」をもたらした八月二七日の大暴風雨に奔走するのであった。もっとも村長就任以前も「村治上ノ用ニテ村役場へ行」とか「村会ニ付村役場へ行」（同年七件）くことがあった。それは彼が三〇年一一月五日より村会議員（六期、途中村長兼務）をしていたためである。「村長ノ用ニ付キ石下町へ行」（七月五日）という記事のように村長の用務として郡役所、他町村役場などに出張することも多くなった。

また、江連用水に関する用件で砂沼や総上村等へ出かけることも多く、三〇件にのぼる。さらに「江連表へ行」（一〇件）という記事も同じ用務と思われるので、この関係の出張は計四〇件にのぼる。この江連用水の歴史は享保一一（一七二六）年にさかのぼる。文政一二（一八二九）年に竣工するまでにはまさに苦難の歴史である。そのことについては『江連用水誌』、『江連用水詳説』として記録されたり、青木昭他「江連用水再興運動」[16]、永瀬衛「常総地域における用水模様替の展開」[17]などで分析されている。ここではさらに検討する余裕はないが、いずれにしても江連用水の復興は千代川村民の水との闘いの成果を象徴するものである。それだけに、この用水は地域民にとっては永久に大切に管理すべき重要な存在である。桂一郎はその役員、つまり江連用水普通水利組合議員を明治三一（一八九八）年一一月一三日より七期、同組合常設委員を同三七年一二月六日より三期勤めた。

また彼は茨城県、結城郡あるいは宗道村の農会の用事で郡役所や水戸あるいは千葉県へ出向いている（二五件）。これは彼が宗道村農会長（明治三二（一八九九）年四月三日より三期）、結城郡農会宗道村代表者（明治三三年八月一〇日より四期）、茨城県農会結城郡代表者（三三年九月九日により、任期不明）を勤めていたためである。

桂一郎は明治三五（一九〇二）年七月二一日より八月五日まで県農会の用事で千葉県へ出張している（七月四日拝命）。その用務内容は耕地整理および産業の視察であった。こうした視察や研究をもとに、彼は明治三八年一〇月二七日から始まる常地耕地整理の初代委員長となる。常地とは宗道村と蚕飼村にまたがる五〇町歩余の耕地である。低地であるために排水が悪く「大湖水状ト化シ収穫悉無又ハ半減ノ惨状ヲ呈スル」地で「地主ハ地区内ノ耕地ヲ小作入付スルニ地区外ノ土用ヲ之ニ付シテ耕作セシムル状態」であった。そこで明治三〇年に大地主らが排水路を浚渫したが失敗し「荒蕪地」のようになった。その後、地主層の要望と耕地整理法による国策の下、「飯泉桂一郎ハ委員一同ヲ指揮督励シ日夜寝食を忘レ」[18]工事に当たった。

今日、飯泉家には江連用水組合、農会、耕地整理といった関係の文書は簿冊に整理され、多量に保存されている。しかし、詳細な分析は今後の課題としたい。

また同年の飯泉家「日記」における桂一郎の公務外出の記事はまだまだあるが省略する。

そして、その後、つまり明治三六（一九〇三）年以降の桂一郎の役職も全ては書ききれないので、以下、主なものを列記する。

明治三六年三月　第五回内国勧業博覧会茨城県出品人惣代
同年九月　第一一回全国農事会代表者
同三八年四月一日　茨城県農会常務幹事
大正五年三月　宗道村地主会長
同一二年三月三〇日　結城郡養蚕同業組合評議員

桂一郎はまさに名望家として、その地位と名誉を築き上げていった。

このようにして見ると、桂一郎の生き方は父斧一郎とは異なる。父を壮士風の「政治家」タイプとすれば、子の桂一郎は実務家としての「行政マン」タイプであった。そうさせたのは桂一郎自身の性格、生い立ちもあろうが、すでに彼をとりまく日本社会がかなり官僚化、中央集権化し、地方もとくに上層民を中心に強力に再編成されている時期であったからだ。いうならば桂一郎は一等国・列強をめざす体制にからめとられながらも（また自らも入っていきつつも）、一方では謹厳実直な性格を持って「地域のために」奔走したのである。

最後に『宗道村農会々報』第一号（明治三三年一二月）にある会長飯泉桂一郎の論説「本会の方針」を紹介しておく。「宇内の形成を観察すれハ、列国の実力衡争の地、今や漸次、東洋に向て集注せらるゝもの、如し（略）我国民の最大急務ハ帝国の国威を光輝せしむるの策を、企画するより急なるハ非らざるべし（略）実業の新興を謀るより急なるハなし（略）その根底基礎を農業に置かざる可らざる」と冒頭に述べ、さらに「学理と実地の和合」を主張したのち、「我帝国々是の大計の下に、一小村農会の責務を尽すを得ん乎」と結んでいる。

(4) 晩年の桂一郎

一段一段と地位と名誉を着実に築き上げていった桂一郎は相変わらず家産の拡大をなしていった。同家「明治三七年度県税戸数割・第一期等級及課額表」は宗道村の負担者四一〇戸が一〜一五等までに区分されている。それを統計にとると一〜五等級は一八戸（四・四パーセント）、六〜一〇等級は一六二戸（三九・三パーセント）、一一〜一五等級（五六・三パーセント）である。この数字は河岸場で雑役業に携わる人々の存在という地域の事情を考慮しなければならないが、それにしても近代日本における地方社会における階層の分解の様相が見事に反映されている。

むろん飯泉家はその数字では上位に入っていた。同家の所得金額は明治三五（一九〇二）年三九九円四九銭、四〇年八一九円六四銭、四五年一、一七一円、大正五（一九一六）年八七八円、一〇年二、四八五円と上昇している。なお、米収穫量は表7の通り、大正三年七九石九斗七升二合、一二年八一石五斗五升八合である。

したがって生活の方は事欠かない。たとえば桂一郎の子供の教育について、「万年帳」の記載の範囲でまとめてみる。

長男玄雄…明治四〇年四月八日　下妻中学入学

長女清瀬…明治三九年四月一六日　土浦高等女学校入学、四三年一〇月一七日　水海道へ裁縫修業、四四年一月一五日　東京へ裁縫修業

次女二葉…大正三年四月三日　水戸高等女学校入学、六年六月二六日　東京へ裁縫修業

次男佗夫…大正四年四月八日　下妻中学校入学、昭和二年三月三〇日　慈恵会医科大学卒業

なお、三男武夫については同帳には記されていないが、慶應義塾大学（経済）を卒業している。

衣食について詳細に扱うゆとりはない。ただ、同家「日記」によれば、牛乳をとりはじめたのは明治二二（一八八九）年一〇月一九日から、恵比寿麦酒を飲んだのは同三三年七月八日のことである。洋服は一九年一〇月一日、水海道で購入しているのが初見であるが、二六年五月九日・六月二三日には東京銀座の太田屋をわざわざ呼んでいる。

結婚式等のことについても紙数はないが、たとえば妹秀子の婚礼（明治三五年一二月六日）には東京白木屋の衣類二〇〇円を最高に合計四三五円七六銭を費やした。

飯泉家は医者にかかる（というより、医者を呼ぶ）ことが少なくない。同家「日記」を見ると、病気の記載件数は明治一七（一八八四）年二件、一九年六件、二一年一〇件、二二年一四件、二三年四件、二四年七件、二五年三六件、二六年四五件である。医者は民権系の同舟社浅田三郎（宗道）、桂一郎の友人荒川隆之助（石下）が来診することが多い。時には旧四ケ村唐崎の中島医師、原の大月医師、下妻新地の堤医師あるいは遠くは東京の医師を呼ぶこともあった。家族のうちでも、とくに桂一郎と母ちせは診察をうけることが多かった。

なかでも大正一一（一九二二）年三月六日、桂一郎が結城郡役所で行われた同郡地主会評議員会の際に嘔吐し、血啖をも吐いて苦悶、卒倒した時は騒然となった。駆け付けた妻こうと息子の玄雄はすぐ荒川ら三名の医師を呼んだ。病因は胃潰瘍に脳貧血を併発したためであった。そして帰宅後は昼夜三医が交代で来診した。さらに六月七日、東京帝国大学付属病院に入院、八月一日より東茨城郡大貫町（現在の大洗町）の佐久間与五郎別邸を借受けて療養した。療治と保養に要した経費は「万年帳」によれば六八七円八六銭であった。

ここで注意すべきことは、倒れたその日のことである。桂一郎は郡役所で安静したが、すぐさま大字の者がかけつけ、枕元で看病した。また病気見舞には延一五〇名の者がかけつけたが、親族はいうまでもなく、地域における人々のほとんどがカステラ・葡萄酒・アヒル玉子・ヒラメ・砂糖などを持ってきた。こうしたことを総合して考えると、全体として桂一郎は生涯の中で小作層や使用人とトラブルを起こすことは少なかった。そして少なくとも千代川一帯において、この時期に地主と小作・使用人層が表面的に激しい敵対関係になりにくかった原因は次のことがあげられる。学校や病院などの公共事業に寄付や奉仕をしたこと、桂一郎のように仲裁・調停に尽力した（前述）ことの他に、地域における私的交流（たとえば祝事における村民招待、坪行事への参加など）や建て前ではない私的関係（貧家からの下男・下女採用、貸金・貸米の用捨など）があげられる。いうならば、こうした状況が日本社会の体制を規定していたのである。

晩年の桂一郎にとってもう一つの災難は、時期は前後するが大正二（一九一三）年二月五日の火災（類焼）である。これにより母屋を失ってしまった。そこで桂一郎は五年四月一日、大園木塚原竜三郎の隠居を二七五円で購入し、仮屋の建築にかかり、七月八日に落成した。

その後、親戚の木村伝兵衛家（水戸）のすすめもあり、昭和二（一九二七）年六月二五日より増築にかかった。そのもようは桂一郎によって「建設ノ動機」より「建物建築祝」まで全二二項が子細に「住宅増築記及其工費調書」として綴られた。そこには「総支金一四六四円一八銭」という貼紙がある。

そして、この工事が終るとまもなく、昭和四（一九二九）年六月一七日、桂一郎は没した。家督は長子の玄雄が継いだ。

おわりに

以上、本節で筆者は次のような方法で分析してきた。

・地域民の生活をとりまく前提条件、つまり環境はどのようであるのか、景観論的手法で把握する。

・分析の対象をある農家（飯泉家）にしぼり、近世・近代の私文書、とくに系図・履歴書・日記類を多用した。

・とりわけ、同家の人々と他との往来（交流、人間関係）を中心に、世代ごとに追った。

その結果、次のようなことが分かった。

・地域の農民は自村の自身の生活の発展・向上のために、さまざまな自然条件を克服しようとした。

・伊古立の有力農民飯泉家では江戸時代に土地集積に尽した。とくに最後の孫兵衛は土地集積等、家の経営の拡大につとめるとともに、地頭より褒賞されるほど名主職に尽力した。彼は体制が変わり、明治維新を迎えると孫の斧一郎に家督を譲り、長老として新しい生きがい（神葬祭）を求めた。

・斧一郎は新しい政治行政の体制のもと、村のリーダーとして戸長・村長などをつとめた。やがて自由民権運動に邁進し、それがきっかけとなり政治の世界にあこがれ、県会議員となった。しかし、壮士の時代が去るとともに政界を退き、後年は東京で、育英を自分の使命とする。

・父斧一郎から若年にして家督を譲りうけた桂一郎は最初は政治に興味があった。しかし、まずは家のために、地域のために生きる覚悟をし、家業の近代化につとめる。その間、周囲との人間関係もでき、また調整や仲裁等に関わることにより人望を得、公共的なこと、行政的なことに関わった。そして村長等を歴任し、地域の有力者となった。そうなった時期は明治三五年前後であった。彼は父の壮士タイプとは異なり自治行政マンタイプである。それは当時の国家・社会の状況あるいは地域構造の変貌に規定されていた。

・それとともに飯泉家ら上層部は地域民の生活水準から離れていく傾向にあった。しかし、この時期、両者が決定的に敵対化しにくいのは、よくいわれるところの地主層による公共事業等への寄付・寄与、あるいは彼らを中心とする仲裁・調停の活動といった面のほかに、日常における建て前ではないと私的関係、また坪等の小地域における交流があったからといえよう。

注

（1）『村史　千代川村生活史』第二巻地誌（平成九年三月、千代川村）第三編第一章第六節「付・四ケ村について」（筆者執筆）。

（2）「沿革誌」によれば下妻城主多賀谷氏の臣・伊古立掃部が今の集落の東、字中台に城を構えたが、多賀谷氏とともに滅亡したという。そのことと集落移動の関係もわからない。

（3）嘉永四年一一月「覚」。

（4）結城郡千代川村密蔵院所蔵、前掲略縁起。

(5) 明治元年一二月「乍恐以書付奉願上候」。
(6) 明治三年二月「新補許状」。
(7) 明治四年七月「相頼申一札之事」。
(8) 明治三年一〇月「一札之事」。
(9) 明治五年ころ「林淡水救助米規約」。
(10) 真壁郡明野町高松市衛家文書。
(11) 第四区の同志の結合と運動をめざし、明治二七年一月二九日、発起された。
(12) 東京都公文書館所蔵明治一五年一月八日「私塾御届」。なお、明野町山口正平家文書「履歴書」によれば倉持治休は明治九年に同館で修業したという。
(13) 明治一九年七月「茨城第三中学校入校試業合格不合格記」。
(14) 以上は明治二五年「小作徴収簿」、同「米穀出納帳」による。
(15) 「明治卅弐年以降所得金額決定通知書」。
(16) 『常総の自由民権運動』崙書房、昭和五三年八月。
(17) 『史学論集』第一〇号、駒澤大学大学院史学会、昭和五四年四月。
(18) 『結城郡宗道村蚕飼村常地耕地整理組合創業ヨリ重要事項調査書』刊年不明。

三　地域の文化形態と景観——千代川地域について——

はじめに

筆者はかつて、共同研究の一員として、寺子屋・私塾といった庶民教育、あるいは国学・和歌・俳句といった思想・文学を中心とした地域文化の研究をしたことがある。そして、それはそれで自分なりに文化史について理解できることもあった。しかし、その後、というより正確にはその研究の終りごろから、どうして文字文化盛行の中でも日常道徳のような類のものが存するのか、あるいはどうして寺子屋・私塾の数に地域差があるのかということに強く疑問を持った。その思いはその後、さまざまな地域を検討し、いろいろな人々の生活を追うごとに強くなった(1)。そうでないと、極端にいえば、この地域は寺子屋・私塾が少ないから教育文化のレベルが低かったとか、儒学・国学に比べて剣術とか和算では一般性がないとか、和歌に比べて俳諧では分析しがたいといった、偏頗な文化史研究になってしまう。疑問は続いた。地域文人の発掘は大事だというがなぜなのか、「このような名もない地域文化人がいたことも忘れないでほしい」という結論だけでよいのか、「明治の世になり、村の文化もこのように変わった」ということでよいのか。

とはいえ、地域の文化を、どのような材料を用いて、どのような方法で、どのように描いたらよいのか、実にむずかしい。これらの大きな課題に対して本節では論考の目的を次のように掲げてみた。解明したいことは「村（地域）の中の文化・思想」である。つまり、ここでは村落生活の形成・発展に文化がどのような関わりを持ってきたのか、言い換えれば村人は生活を維持し、発展させていくために文化や思想をいかに必要としたのか、ということを論じたい。

いうまでもなく、これら文化・思想は永々と継承されてきたものもあるし、ある時、新しく外部より伝播してくることもある。その伝承や伝播の状況あるいは実際の状況を見きわめることにより、文化の形態を素描したい。次に文化の形成について追ってみたい。その場合、まず村落の景観と文化の形成の関係をさぐりたい。そして、地域において文化を作り出す場所を明らかにしていきたい。当然、以上のことは時間的・時期的変化を考慮するつもりである。

そのために取り扱う材料は従来あまり「文化史資料」とされなかったもの、さらにさほど注目されなかった思想・

文化の分野のものも扱う。当然、文書は扱うが、とりわけ私文書あるいは公私の中間的なものも対象とする。したがって、あまりスマートではない文化史となる可能性がある。

なお、本節の場合も前節と同様、分析対象とするのはおもに江戸後期～明治期を中心とした茨城県下妻市の千代川地域（旧千代川村）とする。

1　「下から」の伝統的文化

伝統的土着文化とされるものの起源は詳らかにできるものもあるし、できないものもある。しかし、どうであろうと恒例のように地域の中で、貧しいものも、豊かなものも全村民ぐるみで根強く続けられてきたところの、いわば「下から」の文化とでもいうべきものである。

そこで、最初は、村にあって、とりつきやすい文化財から入ることとする。千代川村内にもいたるところに石碑類が立っている。よって、この項でもその一部を紹介する。

大字村岡の香取社には「水掛不動尊」と呼ばれる石像が村人たちによって、宝暦一〇（一七六〇）年二月に立てられた。実はこの石仏の横には手洗鉢があり、その不動尊像に水をかけると雨を招くといわれる。いかなる地域の農民にも水の確保は生活や生産に直接関わる重要事である。とくに村岡は洪積台地部にある集落のために、深刻であった。

神仏混淆の関係で、その香取神社に並ぶ満徳寺の境内には、天明三（一七八三）年一〇月に村の庚申講中によって庚申塔が立てられた。周知のように庚申信仰は災難を除こうと、申の日に集まって青面金剛などを祭ったり、飲食をしたもので、江戸時代に盛んとなった。

村岡の隣村別府には地蔵原と呼ばれるところがある。元はここにあり、今は別府不動尊にある地蔵尊は「夜泣地蔵」とも呼ばれ、子供の夜泣きを止めるといわれている。このように病気や災難の時に祈願する地蔵は多い。河川や沼沢の周囲には水にまつわる石仏が目につく。原の江連川のほとりにある地蔵尊は享保元（一七一六）年九月二〇日に建立されたが、それ以降は水に関する事故がないという。原とは鬼怒川をはさんで対岸の皆葉、そのうちの川岸にある無量院南崖下には渡し場があった。同寺には船中安全を祈板した坂木が残されている。河川交通は日常、不可欠のものであるが、必ずしものどかなものではなく、時には命がけのこともあった。

なお、こうした石仏は道標の役割を果していることもある。たとえば砂子愛宕神社にある「二十三夜供養」塔は天保六（一八三五）年二月に村人らにより立てられたものである。正面には「南　水可以登う（水海道）」、裏側には「北たかさい（高道祖）」、右横には「右　よしぬ満（吉沼）つちうら（土浦）」、左横には「左　下つま（下妻）大本う（大宝）」と刻まれている。ここには村人たちの実用上の気遣いが感じとれる。

以上のような石造物・石仏は必ずしもロマンチックな存在ではなく、村落の生活と深い関わりがあり、またそうした経験・知識を後世にはっきりと伝えようとしたものである。

こうした信仰上のことについて、すでに紹介した飯泉家文書から抽出することはたやすい。だが、その種類・分野はあまりにも多いので、限定する。

飯泉家文書の文久二（一八六二）年六月「差上申済口證文之事」によれば、同年二月に旧四ケ村と隣村鯨の若者らは大杉神社村廻りの際、大立廻りを演じた。契機は、真壁郡大串村（現在の下妻市大串）五宝寺を出た神輿を最寄二七か村継送りした時である。その際の、冷酒ではなく燗をした神酒を出せ、出さぬ云々が原因であった。この一件は結局、内済で終わったが、それだけ村人にとって、さまざまの意味で関心のある信仰・祭事であった。同文書によれば、この行事はもともと、五穀成就・病難除のために、七年毎の二月一五日からとり行われるものであった。この地域の大杉信仰は江戸期には大串五宝寺を対象としたが、明治期に入ると稲敷郡桜川村阿波（旧阿波村、現在の稲敷市阿波）の大杉神社を本社とした。そもそもこの桜川大杉神社は柳正博氏によれば、悪魔・病魔を打ち払い、また水上安全を守る神であった。それが一地域神から広範にわたるのは享保年間以降である。(2)つまり水上の安全守護が利根川はじめ江戸へ通ずる水系に多くの信仰を集めていったからである。当然、その信仰は鬼怒川・小貝川流域にも普及した。河岸を中心に舟運が活発になる千代川一帯に大杉信仰が盛んとなるわけがよくわかる。飯泉家「日記」にも、明治二六（一八九三）年一月一二日「大杉神社来りし」、二七年一月一三日「大杉神社真像来、村内巡回」、二八年一月八日「阿波大杉神社真影を迎ひ、村内廻り」、三一年一月六日「大杉神社村廻り」、三二年一月一五日「大杉社村廻り」、三三年一月七日には「大杉神社真影迎ノ鬮、本年は宅と飯泉菊次郎方へ当選ニ付、佐藤邦之助ヲ頼ミ代人トシテ本朝出発セシム」とあり、盛行のほどがうかがえる。

同家「日記」には明治二一（一八八八）年一月一九日を初出として上郷（現在のつくば市上郷）の金村別雷神社へ参詣する記事が時々ある。二九年八月一〇日のものによれば村内一同で行ったという。この祭神は家内安全のほかに、農業の神であり、その市で村人は農具を買って帰った。農業に関する信仰行事の記事は「稲収終りニ付祝」といった「さなぶり」（家内のさなぶりと村さなぶり）、蚕の上蔟による「上蔟祝」、畑仕事が終ったあとの「鍬アゲ祝」と多種多様である。

泉観音（慶龍寺）参詣のことも出てくる。同寺は泉村（現在のつくば市泉）にあり、女性がよくここに祈願したのは安産・子育ての観音のためである。

また、同家「日記」にはさきほど石仏の説明のところでとりあげた信仰のことが出てくる。雨乞いについては「雨引山へ行く」、「雨乞い祈板に出す」などである。庚申信仰については「庚申講」、「庚申祭」など、十九夜供養については伊古立では「十七夜観音祭」、「十七夜講」という語が多く現れる。

なお、これらの文化は宗教性、信仰性、習俗性の色彩が濃い。それが強いほど始期はさかのぼると思われるが、期日は確定できない。できないのが特色ともいえる。

こうしたものが年々、かなり娯楽性・遊興性を帯びてくる場合もある。とくに、飯泉家「日記」において「何々ニ付休業」・「何々ニ付ひま」といった文言がある場合は、その性格がかなり強い。その点がとくに目立つのは祇園祭、大宝祭（大宝八幡、現在の下妻市）そして鎮守祭である。また成田山・石裂山や伊勢神宮の参詣のように泊を伴う場合もそのようになってくる。とくに大宝祭には飯泉家の家族のほとんど（場合によっては使用人も含めて）が出かけ、近くの親戚（数須・下新田）に宿泊している。

娯楽性が強いのは相撲も同様である。飯泉家「日記」における初出は第一冊目の明治一五（一八八二）年四月一二日であり、「角力興行仕込」と準備のことが記されている。また同年九月六日には「田下村角力江行」と、他村の相撲興行に出かけている。以後、各所における相撲のことが記されている。明治二六年八月五日、飯泉家には大関利根川外一名が宿泊している。それは翌日、村内永瀬良助宅地内で相撲興行が催されたからである。

同三五（一九〇二）年九月一二日に伊古立（場所は永瀬林三郎宅）にて行われた相撲興行のことは今日、大字の持ち廻り文書にある「角力諸入費帳」と「相撲興行雑記」からわかる。前者はその出納簿であるが、六〇円六五銭の入金に対して、六〇円六二銭五厘を出金している。利益本位ではないことがわかる。その記載は細かく「一金　三銭角力買行人ノ橋芽三人前」から始まっている。このあとに、石岡より土浦までの汽車賃の費目があるので、その方面で興業の交渉をしたのであろう。後者にはまず案内状の発送先が大字ごとに列記されている。興行主体の伊古立を除いた旧四ケ村三か村はほとんどの家に、また他の宗道地区・玉村・蚕飼村、そして館方など、総計二四二名に送付した。また花代の持参者には案内状発送者名の上部に丸い印が付されているが、その数は約七割である。次に力士三五名、行司三名の宿割りがなされている。飯泉家には電信とほかに二名といったように、大字内の各戸ほとんどに力士・行司を割りふった。最後には役割（帳簿掛、景物掛、琉球掛、商人掛、客案内、桟敷見張番）が書かれているが、その客案内係のところに「客案内標準」として一等席（一人三〇銭、赤色表示、西南桟敷）から三等席（一人一〇銭、黄色表示、土坪）までの区別が付記されている。

なお、前者の収支簿の中に「一金五十銭　木村浅吉へ一同ヨリ花代」とある。木村浅吉とは隣の大字長萱（四ケ村の内）の生んだ大相撲の行司である。その碑文「行司木村浅吉之碑」（大正一四年一二月建立、同人は同年一月一七日没、現当主は杉田定一氏）は見田薬師堂横にある。また杉田光家文書の「相撲行司御願」（明治九〔一八七六〕年九月一二日）は浅吉が茨城県に相撲行司の営業を願い出たものである。彼はこの興行に際し、郷里のために一役かったのである。

旧四ケ村の唐崎には「四拾弐貫」と刻まれた力石がある(3)。相撲との関係はわからないが、いずれにせよ相撲興行とか力石くらべは労働・生業のための再生産を促すものであった。それとともに、飯泉家「万年帳」にある次のような記載のことも見落すことはできない。

明治二十六年九月十五日（旧八月六日）豊年祝トシテ村内一同主催トナリ本日永瀬林三郎邸内ニテ草相撲を興行シ（略）

やはり村相撲は豊作の祈願のために行ったのである。そのために相撲興行の際、村社鹿島神社より補助をうけるのであった。

娯楽でも最たる芝居もかなり行われた。実際は江戸時代にも行われていたと思われるが、飯泉家「日記」の初出は史料の残存上、明治一五年三月三一日の義太夫会のことである。こうした村芝居は伊古立だけではなく、長萱・袋坪・加養など近隣でも盛んに開催された。ところで、この村芝居について同家「日記」、「万年帳」には次のようなことが書かれている。つまり同二九年三月七日に義太夫浄瑠璃遊芸会が催された。その目的はある家の「財政改革」につき、義捐金を集めるためであった。このころ飯泉桂一郎はこのための相談等で奔走している。村の演芸は狂気乱舞して行われることもあったが、一方、その内実に一歩踏み込むと村落の形成・維持とも大いに関わりがあった。

さきに石仏「夜泣地蔵」や大杉信仰のところで一瞥した病災について、多少ふれる。ところで、病気については前節において述べた飯泉家は、村内では上層部に位置するため、経済上、治療代にこと欠くわけではなく医者にかかることが多い。西洋医系統の同舟社医師から、ごく近隣の漢方医、さらには東京から招くこともあった。それほどの飯泉家でも「日記」によれば、次のようなことも少なくなかった。

明治十九年九月一五日（旧）見田佐藤隣順作鯨青木を頼み病気平快祈禱執行

桂一郎母ちせが病に罹り、九月一〇日から医師の来診をうけて四日目のことである。このように重かったり、直りにくい病気の時、同家は見田の佐藤邦之助、隣家の笠島順作、鯨の青木卯平あるいは見田我国山神徳社の本橋泉八を祈禱師として招いている。とくに前三人はこの病気平快祈禱以外に、日待祈禱の際にも泊を伴って来宅をするなど、同家との交際は深かった。また、祈禱上のつき合い以外に、飯泉家はたとえば青木卯平に対し、家屋建築の際には請われて金円を補助している。そして、同人が明治三一（一八九八）年五月一七日に死去したのちは息子の平吉に祈禱を依頼している。

飯泉家と同じ、近世には名主をつとめるなどして、交流の深い長萱（四ケ村の内）の杉田光家には明治七（一八七四）年五月一六日「御獄三社大神恩告帳」という文書がある。これには杉田家の人々（多十郎・とく・佑四郎・ひでら）の悩み・願い事に対する同社御師の返答が記されている。身分安全・家内安全のためにはどうしたらよいか、安産のためにどうしたらよいか、今年の作柄はどうか等々。この返事もさまざまである。盗難に油断のないよう、覚神丸なる薬を飲め、熱病に気をつけよ、秋風に留意せよ。その中に次のような託宣がある。

十七年十二月　杉田多十郎

是尤モ之願ト云トモ当節ニシテ其方壱人の難渋ニ不有、上下ニ至ル迠悉クひへい《（疲弊）》難渋ニ及べ、故ニ日々天照大神すく《（ママ）》わやか為にしんこふ致ト云トモ未夕此時節若きか故に国中の万民明ニ不置、茂宇《（もう）》五ケ年立ザレバ中上々向者不有、尤モ一度農業丹精四ケ年あるべし、左する時者運生《（ママ）》導ク、薬用之儀者農業あい間を以はけむべし、左する時者近々其運徳をしごす、及守護

明治期の地域民の精神生活のようすがよくわかる。と同時にまだ少しずつではあるが時代も、生活も変わっていく一端を如実に知りうる。

以上、述べてきたことは、次のようにまとめられよう。

・地域には多種多様の伝統的な土着の文化がある。
・この文化は宗教性、信仰性、習俗性の色彩がある。これが濃ければ濃いほど、始期をさかのぼれる可能性がある。しかし開始時期を明確にするのはかなりむずかしい。また知りえないのが特色ともいえる。
・それらは日常生活や生産・生業などとかなり密接に結びついているものが多い。
・たしかに余暇の遊興や娯楽の比率が高いものもあった。しかし、それは再生産のためのものであり、さらによくみると村落の形成・維持と関連していた。
・地域で日々、生きていく人はこのようにしてより良い生活や文化を求めていった。むろん、祈禱とかお告げといった精神面においてもそうであった。

2 「上から」の官製文化

「上から」の文化とは「官製文化」でもある。国家や政権が、そのビジョンとか政策に基づいて国民をその目的や方向に意図的に誘導する思想的・精神的な活動である。近世においても幕府による寛政異学の禁（寛政二〔一七九〇〕年）、蛮社の獄（天保一〇〔一八三九〕年）、あるいは幕府や藩による昌平黌・藩校の設置・再編は官製文化の典型である。地域においても、とりわけ文政改革などによる文化・風俗の取り締りなど、「お上」からの指令は多い。飯泉

家の近世文書にもたとえば御用留帳の類などが残存していれば、容易に指摘できよう。その資料はないが、万延元（一八六〇）年には地頭役所（旗本林勇次郎）より「申渡」が届けられている。それは、近年、村々で春と秋に「酒盛」と唱えて、若者が酒食しているが風儀がよくないので停止させ、さらに農間渡世にて酒商いをしているものもやめさせるようにというものであった。

こうした官製文化を全国均一に、かつ全階層的に、しかも強力に推進しようとしたのは近代、とりわけ明治時代以降である。その第一波は明治期前半である。このころ、政府は意図的に前代を否定し、政治法律経済の変革を急いだ時期であった。文教政策も地域における戸長・村長らを通しておし進めようとした。この地域の旧旗本領などを管轄した若森県では長萱杉田光家文書「議定書」にあるように、明治三（一八七〇）年正月、若者仲間の廃止、大杉信仰の廃止、休み日の縮小という三か条を達した。

その四年後の七年、当時「三賢令」とあがめられたり、皮肉られたりもしつつ、積極的に政策を実行した柴原和千葉県令が管内巡視のためにやってきた。同県令は「一村一町毎ニ申合セ共々節倹ヲ旨トスベキ事」を「説得ニ」七月一四日から巡視した。この地域来訪の際の宿所は新石下村であった。(4)

柴原県令は前代の寺子屋・私塾の禁止を強く進めた一人である。周知のように明治政府は明治五（一八七二）年八月、フランスなど欧米を模した「学制」を頒布し、全国における教育の統一化をはかった。それにより、各町村では必ず小学校を設置し、学齢者に就学を督励しなければならなかった。ここでは飯泉家およびその通学区である宗道地区の学況について扱う。

ところで、飯泉斧一郎と桂一郎父子の学歴はすでに前節で述べたので、やや重複するが、斧一郎は少年時代はまだ旧幕下であったため、寺子屋・私塾に通った。桂一郎は見田小学校に明治一一（一八七八）年、入学した。同小学校は八年に教員一名、生徒一七名をもって村内密蔵院に開校された。(5)ところで、桂一郎の学歴のことで思い起こす点は見田小学校を中退し、杉田弥四郎塾に入門し、さらに同小学校に復学したことである。杉田弥四郎は前記した長萱村の里正宅の一族であり、文久元（一八六一）年七月五日に生まれ、明治四三年一二月二一日に没した。彼は弟の覚次郎（慶応三年一〇月二〇日～大正一五年八月一七日）に英語を担当させ、自らは漢学を受け持ち、見田薬師堂の前で開塾した。つまり、桂一郎の変則的な就学事情は、寺子屋・私塾と小学校という、就学年齢は大体同様ながら歴史的経緯も教育内容も異なる二つの学習所が地域の中に存在したためである。「上から」の「学制」をうける立場の戸長の家に生まれた桂一郎は新しい「小学校」なる所に入学した。しかし、そこはそれまでの寺子屋・私塾とは違った。そこで杉田塾に入った。しかし、家の立場上、小学校には行かねばならなかった。とにかく、学びたい者が学び、ほとんど授業料がなく、和漢学を中心とする従来の庶民教育と新しい欧米風の小学校教育とでは違いすぎた。もっとも飯泉家は同校設立の際には旧四ケ村四家のうち、最も多くの醵金をしているくらいだから、授業料納入は負担ではない。(6)しかし一般村民にはこれに学資納入も加わるので、大変な経済難となる。

では、見田小学校における教育内容はどのようであったろうか。そこで飯泉家文書「学校所諸入費書出し帳」（明治八〔一八七五〕年五月一七日）より、同校開校時の購入・備付書籍（教科書）の項目から作成した、表8を参照されたい。これらは表題だけ見ると近世の寺子屋私塾教科書に類似しているものもあるが、かなりのものは欧米の翻訳・模作のものである。これを生徒にひたすら暗記させた。この一端からもわかるように、一等国の資本主義列強に早く追いつこうとする明治政府は、そのための強力な手段として文明開化路線をとった。とくに学校教育に着目し、「上から」の教化

表8　見田学校の書籍購入リスト（明治8年5月）

小学読本　1・2・4・5	世田分玉尽	物理階梯	兵要地理小法
地理初歩　単	地球儀用法	単語篇	地名字引
小学教授法　単	訳書字引	筆算通書	農業往来
日本地誌略　1・2	直草早字引	幾何用法	地方往来
万国地誌略　1・2	小学試験法	幾何付口法	史略
筆算訓蒙	洋算初学	博物新編訳解	
物産字引	日本略史	博物新編補遺	

出典）「学校所諸入費書出し帳」（見田村、明治8年5月17日）より筆者作成。
注）記載順。

をはかった。

さて、その後の見田小学校については宗道小学校蔵「沿革誌」（結城郡宗道村尋常小学校）によって分かる。

明治二十一年　宗道尋常高等小学校ハ明治二十一年豊田郡第二番学区下栗尋常小学校ト称シ下栗法光寺内ニ設置シ（略）更に見田、今泉二ケ村ニ分校舎ヲ設ケ（略）(7)

政府は政治行政と教育の中央集権化のために町村制と学校令の改定を進めていた。見田学校はそれにより文教場となった。

ところで、いままでとりあげてきた二人の人物が気にかかる。一人は公立学校を卒業した飯泉桂一郎である。彼は見田小学校卒業後、森新三郎塾に入った。同塾は自由民権系の学塾である。その意味では寺子屋・私塾の系譜をひく。ここに入塾した桂一郎の動機は杉田塾に入った時よりも明解である。それは小学校よりレベルが高く、また英語という新しい学問に挑戦しようとしたためである。さらに中学校への予備学習のためでもあった。その後の桂一郎は地域にあってはエリートの道を歩むことはすでに第二節で述べた。

もう一人は塾主の杉田弥四郎である。実は杉田は明治二一（一八八八）年八月二一日、主任訓導の待遇で下栗尋常小学校に迎えられた。それから病気で依願退職する明治三九年七月三一日までほとんど校長職を全うする。杉田が在職した一八年間の同校の沿革（二三年、校名を宗道尋常小学校と改称）を宗道尋常高等小学校「沿革誌」で列記するとかなり長大になる。そこで同誌に記されていることの特徴を箇条書でまとめる。

・明治二一年より記載され、当初のうちは校舎の建築、備品の整備、あるいは遠足や運動会といった行事のことが目につく。

・やがてそれだけではなく、勅語奉読式、神武天皇祭、大婚二五年祝賀式といった教育内容のこと、とりわけ精神・思想の教育の徹底化のことが目立ちはじめる。

・その傾向は三〇年代に入ると、同年一月一三日からの皇太后崩御に伴う休校措置にはじまり、英照皇太后埋棺哀悼、皇太子婚儀奉祝、皇孫降誕奉祝、菅公祭、大宝八幡宮への参拝遠足、湊川神社灯溌建立寄附などますます増大する。
・国策宣伝のため幻灯会、講和会は二三（一八九〇）年二月二一日に見うけられるが、二七年八月一日の対清国宣戦詔勅発布による訓話あたりから、勧業衛生の分野だけでなく、戦威高揚のため軍事教育的性格も加わってきた
・それはさらにエスカレートする。明治三八（一九〇五）年二月一二日の対ロシア宣戦の詔勅発布による奉読式と訓示、以後、国庫債券の応募、軍資金の献納と続き、さらに三九年九月には、遼陽占領を説いたり（四日）、遼陽祝捷会に参加し、戦死者宅への弔問をした（七日）。そして戦没者会葬、出征軍人凱旋歓迎式参列の記事が増加する。
・また明治三六（一九〇三）年二月一六日の郵便切手貯金、同年六月一七～一九日の村内耕地害虫駆除といった記載は農村更正策、つまり一連の国家統制を端的に示している。
・同「沿革誌」には来校者名が記されている。年々、その数が増加し、しかも県視学・郡視学・県吏・郡吏が多くなる。これは学校への統制を仕上げるとともに、また学校による村民教化を期待したためであった。
以上、ここでは、主に学校を通して、村落に、何のために、どのようにして官製文化が下がってきたのか、その実態を追ってきた。

なお、社会教育的分野もかなり学校を介して行われた。そのことは右記の幻灯会・講和会が、時には保護者を対象としていることから分かる。

この社会教育における官製文化の降下を説くには青年団も好例である。飯泉家文書には大正四（一九一五）年一二月「総会議々案綴」にはじまる青年団（宗道村青年会伊古立支部）の資料が桂一郎により整理されている。文明開化政策によって若者組を廃止した政府はやがて、明治中期ごろから起こった青年の諸会を再編することに着目した。そ

して、この明治後期から大正初年にかけて完全に国家体制の中に取り込む。このように、明治初年、政府により採り入れられた文明開化政策ははじめのうちは形式的で、かつ限定的（都市上層民中心）であったが、明治三〇年前後の国家的再編成によって、村落に、各現場に急速に入ってきた。

3　「横から」の波及文化

(1) 村の中の天狗党

題名にある「横から」の文化とはすでに述べた二つの文化、つまり「下から」の伝統的土着文化とも、「上から」の官製文化ともいいがたいものである。それらと語を揃えていうと、波及文化ということになる。大まかにいって伝統的土着文化はいつから始まったとはいいがたく、近世あるいはそれより以前から伝承され、全地域民によってなされ、しかもきわめて村落およびその生活に密着している。それに対して官製文化は始期が確定しやすい。近代では明治政府が国策上、企図あるいは強力に再編成したもの（明治期だけでも二段階に分けられる）であり、地域には名望家、官公庁吏員などを通して入ってくる。

「横から」の文化は、いつの時代や時期のこととは限らず（分かることもある）どこからとも特定されず、地域外から伝わってくるものであり、その受け手は上層民のこともあれば、下層民のこともある。だが、官公庁関係といったことは少ない。それは強制力もないから、地域で受容され、定着することもあるし、一時的な流行で終わることもあるし、ほとんど部分的にしか伝承されないこともある。はては拒絶されることもある。

この文化について、以下、三つの事例を年代順に紹介してみよう。幕末水戸藩における第九代藩主徳川斉昭の改革、それによる藩内の抗争は安政四（一八五七）年の「戊午の密勅」が契機となり、ついに元治元（一八六四）年三月二七日、「天狗党」と称する尊攘改革派（水戸藩町奉行田丸稲之衛門を中心とした藤田小四郎・会田正志斎ら）の筑波山挙兵をひき起こした。彼らは「諸生党」といわれる藩内保守門閥派（家老市川三左衛門中心）を打倒し、幕府に攘夷を行わせようとした。世にいう「天狗党の乱」である。この事件の経緯や思想的背景（水戸学）の研究は実に多い。しかし、村人は天狗一件をどのように感じたのかという地域の生活史的視点を持つものはほとんどない。(8)「村の中の天狗党」という表題は、そうした問題提起をこめたものである。

管見の限り、こうした視角を持った時、参考になるのは、佐野俊正氏の『明野町史』通史編第三章第一節「農民の抵抗」(9)と『真菅日記』(10)である。前者は天狗党に同調する村人について強調した、興味深いものである。ただ、自治体誌のためにスペースに制約をうけている。後者は天狗党に参加する名主大久保七郎左衛門（菅谷村、現在の八千代町菅谷）の日記を復刻し、解説したものである。天狗党参加以前の日記であるが、それでも参加していくまでの意識や過程がわかる。ここでは、あまりにも紙数がないので、前述したように、あくまで村落生活史という視点に立ち、千代川およびその周辺の「村の中の天狗党」について、簡単にふれ、詳しくは別稿に譲る。

千代川よりさほど遠くないところで、小貝川の流域に横根（現在の下妻市）という集落がある。ここに著名な文学者横瀬夜雨が住んでいた。彼は地域で風雲を巻き起こした天狗党の乱について、多くの資料を博捜し、『天狗騒ぎ』（改造社、昭和三年八月）という大冊を上梓した。同書の中で現在の千代川村大園木および伊古立飯泉家のことについて、次のように書いている。

（元治元年――筆者注）七月十一日下妻焼打で勇名を轟かした機会をねらって大園木（小貝川の西 結城郡蚕飼村）へ一人の天狗が来た。あとから五十人程来るから騒ぐなといひながら、吉沼で竹槍を拵へ、人足で出た金作といふ男に大小を指させて、其近村を歩きはじめた。馬二疋人足五人相出させ、それより四ケ村宗道村孫兵衛飯泉桂一郎へ参り、刀を押借候、案内人三人さし出させ新石下問屋（野村喜一郎 今郵便局長）へ参り、槍を以て棚戸を突き通し、妻女を槍にて追ひまはし候を、金作見兼ねて取りさへ候。

下妻焼打ちとは七月七日のいわゆる「高道祖戦争」の延長である。周囲の地理に明るい近くの木戸村名主出身の飯田軍蔵率いる天狗軍は陣屋のある下妻の街を襲撃し、次々と火を放ち、ついに幕府軍を敗走させた。このようすについて同月一四日、大園木・新堀両村々役人は「村々にて家財建具等取片付、女童子等ハ遠方親類又は懇意之者へ相頼ミ、男ハ農業を打捨て野山へ隠れ(11)」たりしたと役所へ届けている。その大園木村では同年九月、年貢米用捨の嘆願書を奉行所へ差出している。その一節に次のようにある。

右浪人共（天狗党）五六拾人程甲冑を着し駿馬ニ而隣村押参り、当村（大園木村）渡船場等も有之御継立其外御越渡人足多分相勤何分ニ難行立（略）

このように天狗騒動は村人にとっては生活、さらには生命をも脅かされかねなかった。とくに前出資料にある人馬武器類はもとより、金や米穀の要求は次々と届いた。『下妻市史料』天狗騒ぎ関係（一）の「常総風土記(12)」によれば、「筑波町へ呼び出されて金子借り取られ候者」として、千代川村域では森新三郎（本宗道村、金五〇両・具足一領）、渡辺仁兵衛（同、金五〇両）、池田源七（新宗道村、不記）といった町場の富商があげられている。また「甲子見聞記」（前同書）には元治元（一八六四）年六月二四日「宗道浪人共逗留相成近郷近在馬五百疋当触」れたり、そして二五日には森新三郎、池田源七宅で米策に当たったり、また二八日には宗道に戻り「逗留金策」をしたという。

一方、関東取締出役は当然、各村々に天狗党の差押えを触れ、寄場の加養村から六月二〇日、鎌庭村以下へ継送りさせている(13)。

扱う資料の性格を考慮しなければならないが、飯泉家のある千代川およびその近辺においては、天狗党に積極的に加担したり、援助する雰囲気はあまりない。しかし、だからといって全ての地域がそのようであったとはいいがたい。町村、あるいは町村民によってはかなり天狗党に同調するところ（人）もあった。さきに佐野俊正氏による研究のところで紹介した菅谷村大久保七郎左衛門は国学徒・尊攘家として名主職をなげうって参加し、馬奉行となった。あるいは近隣の明野町域などのように、天狗党は一連の村方騒動と連携する場合もある。このように天狗一件はかなりが村落の事情や村人の動向に規定されている。

また、地域における天狗党の行動を評価する場合、留意しなければならないのは、時間的な変化の問題である。一般に規律の統制、合法的物資調達等により、高く評価するのは、事件の初期を対象としているからである。

確かに天狗党側にしても、急に一方的に村にやってきた（従来の研究はこのような前提に立つ）、というわけではない。万延二（一八六一）年二月、明野地域の村役人たちは、水戸浪士が徒党を組み、村内を徘徊していることを地頭所へ訴えている(14)。

だが、天狗党がやってきた時、千代川一帯のように、恐れおののく地域（者）と、明野地域のように同調者が目立つ地域（者）と二種の対応があることは事実である。こうした構造に関わる事件分析は近々別稿でする予定である。ここでは、村落生活をしているものにとって、急激に波及した天狗騒動・尊攘運動をすぐさま受容したり、相対化するのはたやすいことではなかったこと、つまり嵐のごとくやってきたそれは少なくともこの地域では受け入れられなかったことを指摘するだけにしたい。定着しなかった「横から」の文化である。

(2)自由民権の風潮

この千代川地域にも明治初年、自由民権運動が波及したことについては、すでに前節で飯泉斧一郎のプロフィールを通し、多少ふれた。ここでは、その同志である森隆介に焦点をあて、彼の行動・活動の中から地域における自由民権運動をかいま見る。まず、森の生い立ちを紹介する。彼は安政三（一八五六）年一〇月に宗道村の、通称「中河岸」と呼ばれる名主兼回船問屋というきわだって裕福な家に生まれた。父は天狗騒動で金品を要求された人物として先に名のあがった新三郎である。その少年時代はきわめて恵まれた日々を送った。そのことは次の二つの資料が証明している。

君五六才の頃父は幕吏の来りて宿泊する毎に之に面せしめて其進退動作の矯正を謀りたり(15)

実は、この文章の前には、少年隆介の磊落ぶり、後には「下等の徒」との交際が描かれているが、それは幼少時の子供心からくるものであり、また伝記のため誇張されているとも思われる。

森は明治初年のごく初め、菊地三渓（左兵衛）の晴雪塾に入門した。三渓は第一四代将軍家茂の侍講をつとめるなど、儒学者として著名である。それにより、幕臣（旗本）にとりたてられ、新宗道の一六三石余分が充てがわれた。その縁で明治二（一八六九）年ごろ、宗道に住み、やがて下妻藩に乞われ、藩儒をする傍ら、下妻の町の一角で漢学塾（晴雪塾）を開設したのである。同塾で同窓であった飯村丈三郎（真壁郡黒子村の素封家、のち衆議院議員）は森について、次のように記している。

自分の入学した頃、丁度宗道村から森隆介君が、お供づきで通学した。いつも立派な羽織袴で、小刀を腰にさし、僕があとから弁当函を捧げて続く。（略）午食の時森君の弁当函をみると、定紋つき朱塗の重ね函で、さまざまの御馳走がは《ママ》入って居た。(16)

こののち森は東京に遊学し、慶應義塾に入学する。

以上のことからも十分にわかるように彼は日々の生活や学習の条件に恵まれていた。

次に東京遊学を終えて帰郷した森の行動、とくに民権結社の設立のことを追ってみる。彼が自由民権運動に興味を示すのは、前出『大日本名士伝』（注15参照）によれば、「板垣後藤の諸氏上奏して民撰議院を建てんことを請ふ君之を聞き大ひに喜び時巳に至れりとなし」ためという。また慶應義塾の学風にも培われたのであろう。東京帰りの彼は大久保不二（道祖村の豪農石浜家に生まれ、前出菅谷村の大久保家へ養子、のち副区長・郡長心得）と、茨城県下最初の民権結社である絹水社を明治一一（一八七八）年に設立した。その後、これを同舟社（同一二年）・常総共立社（同一三年）と拡大・発展させる。この二社については、相沢一正「森隆介ノート」[17]と青木昭他『常総の自由民権運動』[18]に詳しく紹介されているので、ここでは極力、省略する。両書とも同社を豪農民権による結社と位置づけている。このことは確かに説得力がある。だが、同舟社による「筑波山の会」糾合とそれによる広範な国会開設署名運動、あるいは常総共立社における「内社員（豪農・商）」・「外社員（一般人民）」の存在等による高い評価については、実態を知るためにもう少し資料の調査、分析の余地を残している。たとえばなぜ筑波山の会は単発で終わってしまうのか、なぜ署名活動が思惑通りにいかず、その処理も手間どったのか、あるいは両社員は実際にどのように連携し、活動したのか、等々である。

確かに同舟社、常総共立社の活動自体は活発であった。そのことは飯泉斧一郎のプロフィールでふれた官選郡長反対運動でも分かる。また、明治一四（一八八一）年一二月三日の本宗道村政談演説会を例にあげれば、当日の討論題は「県令郡長ヲ公撰セルノ可否。条約改正ヲ各国ニ要求スルモ各国之ヲ肯ンセサルトキ之ヲ奈何スヘキ」ということであった。また同日の演説の部は「権理論」という共通題名で森隆介らが一席ぶっている[19]。また時には同年四月一日の下妻政談演説会のように「解散すべしとの厳命」をうけるほどである[20]。

なお、飯泉家「日記」の明治一五（一八八二）年一〇月二六日には「同断（筆者注——戸長公撰会）ニ付森江会ス同人ゟ鉄砲壱丁請ル」とある。壮士斧一郎の姿が浮ぶとともに、体制側との抗争、あるいは民権派内の対立のようすをうかがえる。

このように同舟社・常総共立社といった自由民権運動は主に上層民によってなされ、かつ地域に根付く割合は少なかった。上記のように天下・国家を論ずることはあっても地域に基づく意識や活動が欠如していたため、政治の場として県議会が中心となると、地域の民権運動は衰退する。そして、茨城県の場合、県会では、県南派（河川党）と県北派（山岳党）による地域の利害対立にあけくれた。いままで天下・国家論中心で進められてきた地方政治運動（自由民権運動）は一転して予算獲得の運動となった。一方、焦燥にかられる志士的系譜を持つ急進派の民権家は革命的ロマンに酔い、加波山に登る。

ところで、一言加えておきたい。全体として森らによる自由民権運動は地域に根付かなかった。しかし、全くというわけではない。さきに述べた郡長選任は地域に住む者にとっては自治上、大きな問題提起であった。それよりも今日に至るまで定着したのは厚生面である。同舟社は明治一二（一八七九）年八月一日に病院を設立した。今日の浅田医院である。同年九月一九日付『茨城毎日新聞』は「方今悪疫流行等にて患者の出入陸続として絶えず、診察料は患者の随意、貧人には施薬をなして専ら公衆の利益を計られたり」と活動の状況を報じている。また飯泉家文書には「同舟社医治用器械目録」（同一九年七月一〇日）が見うけられる。

最後に森隆介の地域における出版に関する活動について紹介する。彼は県会議員となった明治一九（一八九六）年一〇月、『常総農事要論』を出版・刊行した。本書は「我地方（常総）ノ農業ノ為メニ至当ナル判断ヲ下サレンコト」を願い、「第一　地方ノ衰退」から「第十一　会社ヲ設立スルコト」まで一一編で構成されている。彼はまさに先進的な民権家らしく、特産物農業の推奨や養蚕の奨励等、先見の明のある所を随所に見せている。だが、同書は自らの営農経験に基づいて綴られているわけではない。したがって、農業協会、農業研究所あるいは農業会社の設立といった提案部分は新語の羅列にすぎず、空論の感を免れない。また地勢の割に人口が多く効率が悪いことを指摘しているところは、田地・畑地の面積と人口を対比する単純な算出方法であり、かつ「適当ナル農業ヲ開発」すべしと簡単に結論づけており、具体性に欠ける。そして農具等の改良については「我地方ノ農具タル実ニ不便ナル者ニシテ（略）唯西洋諸邦ノ便利ナル器械ハ皆ナ之ヲ悉ク採用スヘシ」という文言に本書の内容がかなり集約されている。実に同書は「西洋ノ文明風潮ハ」・「泰西文明諸邦ノ景状ヲ案スルニ」という類の語が目につく。そのことからすると、本書にはヨーロッパ農業書の焼き直し的な嫌いがある。彼は明治一七（一八八四）年、郷里に帰り、「潜心英書を研究せり」(21)

という。またかつて、本書を分析した相沢一正氏が前出「森隆介研究ノート」（下）で指摘している通り、森はこの地方の「農民困窮の原因を、松方財政による『費用の増加』よりも『生産の増加』が遅れていることに、（略）しかも、生産が増加しないのを、（略）この地方の頑迷固陋な保守主義にあげて責を負わせてしまっている」のである。

森はその後、上京するが、今度は保安条例により追放をうけ、明治二一（一八八八）年に帰郷する。そして大同団結運動を実践するために、下妻に常総青年社を設立した。その思想や活動はかつて同舟社の理論家で聞こえた木内伊之介（宗道、のちに大阪毎日新聞主筆）を編輯人とした機関誌『常総之青年』に集約されている。ここでは紙数が足りないため、同誌の概要について相沢前掲論文に譲る。とにかく、同社のうたい文句は、当時の進歩的な知識人を魅了した「平民主義」、とくに地域の上層階級をくすぐった「地方紳士」であった。森はこの常総青年社における啓蒙活動や理論の研磨により、大同団結の非政社論をもって上京、二三年一月の自由党結党に際しては、常議員となり、やがて第一回衆議院議員選挙にうって出る。

なお、飯泉家のある旧四ケ村においても明治二〇（一八八七）年ころ、結社がなされている。同年一二月の「倶楽部会名連名帳」(22)によれば、「四ケ村有志諸氏相会シ以テ浩然ノ気ヲ養ヒ我神州ノ光ヲ海外ニ拡張ス」という目的により、「第一共和　第二知識交換　第三富国ノ基ヒヲ談話」を具体目標としている。管理者は山口竹三郎（杉田多十郎親族）であった。しかし、同会の活動については、分からない。

ここでは明治一〇年代、鬼怒川の川面の風のごとく及んできた自由民権運動について、宗道河岸の森隆介を中心に追った。すなわち彼を規定した生い立ち、彼が中心となった民権結社、あるいはその著書・雑誌等を通し、同運動と地域の関わりを見とどけようとした。それは同舟社病院などのように地域に根付いたものもあった。しかし、大方は一時、頭の上で、上層民の間で「天下」・「国家」ということばがボールのように跳びかい、気がついた時には、そのことば（ボール）は消えて無くなっていたといって過言ではない。千代川一帯における自由民権運動はその一部が根付いたにすぎない、「横から」の文化といえよう。

(3) 流浪の民・朝日商豆

大正六（一九一七）年七月九日、草奔の民・朝日商豆《あさひあきづ》翁は没した。同一二（一九二三）年四月、「吾茨城県下ニテ国学ノ先学者」とその遺業を称える人達によって建碑の運動がなされ、それは間もなく偉容を千代川の宗任神社境内に現すこととなる。

ところで、その時作成された『朝日商豆翁建碑資金募集旨意書』には翁が生前、縁故のあった人々が「従来師弟ノ縁故アル諸君及其後継諸君」より「翁ノ学術ヲ愛シ眷顧セラレシ諸君」まで一〇項目に分けられており、また発起人は宗道村から千葉・東京まで七二名が載せられている。実際、朝日商豆を語る時、彼には神官としての顔、歌人国学者としてのそれ、学校教師としてのそれ、あるいは家庭人としてのそれとさまざまのものがある。そうした朝日商豆の全てを語りたいのであるがここではできないので、ここでは彼のプロフィールを紹介し、次に千代川地域における村落生活との関わり（とくに飯泉家との関係、彼の職務について、作歌活動のこと）だけにしぼった。詳細は拙書『幕末維新期地域教育文化研究』（日本経済評論社、平成二一年一〇月）「村の中の歌人」において考察したので参照されたい。

彼の一生は平坦ではないが、かなり圧縮して年譜を作ると表9のようになる[23]。同表の通り、商豆は天保一四（一八四三）年正月七日、常陸国稲敷郡宮渕村（のち大宮村、現在の龍ケ崎市宮渕町）に生まれた。父の治郎右衛門は名主をつとめるなど、家産には恵まれていた。しかし、父から農業は不向きと判断されて近隣小野村（現在の稲敷市小野）の名刹逢善寺に入れられる。同寺第四七世亮澄の下で修業に励んだ彼は、師もかつて学んだことのある上野東叡山学寮にあずけられた。しかし、この遊学中、商豆が最も興味を示したのは仏籍よりも国学であった。彼は僧職修業の傍

表9 朝日商豆の年譜

時期	出来事
天保14.正.7	稲敷郡宮渕村に生まれる
安政2.8.22	河内郡小野村天台宗逢善寺住職権僧正亮澄の弟子となる（薙髪して、江戸上野東叡山学寮に学ぶ）
〃 3.7.10	鈴木重胤（国学）に学ぶ
明治9	僧籍を離脱する
〃 10.6.18	真壁郡郷社五所宮神社祠官兼千勝神社祠掌となる
〃 16.7.9	茨城県神道分局による皇典教授を命ぜられる（10郡の神官を巡回して教える）
〃 20.7.15	権少教正となる
〃 21.1.16	信太高等小学校教授雇となる（22年9月6日まで）
〃 22	結城郡宗道村に卜す
〃 22.11.1	宗道尋常小学校教授雇となる（28年7月2日まで）
〃 29.7.3	同上（30年7月24日まで）
〃 33	下妻中学校助教諭心得となる（36年まで）
大正2	東京に移り、教授する（6年、日本弘道会員に講ずる）
〃 6.7.9	病没

ら、先進的な学問としての国学、とくに江戸の町で高名な鈴木重胤の門に入った。

彼は帰郷後の明治元（一八六八）年九月、信太郡松山村（現在の稲敷市松山）の西福寺住職となるが、心底では興味のある国学と恩義のある仏教とのはざまで悩む。だが結局、同九年五月二四日、新治県に帰俗願を出して僧籍を離れ、一〇年六月、真壁郡五所宮神社・千勝神社の神官（兼務）となる。以後、一〇年一二月中講義、一五年一〇月皇典講究学務係、一六年七月皇典教授、一七年一〇月大講義、二〇年七月には権少教正を補せられた。

その後、明治二一（一八八八）年一月から二二年九月まで信太高等小学校で、二二年一一月から二八年七月までは宗道尋常高等小学校で教授雇という身分で教えた。そして二九年七月宗道尋常小学校に同職として復帰し、三〇年七月まで勤めた。その後、三三年四月より下妻中学校助教諭心得として、国語科を担当したが、三六年に辞した。そして大正二（一九一三）年、家族とともに上京、日本弘道会で和歌を講じた。

彼の生活の場は宮淵村、小野村、東京上野、松山村、江戸崎村、下妻町、東京千駄谷などと目まぐるしく変わった。職業も僧侶、神官、小学校教師、中学校教師、教化団体講師と転々とした。また、無職のことも時々あった。明治三六（一九〇三）年秋、商豆が来泊した時、子供ながら給仕をした寺崎やちよは、その礼儀正しさを後年、『新利根村の文化財集』文芸編「朝日商豆先生に憶う」（新利根村文化財保存会、昭和四四年一〇月）で回想している。しかし着物は古びて父が新調してあげたこと、洪水で流されながらも辞世の歌を詠んでいたこと、あるいは気楽な旅を楽しむ商豆を迎えに来た夫人のいせがあきれて離婚を迫ったことなど、商豆の豪放磊落ぶりも続けて記している。

　商豆は酒がこの上もなく好きであった。子供は男子三人、女子三人をもうけたが、そのうちの一人、五十四（のちに独学で外交官となる。著書に『皇国の力』・『日華秘論』）は「金銭有りしたがい《ママ》で、凡て酒代にしてしまつたから、家族の苦労は一通りで無く、妻子共内職しながら飢寒をしのいだ」[24]と水海道の郷土史家富村登に語っている。彼は時には妻子を実家に置き、時には家族ともども、職業や住居を変えつつ、移った放浪の文人である。

　その商豆が最も長く住み、職を持ったのは千代川地域である。それゆえに冒頭に記したように大きな紀念の碑が同地に没後、建立されたのである。彼が宗道村に住みはじめたのは明治二二（一八八九）年のことである。それは彼が近くの千勝神社（坂井、現在の下妻市）で神官をしていた関係で、有力神社の宗任神社神官松本貢と親しかったためである。そのために同社境内の隠居所に住むことができ、かつ宗道尋常小学校で職を得ることができた。いずれにしても、前述のプロフィール紹介でふれたように、同年より同小学校教師をつとめた。すでに史料として扱った同校『沿革誌』には商豆のことは四件記されている。そのうち、職務に関しては明治二九年四月二一日「教授雇朝日商豆教員集会へ出張セリ」とある。また、翌年三月六日付『いはらき』新聞は「学校職員慰労会」と題し、次のように報道している。

　結城郡宗道尋常小学校長幕田孫作氏[25]は精勤家の名ある人なるが去る二十七日午後三時半より同地尋常高等両校の職員十数名を学校構内の自邸に招待して慰労の宴を催したり席上同学校なる朝日商豆大人の伊勢物語の一節其他

詠歌に就ての秘訣など講話あり（略）

商豆の面目躍如たるものがある。彼は気骨と信念を持ち、およそ「師範タイプ」の教員とは違った。彼が下妻中学校で教師をしていた時のことについて、前出『鬼怒百話』（注19参照）の著者富村登は直接、当事者から聞いた話として、次のように綴っている。すなわち、当時、同校生で、のちに政治家となる風見章がストライキの首唱者になった時のことである。陳謝すれば退校処分を解くという学校側に対し、商豆は信念の尊さを風見に説教したという。そして中野いさ子『ひさご集』[26]によれば、別件で校長に憤慨した商豆も同校を去った。自己の持ち味を生かし、信念を貫こうとした教師商豆であったが、官製文化のところで述べたように、年々、統制化・画一化が進む学校教育の世界になじまなかったのであろう。

むしろ、商豆にとってはもう一つの、別の教育の方に生きがいを感じたと思われる。表10は彼が設立し、指導した茨城県内における和歌・国学の会である。これらはどのようにして成り、いかなる方法で指導されていたかは、彼が明治二一（一八八八）年一〇月に作成した「履歴書」[27]にある部分が参考になる。

明治十四年四月十一日　淳風会ノ教頭トナル　　但シ会員一同ノ懇望ニ依テナリ此会ハ敬神尊王愛国ノ三大旨ヲ拡張スルヲ目的トシ教頭ハ皇典ノ講義ト詠歌ノ添削トヲ掌ル　　会場真壁郡坂井村　　会日毎月第二日曜日

これらの会は明治一三（一八八〇）年四月より同三三年四月まで続けられた。ちなみに会の場所を検討してみると、おもに宗道・下妻・水海道と

表10　朝日商豆による設立・指導の会

会名	場所	会名	場所
国学会	豊田郡宗道村宗道	皇朝学会	真壁郡大村海老ケ島
国学会	〃　〃　見田	文典学会	〃　大宝村堀籠
和文学会	〃　石下町新石下	本学会	〃　下妻町下妻
皇学会	〃　〃　本石下	国風会	河内郡阿波村阿波
歌文学会	〃　西豊田村粟野	空見会	稲敷郡太田村小野
和文学会	〃　三坂村三坂	空満会	〃　柴崎村戌渡
空三会	〃　〃　中妻	神典学会	〃　木原村木原
本朝学会	岡田郡大形村別府	安久楽会	不明
敷島会	〃　〃　皆葉	国文社	〃
淳風会	真壁郡坂井村		

出典）「履歴書」（朝日実家蔵、下妻一高蔵）、同下書き、『朝日商豆歌集　前編』、『朝日商豆翁建碑記念』より筆者作成。

いった鬼怒川の河岸場周辺と郷里に近い太田・江戸崎など霞ケ浦・利根川の河岸場一帯に分けられる。つまり、これらの会は舟運の栄えた河岸場を中心として、各地に結成された。その数は大体「一六ケ所数百人」（実際は一六ヶ所以上）と『朝日商豆翁建碑記念』（渡辺武助、大正一四年七月）には記されている。

それとともに注目すべきことは、商豆が淳風会の中心となったのが明治一四（一八八一）年ということである。このころは宗道のみならず、各地で自由民権運動の盛んな時期である。われわれは同運動だけでこの時期を語れない。商豆のような存在を無視できないのである。ところで問題となるのは、酒好きの商豆はなぜ、このように地域に受け入れられたのか、ということである。彼がさまざまの機会に書いた履歴書には、会において使用した教材が記されている。それは「古事記　日本書紀　古語拾遺　伊勢物語　大和物語　源氏物語　枕草子　十六夜日記　徒然草　万葉集　古今集　百人一首　玉鉾百首　自著文典真曽鏡等」である。また師・商豆の講義を日付ごとに筆記した「和歌之講義筆記　第一」（永滝満樹筆、明治二五年四月三日）という講義録には作歌法、文法論などが写されている。商豆の詠んだ歌の数は今日確定できず、「二十万近い」[28]といわれる。それらの一部は自ら装丁をして文集にまとめたり、あるいは門人たちにより『朝日商豆歌集　前編』（渡辺武助、明治三一年七月）として刊行された。その歌は単に数が多いだけではなく、自らの『真曽鏡』（明治四年三月、稿本）、『真曽鏡證歌』、『真曽鏡懸結證歌』（ともに同年四月、同本）などに著されている国語論に裏付けられている。

しかし、疑問は続く。果して歌論上、実力があるということだけで地域にうけ入れられるのであろうか。表10の朝日商豆により設立・指導された会を一覧すると、現在の千代川村には四つもあることに気付く。そして飯泉家のある旧四ケ村では大字見田に国学会があることに気付く。この会のこととははっきり断定はできないが、明治二四（一八九一）年二月二九日付「いはらき」新聞に「国語研究会」と題し、次のような記事がある。

豊田郡の飯泉桂一郎松本貢杉田弥四郎の諸氏発起となり去る二十七日より来春一月六日まで都合十二日間仝郡宗

道村見田密蔵院に於て国語研究会を開かる、由に通信あり

国学会イコール国語研究会の確率は高い。朝日商豆のことが飯泉桂一郎の「日記」にはじめて登場するのは、同年一一月一五日のことである。この日は伊古立の鎮守祭があり、同家は商豆を招待した。その後、商豆来訪の記事は「朝日商豆来り、酒を饗す」（明治二六年九月三日）などと度々、見られる。時には商豆の妻いせが来ることもあるし、また逆に桂一郎の方から訪ねることもあった。さらには「松本貢方にて朝日義捐金募集の協議をなし」（二八年一二月一五日）たり、「貧困につき白米八升、引割五升及味噌ヲ義捐ス」（三〇年九月二三日）ることもあった。

一方、門人としては桂一郎（良計）は「姫小松苔むす迄も栄ゆらんいそちをこえし君が身なれば[29]」と詠み、添削をうけたり、「朝日商豆氏五十賀筵に臨む」（二九年一月三日）こともあった。

どうして、これほどまでに地域の人々とふれ合えたのだろうか。それは次の点につきる。

・彼は誰彼となしに村人を中心に、華族・郡長・判事・歌人・神官など、幅広く、かつ多くの人々と交流・交際した。彼の歌には人の家を訪ねたり、訪ねられたりした時のもの、あるいは送別や歓迎した時のものが多い。たとえば「松井通昭ぬし因幡国鳥取へ行く別によめる[30]」など。

・とくに村落にあり、その生活に基づいて作歌活動をした。表11は飯泉家の日並記抄録集『万年帳』を整理したものである。村人にとって、何が日々の関心事であるかよくわかる。それは冠婚葬祭などである。彼の歌には、たとえば前出『朝日商豆歌集　前編』の「一月十日夜　飯泉桂一郎ぬしの子久雄ぬしの身まかりける後よみてつかはしける」などと冠婚葬祭、なかんずく葬儀に関するものが多い。

・彼の作歌は自然体で詠んだものが多い。しかも筑波山・鬼怒川といった地域を題材化することが目立つ。たとえば「故郷へ帰る時松本貢ぬし道遠く送れり　行方には筑波山に夕日いてたり[31]」といったように。

・また彼は神官として、国学徒として、地域民の冠婚葬祭はいうまでもなく、村落の諸行事で祝詞をあげるなどし

表11　「万年帳」の記載項目（村人の関心）

	葬儀（件）	婚礼	病気	出産	子供祝	住設	雇人	学校	その他（(2) は2件）
明23		1							
24	2	4							
25	2	2	2	2					養子
26	4	1			1				相撲、移住、帰省
27	1	1		2					乳母
28	1	1				1			裁縫、相撲、火災
29	1			2	1	3	1		義太夫大会、乳母
30	3	2	1			2	1		喜祝、和解
31		5	1		3			1	伊勢参宮、住職送り
32	1	1		3		1			徴兵検査
33	1	1	1			1			絶交、養子
34	2							1	神社石垣
35	3	1	2	1			1		相撲
36	2			1		1			内国博覧会総代、帰郷
37	3	3		1			2		渡満
38	1					1	1		農会理事
39	5	1					1	1	火災、凱旋
40	2	2		1				1	溜池埋立、離縁
41	1	3						1	
42	4	3	1		1		1		
43	2	1			1	2	2		
44	2	1		1		1	3	1	裁縫（2）、渡満
45	5	2							井戸掘、帰省
大2	3						1		井戸掘
3	4			1		1	1	1	火災、落雷
4	3		1	2			3	1	徴兵検査
5	3	1			1	2	1		
6	1	1		1		2	1	1	相撲
7	3	4			1	1	2		農会視察、判事任命
8	3	4		1			3		入営
9	3	3							
10	9	1		2					入営、相撲
11		1	1				3		
12	2	1		1	2	1			地震、植木
13	2	1	3				3		徴兵検査、泉水修繕
14	4	2	1	2		1	3		点呼、来客、養蚕組合より表彰、ラジオ架設
15	5	2			1	2	1		喞筒、点呼
昭2	6		2		1		2	1	就職、養蚕教師巡回、学校組合議員
小計	99	56	16	24	13	24	39	10	55
総計	336								

た。彼の祝詞、たとえば『祝詞私集一』[32]（年不明）はこの地方の神官の間で範例とされた。

このように朝日商豆の和歌・国学の活動は幕末・維新期に盛んとなったそれを、単に地域で伝達・教授しただけではなかった。自ら村落の中で考え、生活と融合させていった。冒頭で述べた、記念碑はその文化の永続を祈願するものである。また飯泉桂一郎・渡辺武助ら多くの門人たちはそれをうけ、地域の文化の発展に尽したのである。

ただ、一点、気にかかることは朝日商豆における国学・和歌の活動の変化のことである。自分のペースを保とうとつとめる彼の姿勢は変わらなかったが、それでも明治の時代が進むにつれ、押し寄せる「上から」の文化の影響をうけることもあった。そして彼は上京し、日本弘道会の講師をつとめる。このことは、彼が国家主義の風潮に影響された様相を如実に示すものである。朝日商豆の活動は、全体としては「横から」の文化として地域に定着したといえるが、それでもやがて「上から」の文化の影響を強くうけるようになったといえよう。

なお、このように「横から」の文化は地域で生き残った場合でも「上から」の文化の影響をうけたり、再編成されてしまうこともある。また逆に長い歴史の過程では「下から」の文化のひとつとなったり、同化・融合してしまうことも考えられるが、そうした詳しい証明と分析は筆者の今後の課題である。

4　文化の場

(1) 村落景観と文化形成

茨城県の西方にある千代川村は東西が対照的な地形・地勢である。西部は結城方面から洪積台地が村のほぼ中央を流れる鬼怒川にまで迫っている[33]。この台地は通称「のがた」と呼ばれ、多くは畑地や山林である。用水の確保には苦労し、吉田用水や溜井をめぐる争論もあった。一方、東部は鬼怒川や小貝川といった大河川にはさまれた沖積低地である。この地帯は通称「あくと」と呼ばれ、多くは水田地帯である。水に悩まされるため、集落は自然堤防上に形成される。

こうした景観のことは、既述してきたので、これ以上は述べない。筆者の関心は以上のような村落景観が文化の形成にどのような影響を与えるのか、ということである。この問題は巨視的、微視的双方の視点が要求され、きわめてむずかしい。したがって、ここでは大味で、問題提起的なものになると思われる。筆者がこのような問題に注目することになったのは二つのきっかけがある。ひとつは千代川地域を巡検していると、西方は見渡せないのに、東方は筑波山まで広がっていることである。もうひとつは平将門の拠点のひとつが大字鎌庭にある「鎌輪の宿址」とされている関係から読んだ松本新八郎「将門記の印象」(34)に発想上の魅力を感じたからである。同論文は平将門の乱を、「共同体」的な利根川流域を本拠とする将門が、古くから開け、階級分化の進んだ平国香の筑波山山根地帯への反逆・闘争であるととらえた。同論文の当否はともかく、地域の景観を視野に入れた政治史研究に感銘した。

ところで、表12は現在、村内で確認できる金石文（金属製は除く）について、一定の時期区分をして、さらに地区別（旧村別）に表記したものである。この表から単純な比較はできない。なぜなら、大形地区・宗道地区・玉地区は人口も面積も違うし、宗道地区の景観は、実際には鬼怒川の縁の本宗道・新宗道と見田などの旧四ケ村は異なる。また、玉地区は本宗道・新宗道に近い。こうした制約を念頭に同表を概観してみると、次のような傾向がある。

・千代川村域にはどの地域もかなり古くより金石文がある。
・しかし、はじめ、つまり一八〇〇年ころまでは大形地区の多さが目立つ。
・やがて、少し時期がずれるようにして、一七〇一年から一九〇〇年ころ、宗道地区（本宗道・新宗道）・玉地区が出てくる。
・旧四ケ村を含め、蚕飼地区の数字にかたまりがあるのは、一八〇一年から一九五〇年である。

以上のことを景観によって説明すると、次のようになる。

表12　千代川村金石文所在状況

		～1600	～1650		～1700	～1750	～1800	～1850	～1900		～1950	～1992	不明	計
		文正	寛永4	正保2	慶安4～元禄13	元禄14～寛延3	宝暦1～天保12	享和1～嘉永3	嘉永4～慶應3	明治1～33	明治34～昭和25	昭和26～平成4		
大形	別府				2		2			2	1		1	8
	村岡		1		1	1	5			2				10
	皆葉				3	5	4	8	2	1	1	3	8	35
	五箇				1	4	5	2					1	13
	鎌庭				1	4	3	3		5	6	1	4	27
	小計		(1)		(8)	(14)	(19)	(13)	(2)	(8)	(10)	(4)	(14)	(93)
宗道	下栗					2	1	1		2	1			7
	田下				1	1		3			1		3	9
	本宗道				6	2		5		3	3			
	新宗道			1		6		2	3	3	1		3	19
	見田					1	2	1					5	9
	唐崎					1		1			1		5	8
	長萱				2	2	2	2	2	1	1	5	6	23
	伊古立	1				2		2		3	1		6	15
	小計	(1)		(1)	(9)	(17)	(5)	(17)	(5)	(12)	(9)	(5)	(29)	(110)
玉	原				1	4	4	1		6	4		4	24
	羽子													
	小計				(1)	(4)	(4)	(1)		(6)	(4)		(4)	(24)
蚕飼	大園木				2	4	1	7	3	3	9	2	3	24
	鯨				1	3	1	4	3	1	4	2	7	26
	小計				(3)	(7)	(2)	(11)	(6)	(4)	(13)	(4)	(10)	(60)
計		1	1	1	21	42	30	42	13	30	36	13	57	287

出典）明治大学近世史合宿調査および千代川村金石文調査による。
注）個人のものは除く。

・千代川村域では、当初はおもに洪積台地（大形地区）おいて生産・生活がなされる割合が多かった。したがってこの地域は文化活動に積極的に関わる条件も備わっており、実際、その機会も多かった。

・しかし、商品経済や河川を中心とした交通・運輸手段の発達により、河川の周縁の自然堤防に形成された河岸場（本宗道・新宗道・玉地区）に人々が集まり、文化が営まれた。

・だからといって、沖積低地では古くより文化が営まれなかったわけではないが、生産生活条件に恵まれなかった。しかし、新田開発や治水工事といった発展・発達により、安定し、生産力が高まり、かえって台地部をしのぐようになると、文化活動も活発化した。

村岡を例にとってみる。同地は緑の森の中に一本、比較的整備された大通りが走り、その左右に家が並んでいる。そのわけは、年号は定かではないが、江戸期、北方の本田屋敷という所より集落移動をしたためである。今日、本田屋敷から縄文式土器等が出土する。移動の理由はさまざまに考えられるが、定説はない。当然、現在、大通りに面している満徳寺も移動してきた。同寺は真言宗であり、地域の中心寺院として今日も高灯籠などさまざまの年中行事を続けている。

この寺院のすぐ近くに、現在では千代川村で最も古い家屋の中里健一家がある。同家は「村岡七人衆」（草分け百姓）であり、同村名主・戸長、そして満徳寺檀家総代をつとめた。

また同家には無題であるが真言密教の巻物が伝えられる。それはまず、空海の書が写されており、次に同文書の伝来の順序や訳が書かれている。その最後は次のようになっている。

寛文十三年六月廿一日関東下向之砌随㆓武州中嶋金剛院尊妙㆒遂㆓諸伝受㆒之時則以御本書写校合伝受了

和州長谷寺学侶

章海房勝如

武州金剛院は武蔵国岩槻にある有力寺院であり、満徳寺はその末寺である。同文書は徳川初期に和泉国長谷寺僧が金剛院住職に教えをうけた。その時のお礼のものと思われる。それが末寺を通して、同家に伝わったものであろう。同寺の西隣には香取神社がある。同社も満徳寺とともに移動してきたのであろう。香取神社は大形地区では別府などにもある。別府香取社奥院の「御幣」には表に「稲荷大明神」、裏に寛永七（一六三〇）年の年号が記されている。

大形地区には古墳も存在する。村岡の柴崎古墳は二基（ともに前方後円墳）ある。その頂上部には第一号の方に「浅間神社」（明治二五年九月二三日）、第二号の方に「稲荷神社」（大正九年一月一日）という石碑が立ち、文化の複合ぶりを示している。大形地区の古墳はその他に別府の稲荷山古墳、皆葉の富塚古墳の所在が報告されている。

千代川地域にあって、近世中期以降、とみに文化活動が活発化するのは河岸場を中心に発達した本宗道・新宗道および原・羽子である。ここは、いわば鬼怒川の自然堤防止に形成された町場である。殷賑を極めた宗道河岸については、ここで改めて綴るまでもない。その繁栄は明治期に入っても続いた。表12にある宗道地区の金石文は農民はもちろん、豪商らによっても建立された。そうした伝統的土着文化を代表するのは、この地区の場合、河岸場に近い宗任神社・宗道神社という二つの有力神社である。

また、この地域は前述した「横から」の文化のメッカである。朝日商豆は宗道に住み、宗道尋常小学校に勤務しつつ、和歌・国学運動に没頭したことはすでに述べた。また、その前に河岸問屋の森隆介は中央の自由民権運動をうけとめ、その活動に奔走したことも紹介した。

なお、この地区は常総鉄道の開通（大正二年）により、政治経済文化等に大きな影響を受ける。

それよりさらに東部の「あくと」地帯（蚕飼地区）は鬼怒川・小貝川にはさまれた低湿地ゆえ治水や耕地整理にはかなりの時間と労力を要した。悪戦苦闘の末、江連用水が復興され、地が整備されてくるのは近世後期のことである。とはいえ、幕末段階でも細部はまだまだ未整備である。たとえば、飯泉家文書「議定一札之事」（嘉永六年）では、村内の道筋で秣を五か年刈らないことや畦は個人のものではなく村全体のものと規制している。そして、その後も用水・耕地等の整備は急速になされ、今日のような美田が形成される。

こうした過程で文化活動も活発化した。ここでは飯泉家の和算の学習の一コマを紹介する。

同家は宝暦七（一七五七）年六月に誌された『算法秘密内緒』（越後頸城郡糸魚川の小島瀬兵衛筆）といった秘伝書を手に入れるなど、和算の修得につとめた。そしてついに合本『算法雑書』・『量地術口伝証』・『堀割坪調法』（明治初期、若い頃の桂一郎の稿本としてよい、小横）を著すほどになった。そのうち『算法雑書』は「土坪代法」以下一一七項目、三八頁にわたって築堤・堰枠・圦樋といった水利に関する計算法をまとめたものである。その一項に次のような例題がある。

　小貝川通常水ゟ壱尺弐寸増
一堤六合八勺　下総国豊田郡
　　　　　　　水海道村地内
常水壱尺弐寸増ヲ其場所ニ而（マヽ）て水丈定杭ナリ割ハ堤何程ト出ル
　小貝川通水丈定杭壱丈五尺ニ而割堤六合八勺ト成之

和算はとりわけ新田地帯や河川の周辺では積極的になされる。それは生産性の向上、ひいては村落の発展をめざす地域民の要求に基づく(35)。こうした実用数学への関心は、その後、同家の場合、明治期になっても続いていく。前節2で小貝川と鬼怒川にはさまれた地域（常地）の耕地整理を桂一郎が先頭に立って指揮をしたことを想起する。またこうしたことを近世に例をとるならば、江連用水の復興のために、村人自ら、試行錯誤しながら測量をしたことである。それが村人の知識獲得の実態である。

また、この地域の文化の特色として、次の点も指摘できる。すなわち、それが一層、盛んとなるのは伝統的土着文化に加えて、生産力等の発展とともに「横から」の文化が目立ってくるためである。飯泉桂一郎の「日記」には明治二五（一八九二）年五月二〇日以降、神谷多十郎（埼玉県男衾郡鉢形村）の名がしばしば出てくる。彼は明治期に飯泉家で力を入れはじめた養蚕の教師である。さらに渡辺重石丸（既出）、朝日商豆（既出）、杉山雲明（画家）、あるいは民権家（本節3の⑵）等々、さまざまな人が訪れた。また、前述した和算もこうした類である。

こうして陸続と文化が流入するということは、逆に村人もそれを欲したからである。

⑵文化活動の場所

平たくいえば、ここでは地域、つまり村落における文化がどこで生み出されるか、という、いわば文化の淵源というか、場所について探る。まず、想い浮ぶことは、その個人の家において、個人的に、あるいは集合してなされていたことである。しかし、そのことは飯泉家を中心に前述したし、また自然というか、当然のことなので省略する。

次に推察する手掛りとして表12にある千代川村の金石文について、その基礎資料から建立場所を一見してみる。その結果は神社一〇五件（三六・六パーセント）、墓地五件（一・七パーセント）、寺院六六件（三〇・〇パーセント）、行屋・公民館・集会所五三件（一八・五パーセント）、個人宅五件（一・七パーセント）、その他五三件（一一・五パーセント）となる。このデータは石造物、さらに公的なものという限定がある。しかし、それにしても、やはり村人の文化活動は神社・行屋・集会所でかなりなされていたことがわかる。

そこで、その実態を伊古立という坪（村）を中心に追ってみる。明治二〇（一八八七）年九月調査の「沿革誌」によれば、旧四ケ村の社寺について、伊古立は鹿島神社・第六神社・長萱は天満神社・塩釜神社、見田は鹿島神社・密蔵院、唐崎は愛宕神社・永伝寺が報告されている。そうした類のものや小祠・堂宇あるいは廃寺まで含めると、実際にはまだある。伊古立は今日、公民館がある場所に福蔵院があった。長萱には不動堂・薬師堂・浅間神社・正覚院（明治五年一一月まで）・弥陀堂（同）があった。また行屋は、伊古立は公民館のところ、長萱は薬師堂、見田は生活改善センターのところ、唐崎は農家転作促進センターのところである。

なかでも水気の多い深閑とした村落である見田に、亀崎より移された密蔵院の存在は大きい。この密蔵院の末寺が伊古立坪の行屋の福蔵院である。密蔵院の「日拝式　参代過去帳」に「伊古立村行屋道心　円西持衣子　正徳四（一七一四）年一〇月五日」といったように同村行屋道心の名が、寛延二（一七四九）年一一月九日、寛政五（一七九三）年一一月六日のものをも合せて三名記載されている。しかし「伊古立村福蔵院　瑜伽通達法師衆善　宝暦三（一七五三）年八月九日」といった法師の名もある。同所には道心がいたり、法師がいたのであろう。その後、少なくとも維新期には無住となり、(36)明治三年には廃寺となった。(37)だが、その後行屋としては続けられた。

さて、伊古立の行屋はどのように管理・維持されたのであろうか。大字の持ち回り文書中の、明治二（一八六九）年二月「村方諸控帳」には村社鹿島神社の木々の売買とその収支、社田の耕作の入札とその作徳米の収支、備金の貸付のことが記されている。その内、行屋に対しては屋根ふき、道具購入などに当てている。同帳簿によれば、同社の管理・運営は氏子平等にしようとしていることがわかる。とくに社有物(38)（明治四一年―九畝一五歩ずつの社殿と上屋、大正二年―三反八畝一九歩の田畑宅地原野）については共有物という意識が強い。ゆえに飯泉孫兵衛たりとも「当村鎮守之儀者村持ニ御座候間村方一同無洩相談之上我等方ニ而神主相願候筈取極申候且社木之儀者我等方ニ而者壱本多リ共伐不申候」と「村方衆中」に「一札之事」（明治元年一二月）を差出している。村の伝統的土着文化の世界では、村民自ら、平等に守ろうとする意識が見うけられる。

伊古立の行屋の建物については大字の持ち回り文書中の大正六（一九一七）年二月二五日「行屋々根及畳表替帳」で知りうる。この屋根と畳の替えで計五八円一〇銭を用意し、六五円七九銭を支出した。最も費やしたのは悒代、以下屋根屋手間・畳代・篠竹代である。次に行屋が所有した物品については、明治三年七月「行道具買物扣牒」によれば二四品目が道具として載っている。その内、板・釘からは建物備品の管理をしていたこと、皿・茶碗・はしからは飲食をしていたこと、じゅず・香炉からは宗教的民俗的行事をしていたこと、あるいは紙からは帳簿を記していたことがわかる。

以上のことをもとに、飯泉家「日記」により、行屋における活動の実態をさぐる。実際、同家のそれには行屋の記事が時々、現れる。たとえば、次のようである。

・明治一六年一月一日同日午後二時葬送棺出受（桂一郎三女布久）、近所縁者ヲ頼ム也、仏志行屋ニ而無仏ヲ頼ム
・同一九年八月八日　桂一郎行屋の石裂別家へ往く
・同二三年六月九日　本日一仝行屋へ集ラシメ酒ヲ饗ス

無仏になるような葬儀、民俗行事や習俗、そして農事の慰労などがなされていた。とくに資料にある石裂講、祇園祭り関係から、伝統的土着文化が村落生活と密着して行屋で営まれていることがわかる。

最後に、「上から」の出来事と行屋の関わりを述べる。飯泉家「日記」に次のような記事がある。

明治三十年七月十九日　鶴吉、徴兵信心はやしニ付行やへ行明治三十二年六月二十二日　良三徴兵検査免後ニ付大字内若者一同ヲ招き酒ヲ饗ス、念仏連中ヘハ行屋へ酒一升及飯ヲ遺し（略）

明治三〇（一八九七）年ころより、村落生活の拠点、つまり坪（村落の生活の単位）の文化の場、さらにいうならば伝統的土着文化発祥のひとつである行屋へも「上から」の文化は入ってきた。だが、この場は村人が、村人のために平常心で本音を表現しやすいところであった。すなわち、徴兵祈願とは徴兵免除祈願であった。

以上、ここでは村落において文化はどこから生み出され、どこで活動されたのかということを検討してきた。

・個人が家においてしていたことはどこでもいつの世でも同様であるが、村落（坪）においては社寺・行屋でも活発になされた。

・そうした場所では時期的差異もあるが、意外に地域民が対等の意識で管理した。
・しかも、そこでは伝統的土着活動が盛んになされた。
・たとえば明治中期以降、「上から」の文化（明治期の第二波）の降下があったとしても、村民自らの平常の本音を出せる場であった。

(3)明治三〇年代文化論

いままで、社寺・行屋を中心に村落の文化の場を探ってきた。むろん、こうした場は維持されていく。しかし、飯泉家「日記」を追うと、それ以外の文化の場が漸増することに気付く。「横から」の文化の典型的な自由民権運動は、社寺以外に宗道河岸や下妻の料亭・旅館が、演説会に、慰労会に、会合にと使用された。飯泉家「日記」ではしばしば宗道丸屋、綱屋の名が登場する。

ところで、今まで幾度も言及してきたように、明治三〇（一八九七）年ころより村落生活がかなり変化する。すでに扱った表11は村人の関心事を知るためのものである。村人の関心は冠婚葬祭、病気、人生儀礼、家屋といった人間関係・日常生活にあることがわかった。しかし、欄外にある「その他」の事項を見ると、明治三〇年ころより、徴兵検査、内国博覧会、渡満、農会、凱旋といった、あまり従来の村人の生活になじまない語が登場する。すでに述べたところの明治期における第二波の「上から」の官製文化である。

この事例を、すでに紹介した宗道尋常高等小学校「沿革誌」から摘出すると実に多い。学校教育に直接関係するものは第2項で扱った。明治三九（一九〇六）年における、それ以外のものを羅列する。三月八日戦死者村葬、同月一一日日露戦役結城郡戦病死者招魂祭り、同月二六日本村外五ヶ村出征軍人凱旋歓迎会、四月八日徴兵適齢者学力検査、四月二二日新宗道凱旋式、五月二二日勤倹貯蓄講演会、一二月一六日教育幻灯会。ここでは、「上から」の文化が直接学校教育に関係あろうとなかろうと、かなり強烈に学校という公の場を通して地域に入り、かつその場にいる学校教員を動員していることが確認できる。

こうした風潮は村落の生活・文化に影響を与えないわけではない。よって第3項で紹介したように、伊古立では明治三三（一九〇〇）年二月二四日、「若居者取極メ書」で春祈禱以下の伝統的な習俗や徴兵祈禱などの新しいものの見直しをしなければならなかった。また、明治三一年一月一日の飯泉家「日記」には「当大字内ニテ賀新ノ往復ヲ省略スル為メ年首会ヲ開ク、一同会ス」とある。これは政府を中心とする戦後経営に触発されたためである。

明治三〇年代からの文化の特色はもう一点ある。それは村外へ文化を求めること（者）が多くなったことである。その要因は地域構造が大きく変化し、富める者も貧しい者も（とくに二・三男）都市をめざしたこと、都市と農村に隔差がついたこと、さらに文化（とくに狭義の文化）が都市に集中したことなどによる。たとえば飯泉家の場合、桂一郎の弟孫次郎は明治二八（一八九五）年三月、東京の錦城中学校、同三七年三月、東京外国語学校を卒業し、陸軍通訳官となり、中国へ派兵される。その弟の良三も続くように錦城中学校、早稲田大学と進み、南洋協会常務理事や拓殖大学教授をつとめた。

おわりに

以上、本節では、一定時期（おもに江戸後期～明治期）における地域の文化を三つの形態（「下から」の伝統的土着文化、「上から」の官製文化、「横から」の波及文化）に分けた。次に、その三つの文化について、時間的変化を追及した。そしてさらに、そうした文化の形成について、村落景観との関係、また醸成する場所を検討した。ここでは「上から」の文化の繁栄の場や特色について述べた。なおこれ以後、つまり明治のごく末期、大正、昭和における、「横から」、「下から」の三つの文化の関わりについては今後の研究課題である。

注

本節において、本文や注釈でことわりのない引用資料は茨城県下妻市伊古立飯泉正夫家の所蔵文書である。

（1）これらのことは拙稿「私の教育史研究に至るまで」（『教育史研究』第六号、日本教育史研究会、昭和六二年七月）で述べたことがある。

（2）「利根川の水運と信仰」（『地方史研究』第二三八号、地方史研究協議会、平成四年八月）。

（3）大月元宅地内。もと新宗道にあったものを保管していただいている。

（4）明治七年『県庁達書』。

（5）明治八年『文部省第三年報』。

（6）明治八年五月一七日「学校所諸入費出し帳」。同家「日記」の明治一五年七月一一日には斧一郎について、「学校（務カ）委員厨挙会密蔵院ニ而開く」などとある。

（7）『文部省第二年報』による下栗学校の開校は明治六年である。

（8）たとえば斎藤善之論文「天狗党争下の民衆闘争と世直し」（『史観』一二一冊、早稲田大学史学会、平成元年九月）は階級闘争史の観点に立っており、むろん意義はある。ただ、この論文は地域の中の天狗党の乱を分析したのではなく、同乱があったころの世直し一揆を検討したものである。その視座はいわば小高い丘から周囲を展望したものとしてよい。

（9）昭和六〇年七月。

（10）上中下巻、筑波書林、昭和五九年～六三年。

（11）「常野紀聞」、下栗の和田与左《ママ》右衛門名、下妻市『下妻市史料』天狗騒ぎ関係（二）所収、昭和四九年。

（12）下妻市、昭和四七年。

（13）前出『下妻市史料』天狗騒ぎ関係（二）。

（14）「乍恐以書付奉申上候」真壁郡明野町古橋トモエ家文書。

（15）山寺清二郎編『大日本名主伝』第一編「森隆《ママ》助君の伝」、聚玉館、明治二四年九月。

（16）西村文則『飯村丈三郎君伝』昭文堂、昭和八年。

（17）上・下『茨城県史研究』第九・一〇号、昭和四二年七月・四三年三月。

(18)崙書房、昭和五三年八月。
(19)『茨城日日新聞』明治一四年一二月九日。
(20)同右、同一四年四月一二日。
(21)前掲『大日本名士伝』。
(22)下妻市長萱、杉田光家文書。
(23)茨城県立下妻第一高等学校蔵、明治三四年一月「履歴書」(朝日商豆)は大変、参考になる。
(24)『鬼怒百話』の「朝日商豆」、富村登遺稿出版後援会、昭和四二年。
(25)尋常小学校長ではなく、組合高等小学校の誤まり。
(26)台北印刷、大正一五年一〇月。
(27)さいたま市西堀、朝日実家文書。
(28)前掲『ひさご集』、妻いせ談。
(29)前掲『朝日商豆歌集　前編』。
(30)同右。
(31)同右。
(32)朝日実家文書。
(33)蛇行していた鬼怒川を直流にしたのは、昭和三年から同一〇年にかけての工事による。
(34)『文学』第一九巻第一〇号、岩波書店、昭和二六年一〇月。
(35)拙稿「村落生活と和算」(『歴史論』第八号、明治大学近世近代史研究会、昭和六二年九月)、拙著『幕末維新期　地域教育文化研究』日本経済評論社、平成二二年一〇月。参照。
(36)「乍恐以書付奉願上候」、明治元年一二月。
(37)「一札の事」、明治三年一〇月。
(38)伊古立の持ち回り文書の明治四一年一〇月三一日「神社財産社殿工作物登記申請書」、大正二年「神社財産土地登録申請」。

第二章　地域と大学の歴史

一　自由民権期の法律学校学生と地域——佐藤琢治を中心に——

はじめに

大学史を調査研究する場合、中央の歴史を扱うことは当然であるが、同等に地域（地方）のそれを対象としなければならない。したがってこれからは大学史の調査研究では地域に足を運んで調査をする必要がある。そのために本章では、極力現地や現場の実態に即して検討してみたい。

問題はこのような分析の視点と方法によって、大学史の何を解明していくのかということである。以下、課題を箇条書的に列記してみる。

・どうして高等教育（義務教育ではないもの）を受けようという気になったのか。つまり上級学校へ進学する契機・動機・雰囲気を知りたい。そしてなぜ、その分野の学問に興味を持ったのか。なぜ、東京等へ行かなければならなかったのか。なぜ、その学校を選んだのか。つまり勉学の動機や学問分野選択の理由を探りたい。

・その学校で何をして、どのように学んだのか。学校内ではどうか。学校外ではどうか。つまり学生生活の実情を一瞥したい。

・在学中に学んだこと、得たことをその後どのように生かしたのか。あるいは校友として母校にどのように関わったのか。つまり卒業後の動向を知りたい。

・前述のことに対して学校当局は経営者として、教育者としてどのように応じたのか。つまり学校側の対応についてかいまみたい。

本章では以上のうち、三点目までを中心とし、四点目についてはごく簡単に触れることとした。

なお、対象とする時期は明治前期、とりわけ自由民権期である。いうまでもなく同運動は出発まもない日本の近代における一大民衆運動であり、当時の大学教育、というよりも高等教育に大きな影響を与えた。そして学校によっては自由民権思想そのものを設立の趣旨に掲げるところもあった。いずれにしてもこうした運動に高等教育機関、とくに専門学校及びその学生は具体的にどのように関わったのかということも視野に入れて考察したい。そこでまずは地域の実情を検討することから始めてみたい。

1　明治期青少年の進学動機

ここでは幕末から明治期の佐藤琢治という人物を紹介していく。彼は文久三（一八六三）年一月に、現在の宮城県登米市登米町（当時は登米村）の自邸に生れた。同人の修学事情を追及するためには登米地方について、紹介しなければならない。同地は県北東部に位置する農村地帯である。ただ、それだけではなく一定の町場を形成していた。それには訳がある。ひとつはこの地が江戸期には仙台藩領であり、主として伊達家一門が支配していたからである。琢治の幼少年時代には伊達邦教が支配した。また東端を大河川の北上川が貫流している。この大河は時には洪水を引き起こすこともあったが、一方同地を交通の要衝とした。これらのことについて、ここでは吉田松陰の逃避行記『東北遊日記』における嘉永五（一八五二）年三月一五、一六日の一部を紹介する。

十五日　黒沼を経て登米に宿す、伊達式部の采地なり、祿二万石、家臣頗る多し、式部の第は高碇の地に拠り、塹塁之を環る（略）

十六日翳、駅を発す、船にて北上川を濟り、川に沿ひて下り、柳津に至る（略）

佐藤家の屋敷はその第（城館）からさほど遠くはない。「登米居館並家中屋敷図」(1)によれば後小路に面した一角にあり、「佐藤彦左衛門」の名が記されている。(2)同家は広大な屋敷地を有しているわけでもないが、伊達家の世臣であった。父は弥衛門といい、琢治はその次男であった。長兄は鷹之介（豊村）といい、のちに佐藤家を世襲した。(3)このように佐藤琢治は地域の中心地の士族の家に生まれた。

明治期になって間もない頃の登米村の景況について、『仙台日々新聞』（明治一三年二月一三日）は戸数が一五〇〇ほどあること、そして維新により家臣等は悉く土着して農業に従事したために資力があることを報じている。また同地には水沢県庁等、各官衙が設置された。つまり江戸から明治にかけて、この地域は政治経済上の拠点であった。しかもこうした事情から登米の士族は他の場合と比較して急速に没落することはなかった。おそらくこのような状況と、さらに武家としての伝統や新時代への対応が、琢治を勉学の方向に向かわせることとなったのであろう。平たくいえば琢治を修学へと向かわせる環境や条件や雰囲気は周囲にあったといえよう。

当然、彼自身の能力とか資質といったものもあった。例えば「幼少ヨリ学ヲ好ミ郷里登米小学校ニ入リ優等ニテ卒業」(4)という文言から学才のほどがわかる。また次男という立場はとりわけ実力で生き抜くことが求められたが、反面居住地や職業選択上の制限が比較的長男よりは少なかった。

そうした琢治の個人的資質も立場も認めなければならないが、彼を取り巻く状況や条件に左右されたことは、以下の事実からもよく分かる。小学校の様相について、明治一四（一八八一）年五月二七日付の『陸羽日々新聞』は「結構大」であり、生徒は三〇〇余名も在学していることを記している。(5) 琢治はその登米校に入学し、卒業した。その例証として登米校の内容面・質的な面について、教員に焦点をあててかいまみる。同一四年五月二七日付の『陸羽日々新聞』は同校について「校長は近藤氏にて授業も可なり行届き生徒も奮励の模様見ゆ」という記事を掲載している。この近藤校長とは名を親民といい、号を巨鮫や恥堂といった。仙台藩校養賢堂等で学んだ後、江戸の古賀茶鮫の門に入ったが、事情により東北地方を講説して歩いた。後に宮城師範学校を卒業し、小学校教育に当たった。(6) 琢治はこの者に普通学ではなく経史を学んだ。(7) そのことからすれば、鰭名武治ら村内有志により設置され、近藤親民を教師に招いた夜学校の方で教えを受けたと思われる。(8) このようなことから登米村は「兼々学事は出精なる村」(9) と評された。琢治を取り巻く当地の教育文化は質的にも高かったといえる。それによって、琢治は幼少年時代、確実に基礎的な学力をつけていった。すなわち地域により育てられていったのである。

その後、琢治はさらに高度な学問を習得するために登米よりも学文の盛んな仙台に向かった。仙台をめざした理由は登米が仙台藩領ということ、そしてなにより同地は東北の中心都市であることによる。

正確な修学期間は定かではないが、仙台において彼は国分平、そして服部友徳に就いた。前者は江戸期には仙台藩儒として文教や民政に活躍し、維新後は家塾を主宰したり、宮城県会議員や宮城中学校教員などを歴任した。(10) 琢治はこの家塾で経史等を学んだ。後者は岡山藩士であり、易理に詳しい儒者である。仙台、あるいは登米地方を講説して歩いた人物である。(11) その他、彼は仙台の漢詩人今泉篁洲等と親しく交わった。このようにして彼は東北の中核都市において中等程度の学力を身につけた。

そして、彼はいよいよ高等教育、専門教育をめざして明治一六（一八八三）年、二〇歳の時に上京し、明治法律学校へ入学する。ところで、なぜ東京をめざしたのか。逆に言えば、なぜ仙台では事足りなかったのか。明治一九年四月二五日発行の『宮城教育会雑誌』第一六号には、同年三月一三日現在の「通信講学会各学科会員一覧表」が掲載されている。同会は東京下谷区の開発社を本部事務所とする。その受講者のうち、宮城県の場合を見ると、計二二二人にのぼり全国第五位である。いかに東京など大都市部の学芸を地方の人々が求めていたかが分かる。

次に明治一七（一八八四）年一〇月一九日発行の『仙台義会雑誌』第一号に掲載された記事に基づいて東京の各私立学校在学者数と仙台出身者数を一覧する。それによると、東京の八私立学校に七〇名が学んでいる。またのちの同二一年一二月一〇日発行の『時論』第二号は、宮城県の学生にして東京に遊学するものが明治一三、一四年の頃の幾十倍、約三〇〇から四〇〇人という数字を弾きだしている(12)。宮城県からも陸続と東京の学校めざして上京してくるさまが彷彿される。

問題は当時、仙台には高等教育機関が存在したのか、ということである。それは「陸羽日々新聞」が明治一五（一八八二）年一一月一六日（第一六一一号）より五回にわたり「陸羽専門学校設立ノ義」と題した社説にて、その願いを面々と訴えていることからも分かるとおり、存在しなかったのである(13)。

さて、次に琢治はなぜ法律学をめざしたのか、である。当時、全国青少年らが法律学をめざす経緯と状況については、基礎的研究として手塚豊『明治法学教育史の研究』(14)、あるいは天野郁夫『旧制専門学校論』(15)等がある。要するに法律は「近代化」の象徴であった。琢治が地方に住む青少年であろうと、こうした近代化の影響を受けたことは間違いない。さらにこの時代、地方青年の心を踊らせたのは天下国家を意識した立身出世観であった。こうしたことは疑いないにしても、琢治の法学志望理由を当時の社会風潮に求めるだけでは不十分である。もっと現実的で、身近な個人的な理由、家庭の事情あるいは地域の問題等が横たわっているということはなかったのか。そうであるとするならば、やはり琢治の場合は維新期登米村の土地払下げ事件を取り上げなければならない。この一件は官有地払下げをめぐる官と民の戦いである(16)。この熾烈な争いを鎮めていったのは結局、法律であり、おそらく琢治は自宅で育った頃に、あるいは仙台から帰省の折にこの事件の顛末を直視したであろう。それだからこそ彼はのちに自分の主宰する雑誌にこの一件を詳細に報ずることができたのである。

また明治一〇（一八七七）年代を中心とした自由民権運動は、琢治ら若者を法律学習へと志向させることとなった。ことに彼の郷里登米郡は同運動が盛んであった。幾つかの例をあげる。赤生津に明治一四年九月、設立された一志社は登米村の小学校長島原太が中心であり、おもに法律を研究した。佐沼に同年一〇月に結成された公愛会では民権校長西大條規が刑法を講義した。また登米村に同年に結成された登米青年会、あるいは同一六年に設立された東北社の学習・討論の内容は定かではないが、当然法律のことに触れたはずである。さらに琢治の従兄弟である首藤陸三（後述）は宮城県内最初の民権結社鶴鳴社（明治一一年一〇月、仙台に設立）の設立・運営に携わっている。むろん同会でも「立法権ノ事」とか「国法論」といった法律のことも議論されている。[17] 既述のように同社が設置された仙台は琢治が中等教育をうけたところであるが、この都市は東北における民権運動のメッカであった。

琢治がなぜ明治法律学校を選んだかという問題については、次項で最初に扱う。

2　明治法律学校と学生・佐藤琢治

そこで琢治の明治法律学校学生時代について、㈠なぜ明治法律学校を選んだのか、㈡どのような学生生活を送ったのか、という二点に分けて考察したい。

彼が明治法律学校を選択した理由はやはりそこが法律を教えるところであった、というのが素直な解釈である。彼も当初は法律関係の専門職をめざしたことが考えられる。地域の法律学習について、その盛行のほどはすでに述べたとおりである。

では次に、なぜ他の法律学校ではなく「明治法律学校」だったのかという疑問がわく。それについて容易に考えられるのは、仙台における同世代の若者の動向である。前出の『仙台義会雑誌』第一号によれば明治法律学校在学の仙台出身学生は計一九人、第二位である。周囲の者の多くが入学した学校である。さらに仙台における同校出身者の活躍にも刺激を受けたことと思われる。その一例として岩崎惣十郎をあげる。彼は地元の仙台で田代進四郎に就いて法律を学んだのち、明治法律学校に明治一四（一八八一）年（開校年）に入学、同一六年に卒業した。そして大阪区裁判所判事補に任ぜられたが、まもなく帰郷、仙台にて代言人として活躍した(18)。実際、明治法律学校は代言人ら司法関係者を多く輩出する学校として著名であった。

さらに踏み込んで、同校選択理由を求めてみれば、次の点が考えられる。例えば明治一九（一八八六）年一一月二七日『仙台日々新聞』広告には「仙台明法学社」が掲載されている。同社は東京美土代町の明法学社の分社であり、代言局のみならず法律私塾としてフランス法学を教授していた(19)。そうしたフランス法学の教育を担うために東京に創立されたのが、高等教育機関としての明治法律学校である。こうした同校の存在も琢治に大きな影響を与えたことも考えられる(20)。

さて明治一六（一八八三）年に入学した琢治はどのような学生生活を送ったのであろうか。上京後、彼は仙台義会の会員となった。同会は明治一三年に設立された。幹事の鈴木綱介は琢治と同じく宮城県出身であり、かつ明治法律学校生であった（同一七年一一月卒）。前出会誌の『仙台義会雑誌』創刊号（明治一七年一〇月）の例言には「文章ヲ蒐集シ学術討究ヲ以テ目的トス」としているが、発刊の旨趣欄には「仙台人ノ親和ヲ計ルニ外ナラサレハ政治上ノ主義宗教上ノ信仰ニ依テ離合スヘキニアラス」と謳っている（政治等に関心を持つ者はいたのであろうが）。つまり仙台出身の在京学生を中心とした親睦・意見交換団体である。同誌は毎月一回発行されているが、編輯人は油井守郎である。油井は明治法律学校の学生であり、明治一七年に卒業したが、しばらくその任にあたった(21)。

その後、琢治は急速に学業としての法律以外の分野、とりわけ政治・経済、あるいは思想に関心を寄せていく。と同時に学内よりも学外の者との交流を深めていく。明治一七（一八八四）年一〇月一八日、東京南葛飾郡の向島に住む民権家の若林美之助宅に出向き、民権家の石坂公歴らと読書会を結成した。同会は政治・経済等の翻訳書を輪読することを目的としており、彼はケーリーの『経済学』を担当した。[22]

だが、翌一八（一八八五）年に筆禍事件により投獄される。その経緯について、「佐藤琢治履歴」より引用する。

一　明治十八年東京在学中学友山口俊太ト共ニ勉学ノ余暇民権ノ自由ヲ唱ヒ詩歌論文建白書等印刷セシヲ通信録ト題ス売買ヲ禁ス各自ノ間配布セシヲ時ノ政府嫌疑新聞条例違反トシテ石川島ニ監禁刑ノ不当非法（ママ）ヲ陳述書ヲ時ノ大審院長玉乃世履ニ奉リ不問時日ヲ送リ刑期限却下ノ不幸アリ

以上のことから、次のことが分かる。琢治は上京後、学校で法律を学ぶかたわら県人会的・親睦会的な学術団体に加わっていた。そしてより先進的でレベルの高い広い教養を身に付けようとして読書会の結成に参加するなどした。しかし、不慣れと「若さ」のため権力の餌食となったのである。

ここに出てくる「山口俊太」とは別名畑下熊野ともいう。琢治よりも一歳年下で、元治元（一八六四）年一一月一一日に紀伊浦神（現在の和歌山県東牟婁郡那智勝浦町下里）の医師山口俊道の長男として生まれた。和歌山県医学校卒業後、さらに大学医学部をめざして上京、この時は大学予備校に学んでいた。しかし進路を変更し、政治運動に奔走した。[23]彼は明治一六（一八八三）年一月一五日には『青年思叢』（神田区の青年社発行）を編輯兼印刷長として刊行するなど、出版の実績はあったが、それは和歌などを含めた学術雑誌的性格が強かった。だが自由党に入党することにより日夜、関東・東京一帯を演説などをして歩くようになった。例えば自由党関係紙『自由燈』により政談演説会の記事に目を通すと、彼の名前が頻繁に登場する。ちなみに明治一七年の場合は一二回ほどである。そして翌年、佐藤琢治と共に扶桑政談社を起こして、雑誌『通信録』を刊行したのである。この時点では彼の方が琢治よりも「政治青年」であったといえよう。

もっとも琢治もその『自由燈』や『自由新聞』に多少関わるようになっていたことは獄中仲間であった宮崎夢柳が

同一九（一八八六）年出獄後、琢治の兄へ送った書簡によって知りうる。[24] 琢治は出獄後の同年五月、求友会のメンバーとなった。同会は東京在住の青年らによる政治・思想の情報交換会である。また地方会員との連絡も会務としている。彼は郷里宮城県の担当者として本郷湯島天神町の下宿から連絡を取った。[25] ところで彼は誰と、なぜ連絡を取り合ったのか。前者の疑問、すなわち琢治が交信の相手とした宮城県の人達とは民権運動家、とくに自由党関係者である。それは、例えばかつて琢治が登米や仙台にあったころの知り合いや仲間である。彼は明治一五年一〇月、若者により東北青年懇親会が結成されたとき、発起人の一人として参加している。[26] また、その人達より先輩で、すでに仙台で名が知られており、のちに自由党党友として共に闘うことになる草刈親明、あるいはそれより若い岩崎惣十郎（前出）や佐藤清らである。

次に、なぜわざわざ郷里と連絡を取ったのかという点である。その理由について容易に考えられることは組織上のこと、つまりオルグである。今ひとつは思想・意識に関わることである。まとめて言えば、彼自身も思っていた「東北主義」との関係である。実はさきの東北青年懇親会は明治一五（一八八二）年一〇月五日付「陸羽日々新聞」の会誌に『東北青年自由新誌』の刊行の広告を出したことがある。その趣旨の中に「奥羽文運ノ振ハサルヲ慨キ（略）大ニ真理ヲ拡張シ専ラ東北七州ノ面目ヲ一新」することを強調している。後述するが琢治は明治二三年に仙台において政論誌「民報」を創刊する。そして、その第五号（同年五月）より第一一号（同年一〇月）において「東北策」と題する社説を力を込めて書く。その要旨は専制主義の薩長藩閥政府に対し、東北七州の県民は連合して自由主義を旨として対抗して行かなければならないというものであった。

このようにしてみてくると、佐藤琢治は明治法律学校に在学しながら、この頃は同校とは深くは関わりがなかったように思われる。実際、彼の学業に関する資料は見出せない。しかし、すでに述べたように明治法律学校はフランス法に立脚している。それにより「権利自由」を標榜する同校は自由民権運動の巣窟となる。よって官からは露骨に敵視されるが、方針や経営を曲げなかった。そのことに関しては渡辺隆喜「明治法律学校と自由民権運動」[27]、あるいは『明治大学百年史』第三巻「自由民権運動と私立法律学校」[28]に詳しい。それらの書に紹介されている退校証明書の件、すなわち同校が政談演説会に参加する学生に対し、出発する際、退学証明書を発行し、帰校すると復学させるという学生保護措置は琢治も受けたであろう。ゆえに、全国の若者は本人が意識しようと、しまいと自然に同校に集まったのである。しかも当時唯一の大学である東京大学は、まだのちの東京帝国大学ほどの威力をもっていたわけではなかった。さらに東北人士の「東北主義」（東北人奮起論）は、薩長による国家のエリート養成学校（東京大学等の官学）に対し違和を生じることもあった。いずれにしても琢治にとって机上やテキストによって得ることも大きかったであろうが、やはり就学した学校のもつ特色や方針あるいは校風から得ることはそれ以上であったといえる。なお、このち明治法律学校は「開発主義」・「自由討究主義」・「放任主義」の教育方針を強調している[29]。まさに自由民権学校としての伝統を引き継いでいくのである。

3　その後の進路

佐藤琢治の名は明治法律学校校友名簿『校友規則並表』に搭載されている。その時期は明治二六（一八九三）年六月からである。彼は一〇年かかって同校を卒業したのであろうか。しかしよくよく見ると彼の欄には「注」なる印がついている。それが推薦校友を表すものであることは、同校校員（経営者）『決議録』（第一号）[30]にある「佐藤琢治（略）校友常議員ノ推達ニ依リ校友ノ身分ヲ特許スルコトヲ承認ス」という同年一二月三〇日の記事から分かる。このことは以下のような経歴や実績があったためである。徐々に民権家として名が知られた琢治は明治二〇年一二月、保安条例の適用により追放となった[31]。彼はやむなく名古屋に移り、『新愛知』新聞に関わった。同紙第一号（同二一年七月五日）には「自由半狂生　佐藤琢治」という名で「新愛知の発行を祝す」という一文を記し「平民主義の拡張」を力説している。

この頃彼は明治法律学校を退学したのであろう。というのもこの時期に彼自身、政治一辺倒となっている。やがて仙台に帰り、政治関係のジャーナリストとなる。そして前述したように、彼は明治二三（一八九〇）年二月より雑誌「民報」の発行をする。同誌の刊行の目的は「自由主義」、特に「東北主義」の啓発・普及であることはすでに述べた。刊行の終期は分からないが、目下のところ同二四年五月（第二〇号）までの刊行が認められる。ただしもう少しあとまで刊行された可能性がある。それは同年一〇月の『自由党々報』（第一号）には自由党中央通信所（仙台）を民報社に仮設し、琢治らが事務に当たることが記されているためである。

なお、この年一一月、兄の鷹之介（豊村）が病死した。したがって彼は兄の長男斐太を嗣子として佐藤家を継いだ。だが彼は全てを整理して生家の登米に帰るということはしなかった。このような不幸に見舞われながらも、彼はそれまでの実績をもとに明治二五（一八九二）年、地元登米郡から宮城県会議員選挙にうって出た。この選挙は吏党と民党との対立、民党同士の改進党と自由党との反目、さらに中立派も加わり激戦を極めた。自由党系の琢治は特に「東北日報」に同二五年二月一六日（第二号）以来、連日、攻撃のキャンペーンをはられた。しかし八月、当選することができた。当選後、彼は政治方面でさまざまに奔走していた。当然、県議会でも活躍しているが、同年一二月の同会について、県会は「一場ノ蛙合戦」なりという吏党系新聞『東北新聞』掲載の記事に憤慨している[32]。

また県内各地の演説会に弁士として出席した。例えば同年一〇月には刈田郡白石町（現在の白石市）で一四日、次いで二九日と二回も政談演説をしていることからも、その精力ぶりがうかがえる[33]。いうまでもなく、彼の生地である登米郡登米町へも出向いた。時期は前後するが明治二四（一八九一）年九月三日、同町に板垣退助や河野広中らを招いて政談演説会を挙行したのは、琢治らの力による[34]。さらに同二六年九月二三日には彼は改進党員に取り巻かれる中、同町で演説をした[35]。

さらに、このように宣伝・啓発した地域の人々を糾合し、組織していった。例えば明治二六（一八九三）年二月一日、仙台に県下の「自由主義者」を集め、懇親会を催した。彼の開会趣旨により始められた同会には五七名が参加した[36]。以前からのジャーナリスト活動も続行した。明治二六年一月二八日付の『自由新聞』（仙台）の社告によると琢治は同社の「仮役員」となっている。また同紙にて健筆を振るっている。特に同年一月一五日の論説では青年時代から培ってきたところの「東北主義」（東北民奮起論）を「東北に於ける自由主義」と題し、次号にわたり強調した。この論文において、注目すべきことは「東北主義」の幅が広げられたことである。つまり単に東北の振興を願うだけでなく、九州等も含めた「自由」の同志と共に行動しようというものである。そうした考えは彼が若きころ（特に上京前）に持っていたところの東北（自分の地域）だけの繁栄・再生を願う「東北主義」とは異なる。それは彼だけの力で考え出したものとは思われない。重要なことは、こうした思考が上京以降に主張されていることである。それは上京後の「権利自由」を校是とする学校の生活、あるいは学外のさまざまな交友などの結果である。

その後、彼はますます語気を強めて、「伊藤内閣の現在未来」[37]といった論説で藩閥内閣打倒、代議政治実現をめざす。それだからこそ、以上のような実績が認められ、このころ、琢治は明治法律学校校友として推薦をされたのである。だが彼は次の県議会議員選挙には立候補しなかった。そしてジャーナリストの傍ら明治二七（一八九四）年には朝鮮国を視察して歩くなどした。

ところで正確な時期は不明ながら、同二九（一八九六）年頃、彼は自由党本部に勤務することとなった。そして学生のころから知り合いの大同団結論主唱者・後藤象二郎、あるいは党首の板垣退助の下で本部事務に携わった。特に『自由党々報』の編集に当たったのであるが、編集事務だけではなく自己の主義・主張も書き綴った。主なものは以下のようである。「救済費と進歩党」（第一一五号、明治二九年八月二五日）、「進歩党機関の乱調」（第一二二号、同年一二月一〇日）、「青年政治家の責任」（第一四〇号、同三〇年九月一〇日）、「東北同盟会の合同交渉書を読む」（第

一四六号、同年一二月一〇日）

また郷里で催される自由党宮城支部総会や自由党東北青年大会等々に出張し、党勢の拡大に尽力した。(38)

こうした実績をもとに佐藤琢治は明治三一（一八九八）年、宮城県第四区より衆議院議員選挙に再出馬した。やはり今度の場合も他の候補者と壮絶な選挙戦を繰り広げた。その模様はとりわけ『仙台新聞』の激しい「佐琢」批判から読み取れる。だが彼は当選した。代議士就任後、北海道の開発等を主張し、(39)精力的に活動する。しかし、この間、琢治にとっては河野広中が自由党から分派して「東北同盟会」を結成した一件はかなり衝撃的であった。(40)それは彼らを含めた東北の民権関係者は明治一一年の「東北有志会」集合以来、ひたすら東北七州自由党の結成をめざしてきたからである。(41)とりわけ琢治はそのことを強く主張していたからである。だが明治三五年一二月三日、四〇歳にて病死した。後に生家の近くの檀那寺養雲寺に河野広中筆の墓碑が建立された。

ところで本論を終えるに当たって、次の二点を追記しておきたい。ひとつは地域の、とりわけ民党運動における明治法律学校関係者の活動ぶりである。このことに関して筆者はかつて『明治大学百年史』第三巻（前出）において多摩の鎌田訥郎や浦和の高橋安爾（出身は宮城県）らを例に紹介したことがある。この宮城県の場合、最も著名であるのは前記した一人の岩崎惣十郎である。彼は自由党系であるが、それでも「宮城県有志懇親会」の会主となるなどして地域の民衆運動をまとめようとしている。(42)また前述した「自由主義者懇親会」は佐藤琢治が呼びかけたものであるが、三島駒治（注13参照）は東京出発直前という多忙な中、駆けつけている。(43)彼らの政治活動は明治法律学校を強く意識したものもあれば、ないものもあった。しかし、いずれにしてもなんらかの形で、前述した同校の存在は直接・間接に影響を与えていた。

もう一点は地域における自由党と改進党との関係である。それは確かに選挙戦等で激烈な死闘を演ずる。すでにみた佐藤琢治の県会議員と衆議院議員の両選挙の場合もそうであった。しかし例えば琢治と首藤陸三の関係はどうか。

すでに述べたように首藤は琢治の所属した自由党員ではなく、改進党に所属し、県会議員や衆議院議員を勤める。[44]だが、両者はともに「金華倶楽部」を結成するなど、[45]政治的交流も少なくない。また明治二六（一八九三）年一月二八日付『自由新聞』（仙台）も二人の出身地の登米町の政況について、自由・改進両党の「親交」ぶりを伝えている。この両者の関係について従兄弟同士であること、あるいは登米という同一地域で票田を分別し合っているのではないのかということが、交友関係維持の理由としてあげられなくもない。しかも両陣営の交流を示す類例は少なくない。例えば「民報」第九号によれば、明治二三年八月二三日に仙台市にて催された宮城県下「進歩主義者懇親会」では草刈親明（自由党）が会主総代、首藤陸三（改進党）が議長を勤めた。それにより「同進倶楽部」の創立が決議された。また在京代議士らは自由・改進党に関わりなく「東北倶楽部」を結成し、東北の団結を誓っている。[46]こうしたことから地域における民党的運動はかなり早い時期より、「中央から」の理論により展開されるケースとともに地域論（後の地域利害論とは異なる）に基づく場合も十分に考慮しなければならない。

おわりに

本節では近代初期における地域の青少年が何のために、どのようにして勉学をし、そして高等教育をめざしていくのか、やがて高等教育機関に入学してどのように学生生活を送るのか、さらに修了（もしくは退校）後、どのように学業を活用していくのかという三点について追ってきた。

具体的には現在の宮城県の最北東部の武家の次男に生まれた佐藤琢治が地域（登米、次に仙台）の中でどのように育まれてきたかということについて、彼の個人的事情に触れつつも主に地域の状況との関連から追及した。そして次に彼がなぜ上京したのか、なぜ法律学修得をめざしたのか、なぜ明治法律学校を選んだのか、さらに在学中、どのように活動したのかということを探求した。最後に、彼は宮城県に帰り、ジャーナリストの傍ら政界に進出したが、何をどのようにしたのかということを見極めた。

これらの結論については時折、各項の中で記してきたので、ここではなるべく重複は避け、簡単に箇条書にしてみる。

・佐藤琢治は時代の変化、あるいは地域の政治的・学芸的な環境・条件や動向に影響を受けつつ、基礎学力や中等の学力を身につけていった。

・彼が特に高等教育機関に進学しようとした際、学問分野や志望校等の選択に当たっては近代化の風潮や立身出世の価値観に影響されただけでなく、地域的なこと、現実的なこと、身近なこと、さらに日用的なことが判断の材料やきっかけとなった。

・上京後、彼はかなり学外に交友を求めた。最初は県人会的・親睦会的なものに交わっていたが、やがて教養的な研究会に力点を置く。そして文芸と政論折衷的な会、さらに政治的な会へと関わっていく。これらの活動は自らの思想形態や将来の進路選択に直接的な影響を与えた。

・また在学した学校（明治法律学校）のもつ方針や校風も影響を与えたことが考えられる。

・彼の精神・思想は一環して「東北主義」にあった。それも当初は地域的な振興論にとどまる程度であったが、やがて全国的なそれへと普遍化し、昇華していった。このこともまた在学校の方針・校風・学外者との交流、所属団体における活動といった主に上京後の出来事にかなり影響されつつも、学びとったことである。

なお明治法律学校はかなり早い時期、つまり開校の翌年（明治一五〔一八八二〕年）には校友を設定し、その後、校友会およびその地方支部結成に力を入れていく。佐藤琢治の地域校友会における活動等の詳細な実態解明は今後の課題である。

注

(1) 作成時期不明、登米伊達家文書、東北大学附属図書館蔵。
(2) 当主は佐藤恒夫氏である。
(3) 後に仙台で経史、東京で英学修業後、帰郷し登米校等の訓導となった。『東北日報』明治二五年四月一日。
(4) 「佐藤琢治履歴」登米市登米町鈴木一成家文書。
(5) 登米校は明治六年六月に寺池村小学校として開校し、やがて登米村第一小学校、次いで凌雲小学校と改称された。そして同一二年に登米小学校となった。
(6) 『仙台人名大辞書』、続「仙台人名辞書」刊行会、昭和八年二月。
(7) 『宮城県人物誌』、今泉寅四郎、昭和四二年二月、昭和五三年三月歴史図書社復刻版。
(8) 『陸羽日々新聞』明治一四年三月二一日。
(9) 同右。
(10) 「碩儒国分先生逝く」『宮城県教育雑誌』第五五号、前出『仙台人名大辞書』、明治三二年六月一四日没。
(11) 前出『仙台人名大辞書』。
(12) 前出『宮城県人物誌』では明治一六年ころ、東京遊学の仙台出身者を約一〇〇〇余人としている。
(13) 仙台にはじめての法律専門学校の東北法律学校ができるのは明治三三年である。明治法律学校卒業生の三島駒治が母校の教育を参照して創立した(『三島学園創立五十周年史』)。
(14) 『手塚豊著作集』第九巻、慶應通信、昭和六三年一月。
(15) 玉川大学出版部、平成五年二月。
(16) 『民報』第九号、『登米町誌』第三巻、登米町、平成四年三月。
(17) 明治一六年より、以上は佐藤憲一「宮城県の自由民権運動」『宮城の研究』第六巻、清文堂出版、昭和五九年七月参照。
(18) 明治二五年『校友規則並表』、明治大学史資料センター所蔵、前出『仙台人名大辞書』。
(19) 明治一三年二月一日より入校許可。
(20) 当時とても、新聞・雑誌等に明治法律学校の広告がしばしば掲げられたのでそれを目にしたのであろう。また同校の学費は高い方ではないので、経済的事情も考慮したのであろう。さらに入学に際して厳しい条件があまりないということもあったと思われる。

(21) 明治一八年『校友規則並表』、明治大学史資料センター所蔵。
(22) 色川大吉「明治十七年読書会雑記について」『文学』Vol.27、岩波書店、昭和二六年一〇月。
(23) 『山口熊野君略伝』、山口熊野頌徳碑建設委員会（田原慶吉）、明治四〇年四月。
(24) 『自由党々報』第一三八号。
(25) 「三島通庸文書」、国会図書館憲政資料室蔵。
(26) 『陸羽日々新聞』明治一五年一〇月二日。
(27) 『明治大学史紀要』第一号、明治大学、昭和五六年三月。
(28) 拙稿、明治大学、平成四年一〇月。
(29) 校長岸本辰雄の新入生の講話。「明治大学の主義」『明治法学』第六三号（明治三六年一一月）所収。
(30) 明治大学史資料センター所蔵。
(31) 板垣退助監修『自由党史』下、岩波文庫版。
(32) 『宮城県議会史』第二巻、宮城県議会史編さん委員会、昭和四九年三月。
(33) 『絵入実業新聞』明治二五年一〇月一四日・一六日・二六日。
(34) 『郵便報知新聞』明治二四年九月五日。
(35) 『自由党々報』第四六号。
(36) 『自由新聞』（仙台）明治二六年二月二八日。
(37) 同右、明治二六年二月三日。
(38) 『自由党々報』第一三四号・第一四七号。
(39) 前出「佐藤琢治履歴」、佐藤琢治稿「北海道農工銀行急設の必要」『政友』第五号。
(40) 前出「東北同盟会の合同交渉書を読む」。
(41) 森田敏彦「東北七州自由党の結成と憲法起草運動」『歴史評論』NO.四一五、歴史科学協議会、昭和五九年一一月。
(42) 『自由新聞』（仙台）明治二六年二月三日。

(43)『時論』第一号。
(44)『登米町史編纂資料集』第六集、登米町、昭和四四年三月、前出『宮城県議会史』第二巻。
(45)『民報』第一二号。
(46)『仙台新聞』明治三一年一〇月六日。

二　明治期青年の上京と修学——安藤正楽を中心に——

はじめに

本節で取り上げる安藤正楽は慶応二(一八六六)年一一月一五日、伊予国宇摩郡中村(現在の愛媛県四国中央市中村)に生まれ、昭和二八(一九五三)年七月二四日、同地で没した。満年齢では八九歳であった。長寿を全うしたというべきその人生で、政治・歴史・芸術・文学にと、さまざまに関心を持ち、活動をした。

以上の安藤正楽の活動分野の中で、本節では幼少期から青年期という、つまり社会人になる以前の期間について、その人間形成過程を扱う。すなわち、近代のはじまりの中で、どのような行動をしたのかを追究する。また彼を取り巻いた周囲の地域状況を考察することにより、時代性・社会性をもかいまみたい。こうしたことをやや仰々しく言えば近代を生きた安藤正楽という一人の文化人について、その基層や実像を解明することをめざしているともいえよう。次に本研究上の具体的な目的や方法を述べる。

1　研究の目的と方法

(1)研究の目的

筆者はこれまで人物を通して、歴史を描く機会に恵まれてきた。その人物はほとんどが幕末明治期における地方の無名な人々が対象であった。だが大学史研究に関わるようになってからは、地方と中央の相関関係を追求することにより日本の近代化の様相を解明しようとした。そのため時には、中央の著名人で、しかも場合によっては大正・昭和期の人物を扱うようになった。こうした人物史研究について、目下のところ、次のような視点が必要であると考えている。

・資料の調査収集と選定を十分に行う――資料とは文書だけではなく、いわゆる「モノ」資料や視聴覚資料など多数ある。いずれにしても人物に関する資料は事実を見極めることがきわめて難しいが、避けて通ることはできない。

・成育環境を重視する――その人が生まれ、育った環境はさまざまであるが、人間形成に大きな影響を与える。それは幼少時にあっては尚更のことである。

・教育を追究する――独学だけで成就する人もいるが、多くの者は学校で学ぶことによって知識を得る。また単に知識だけではなく思想・道徳等々を学ぶことも少なくない。

・時代性の分析をする――人間は全く一人だけで生きていくことはない。当時の国家・社会に多かれ少なかれ制せられている。

・比較研究をする――人は全く同じ生き方をすることは無いが、それでも同じような行動や生き方をした人物を対比して検討することは有意義である。

ただし、人物研究の上で十分に心得ておくべきことは人権尊重ということである。このことは時代が新しいほど留意すべきであろう。

本節では、以上のことを念頭に、安藤正楽の幼少年期から青年期（二〇歳代くらい）の人間形成を追う。

ところで、安藤正楽の研究は長く続けられてきた。このことについて、詳しくふれるゆとりはないが、いずれにしても昭和三九（一九六四）年五月に、甥の山上次郎が『愛媛新聞』に三回にわたり、「安藤正楽を思う」と題して発表されたのが、早いころと思われる。同氏はその後、親族であること、地元に居住すること、さらには短歌史研究に実績を有することなどにより、きわめて精力的に正楽研究に尽力、昭和四八年四月には『非戦論者　安藤正楽の生涯』（古川書房）を刊行した。その後も同五三年一一月には『安藤正楽遺墨集』（同社）、同五八年二月に『人間讃歌――非戦論者安藤正楽遺稿』（同社）、あるいは六〇年一二月『安藤正楽――人と芸術』（童馬堂）といった正楽の文学・芸術作品等を紹介した。それ以外にも、同氏の正楽に関する文献は多数見うけられるし、さらにシンポジウムや講演等々を展開してきた。

やがて同氏に影響を受ける人達も現れるのであるが、極論すれば安藤正楽の研究史は、山上氏のものに尽きるといえよう。それだけに同氏の研究は重い存在といっても過言ではない。

(2)研究の方法

したがって、本稿も山上氏による安藤正楽の幼少年・青年期の考察に依拠するところから出発したのは、いうまでもない。だが、さらに発展させる余地が残されていると気が付くことに時間はかからなかった。以下、そのために筆者なりの研究手法を紹介する。

・「足」を使う研究

「足」を使うとは、見聞し、調査をして歩くことである。資料を求めて、土蔵や倉庫に入ることは当然であり、道路を歩く、山・川・田畑を見る、作物を観察するといったことである。このことについて筆者は、自らに言いきかせるように、「安藤正楽の調査と研究――足を使う人物史研究」と題し、「愛媛新聞」に二回に分けて連載したことがある（平成一三年一一月二四日・二五日、本書第三章二「地域文化史調査の軌跡」参照）。いずれにしても地元居住の山上氏とは、別の眼で地域を見聞することになる。

・私資料の重視

私達は村歩きをすると、まず第一に旧家をたずねる。ほとんどが、名主や戸長・村長をつとめた家であり、そこには、いわゆる名主文書がある。また、学校に行けば教育資料が残されていることも少なくない。さらに公民館や集会所では、共有文書を所蔵していることもある。そしてこれら資料により、地域の歴史の基本的な事柄を知ることができる。しかし同地域では、こうした公的文書の残存率はきわめて低い。正楽の嫡孫である安藤家の資料とても同様である。さらに経営文書もほとんどない。そのかわり、同家には膨大な私資料が残されている。軸装にされたり、特注箱に保存されているものもあるが、かなり多くは物置の中にあり、まずはそれらを外に出し、ほこりを払うことからはじめた。私資料といっても書簡・家譜・日記・備忘録・作品等々、さまざまである。しかしいずれにしても、この安藤家文書の目録を作成するのに、かなりの時間と労力を必要とした。とくに正楽の書簡類の整理は難行した。正楽は「手紙は著述だ(1)」として重要視していただけに、差出しのもの・受け取りのもの等々、相当の数量にのぼった。また安藤家以外の親族の家でも保存されている分の調査に当たった。親族、旧土居町時の教育委員会、有志の住民等々、一体となり、大勢の努力により「安藤正楽　私文書簡易目録」等の基礎データ作成を終えることができた。

私資料の重要性はここで述べるまでもないが、いずれにしても出来事の実情・心情の本音を知る強力な存在であるし、また生活面との関わりを解く絶好な材料となる。

・周辺資料の援用

この場合の周辺資料とは、安藤家およびその親族が所蔵するもの以外のものをさす。筆者自らが最も調査に力を入れたのは『海南新聞』であった。新聞記事は一般に予測記事が多く、また取材の条件・立場により限定される場合もあるが、それでも公文書不足を補うに余りあるものがある。また東京（主に東京大学新聞雑誌文庫）においても調査ができるために、現地調査以外の時に、充てることができる。

また、地域における近隣の家文書は多いとはいえないながら、それでもかなり援用できる。とくに入野の山中家文書（四国中央市土居文化会館所蔵）は強い味方となった。また時には現地調査先に資料を持参してくれる方々もあった。さらに地域にある石碑類、遺物類も極力、目を配るようにした。なお、明治法律学校関係資料は明治大学史資料センターで所蔵しているので利用規程に沿いつつも、できるだけ利用することにつとめた。

以上の手法や材料をもとに、新たな安藤正楽の生育・修学研究をめざしたわけである。

2　安藤正楽の成育環境

(1) 地域の概要

ここでは安藤正楽が生まれ、育った地域を紹介する。最初に自然環境を、次に幕末・明治初期の政治行政に論及する。その地は伊予国宇摩郡中村といった。通称「東予」と呼ぶ地域の一角にある。内務省により、慶応から明治四（一八七一）年ころを調査対象とした『旧高旧領取調帳』(2)によれば村高四九五・八六三石で、領主欄には高知藩預処とある。ちなみに隣接する藤原村は四八三・七六三石、同藩預処、小林村は五一七・八四六石、西条藩領分とあり、標準的な規模の村々が連なっている。またこうした支配関係から領地が錯綜していることもうかがえる。

その土地は「中村地誌考」(3)によれば、田四六町五反三畝一九歩、畑は四三町七反七畝六歩と田畑半々である。(4)問題は、その地質であるが、明治初年の『地理図誌稿』によれば、中村は「土地ハ瘠土ナレトモ諸作ノ産物有テ貢米ノ不足ヲ補フニ足ル」とある。さらに明治一七（一八八四）年の状況について、『宇摩郡誌』(5)には「大雨の時のみ水ありて平常は乾渇し灌漑の用を成さず」とし、水利の悪さを指摘している。

そのことは同村が市制・町村制により小富士村となったのちも同様であり、明治二六（一八九三）年七月二三日付の『海南新聞』は「宇摩郡西部各村農状」において、中村について、西部随一の旱害所、畑作の枯死、生活水の欠乏のほどを報じている。

事実、安藤正楽自身も「任堂翁夜話」(6)の中で、居住する小字根々見の田地について、溜水や湧水に頼っていたことを指摘している。

こうした状況は、地域の産業構造や階層構成にも多大な影響を与える。

(2) 地域産業の実態

『宇摩郡小富士村郷土誌』(7)では同村の農業史について、「農業本位の地域」であると記載している。それによれば天保以降に農家の副食物として甘蔗が栽培された、宝暦年間に讃岐地方より甘蔗が伝入され、天明から文化にかけてその作付段別は稍増した、文化五（一八〇八）年ころに製糖法が伝わり、作付が著しく増加し、農家の殖産が増加したとある。

実際前出『地理図誌稿』により、中村を見ると一二八〇〇斤（七三六円）にのぼる。同じく『宇摩郡誌』では明治一七（一八八四）年の中村の砂糖産額を三九〇〇〇斤としている。このことは隣村の藤原村なども同様の傾向であり、明治二四年一二月二二日付『海南新聞』は「小富士村の砂糖」と題し、とくに藤原は宇摩郡でも著名な製糖地であること、今年は品質良好であることを紹介している(8)。

ところが二年後の同紙の明治二六（一八九三）年一二月六日付では、「製糖砂糖の不良」の報道がなされている。さらに翌年六月二日付の同紙記事には「甘薯《ママ》苗の害虫」と題し、多く発生した害虫を毎夜、松明で駆除しているとある。用水不足による稲作を補い、多くの収益を得るための砂糖生産は好不調の波があることが分かる。この中村、のちの小富士村では畑地で甘蔗以外、綿・豆類・芋塊、藍葉などが栽培されている。『地理図誌稿』では、中村は綿三〇〇〇斤、芋塊三五〇〇〇貫、藍葉六〇〇貫とあるが、これとても作柄、収量に安定的とはいいがたかった。

また同地でも養蚕を重視するようになる。明治二二（一八八九）年九月八日付『海南新聞』では「宇摩郡養蚕製糸景況」と題し、技師を招くなどしたことによる長足の進歩の様子を報じ、さらに翌年四月二三日付「藤原養蚕試験所」では、三木達太・加藤隆太郎・三木掩らが同試験所を設置し、予期せぬ成果を上げているという。

いずれにしても用水や地質のハンディを畑作、それによる換金作物の栽培・生産で地域産業の発展を図ろうとする様子が、近世後期、とりわけ明治期になってから顕著に見うけられる。

(3)安藤家について

藤田昭造氏作成「19世紀末における愛媛県の地域構成——地誌と統計書の分析から——」によれば、愛媛県は地主制が発達していることを指摘している。そして、反当たり収量や商品作物が多く、いわゆる「近畿型」に属するとしている。さらに明治一七（一八八四）年時の宇摩郡農業者を分析すると小作者や土地売買が多いとも述べている。事実、同氏の各村「畝順帳」（明治一〇年）分析によれば、中村の場合、二一八戸中、一〇町以上の所有は一戸、三～五町二戸、二～三町四戸に対し、二反以下は一三五戸も存在する。(9) このことについて、さきの『宇摩郡誌』を見れば、明治一七年における中村の貧富割合は富者一分、貧者九分の割合であり、また近隣村落もほとんど同様である。

明治二三（一八九〇）年一一月一六日付『海南新聞』は「宇摩郡各村の近況（続）」と題した記事の中で、中村を含む小富士村の内、藤原について、富裕の者が多く、とくに三木馬五郎・三木信平・三木達太の名をあげている。この三木信平について、明治二〇年七月二四日付同紙では、「宇摩郡近況」の中で「名望家」としている。ただし、ことわっておくべきことは、同地域には、大地主と呼ばれる者はきわめて少なく、例えば明治二八年五月八日付『海南新聞』の「宇摩郡大地主」では、地価一万円以上は一四名としているが、中村の近隣では一名のみで三木家は含まれていない。

そのこともあるのか、同紙明治一三（一八八〇）年四月一六日付の記事「宇摩郡景況」では「民権の説は夢にも聞かず」とある。しかし、明治二一年一月一七日付同紙「政談演説会」によれば、同月一日から川之江で大日本振義会の、一日には下分村で蟹沢米二郎の演説会があったという。また同紙明治二二年九月二一日付の「末広重恭氏一行の模様」によれば、愛媛県出身の自由党幹部の同人が三島・川之江で政談演説会をし、党勢拡大を図り、さらに翌年六月四日付の同紙「又　宇摩郡の自由主義者」では小富士村中村眼寿院《けんじゅいん》で小西甚之助を招聘し、政談演説会を開催し、七〇〇有余名が参会、同地は改進党稍隆の地だが、盛会だったという。このような演説会に、さらには、政治運動に地域有力者が関わったことはいうまでもない。

こうした状況下、安藤家はどうか。『任堂翁夜話』の「清太様のこと」によれば正楽は父清太について、「親父はよく働いたね」と述べている。天保一四（一八四三）年一一月一一日、藤原の農家に生まれた彼は文久三（一八六三）年正月一〇日、安藤家に聟養子として入籍した。『宇摩郡小富士村郷土誌』によれば、第八大区第一四小区（明治一〇〈一八七七〉年一一月、小林・中村・藤原による）の戸長に就任したのは、明治一五年四月のことである。このころの同家は、田畑は六町七反を有し、村内七・八位に位置し、それ以外に山林を有していた(10)。

こうした同家の経営拡大には清太の義父竹蔵の努力を見逃すことはできない。そのことは、さきの『任堂翁夜話』において、同人が砂糖を売りに行くことを記した一文からも分かる。すなわち同家は、とくに竹蔵以降の甘蔗等商品作物の栽培と製糖により、経営を拡大させ、村内上位に上昇したわけである。なお、前出『土居町誌』には、清太は菜種油の製造も始めたとある。

3　在地・学習時代

(1) 幼年・寺子のころ

安藤正楽は慶応二（一八六六）年一一月一五日に、父清太と母クニ（天保一〇〔一八三九〕年九月八日生）の下に、次男として誕生した。名は岸蔵といった。長子恒太郎は同年七月一一日死去していたため、事実上は岸蔵が長子である。願いにより岸蔵を正楽と改名したのは、のちの明治一九（一八八六）年三月八日のことである[11]。『任堂翁夜話』によれば祖父竹蔵は、文字は全然知らなかったが、「秤目」は知っていたとある。それは数量計算であり、砂糖を売買する際、欠くことのできない知識であった。商品作物の栽培・取引により、数学知識が必要となったのである。

すでに述べたように、次の清太（正楽の父）は、戸長を勤めるほどであった。また同資料「宗旨」の項には、寺総代も勤めたとある。また母クニについて、『土居町誌』には、近隣の者が彼女自作の布織見本帳を借りに来たり、柳に梨接木を試みるなど「賢明で創意に富んだ人であった」とし、こうしたことが「父母の長所が濃厚に正楽に伝わったらしい」としている。そのことはともかく、こうした安藤家の知的動向からすれば、次代の正楽が幼少年時に知的関心を寄せることは十分にうなずける。

その場合の指導者、とくに学校教師の存在が気になる。『愛媛県教育史』第一巻[12]によれば、近世から明治期における宇摩郡の寺子屋・私塾は八四を数え、県内一四郡中三位である。同書によれば、郷村のほとんどが僧侶や神官によりなされていたという[13]。このように宇摩郡では盛んであった寺子屋について、『任堂翁夜話』は正楽の通学に関して、二ヶ所を記載している。最初は小林村の西山越之助のことである。彼は同村庄屋宅沢右衛門の孫に当たる。沢右衛門は一時江戸の湯島聖堂で学んだという。そして子の春風に中国書『芥子園』（『芥子園画伝』――筆者注）で絵の秘伝を教え、それはさらに子の小林に伝えられた。この小林はその技芸を川之江陣屋で役人に披露したこともある。ただし、この人物は慶応二（一八六六）年六月二四日に死去しているので、西山越之助はこの兄弟と思われる。いずれにしても正楽はここに八歳の時、入門、いろはを習った。

やがて、ここを退いた正楽は裏の寺子屋に通った。ここは二間で大町出身の良平という先生が開いた。寺子は一八名であった。ここでは村付、名頭、往来等を学び、庭訓往来の修得程度までいった。半紙を用いた読み書きが中心であり、最初から書がきを教えられた。教科書は師匠が書いてくれた。月謝は白米一升であった。

なお、そろばんは父・清太から教えられたという。この父は、「三木の医者（紀三さんの家）で習った」という。[14]

(2)愛媛県公学校就学

ところが「巡査がやかましく、一年ののち上の方の渡辺清宅《せい》」に移ったので、そこで習った。さらに別の所に引越したので、通学したがついに廃止になってしまった。これは次のような理由である。中村などを管轄する石鉄県は、明治五（一八七二）年八月の学制頒布後も私塾・家塾等は認可をしてきた。しかし愛媛県誕生後、教育行政の整備が進み、県内に小学校が設立されるなか、警察の力も利用し、寺子屋取締をはじめた。[15]すなわち愛媛県では、明治八年五月県庁内に学事課を設置して以後、積極的に教育行政施策を進めたのであり、学区取締による就学・学校普及の督励（明治九年二月）もその一環であった。それでも地域民は従来からの寺子屋に愛着を感じていたわけである。

同資料によれば、正楽はついに小学校に入学したという。その学校は豊郷校とある。『宇摩郡小富士村郷土誌』によれば学制による公立小学校は、この豊郷校（藤原）以外、松雲校（中村）、東雲校（小林）、方正校（根々見）である。正楽が入学すべきは方正校であるが、同校設立は明治九（一八七六）年のことである。[16]事実、『文部省第三年報』収載「愛媛県公立小学校」（明治八年）に、中村・小林・藤原分はない。『任堂翁夜話』にも小富士の小学校について、豊郷校（藤原、大野堂）、東雲校（小林、観音堂）、松雲校（中村、松屋の北側の納屋）とある。まだ方正校は設置されていない。だから正楽は近くの豊郷校に入学したのである。同校のことについて、同資料では、一三歳（明治一三年ころ）で藤原の学校（豊郷校）に入学、初めて片仮名、算用数字を習う。教員は八日市の本田玄雄といい、薬師院の子息で、父は京都で修学した人であるという。

それでも愛媛県の公教育施策は効を上げえず、明治一五（一八八二）年就学率は全国平均四八・五一パーセントに対し、三九・〇七パーセント、同一九年は四六・三三パーセントに対し、二九・〇一パーセントである。明治一三年四月一六日付『海南新聞』も宇摩郡内学校は「盛大を見す」としている。

とはいえ、正楽は地域にあっては家庭の経済状況（糖業、菜種業）や教育理解（祖父以来）に恵まれ、幼少時には父からのそろばん伝授以外に寺子屋教育を受け、さらには公教育（初等）にも浴する機会に恵まれたのである。

(3) 私塾入門

前記四校が合併するのは、明治二〇（一八八七）年四月、校名は小林簡易小学校（三年制）であった。しかし、このころには正楽は小学校を卒業していたのである。[17] また同地域に高等科が設置されるのは明治二五年一一月一日、中村晛寿院内の小富士高等小学校であり、正楽は確実に通学はしていない。

『任堂翁夜話』によれば、このころの漢学塾として、上柏の僧桑門と北野の尾﨑山人をあげている。この内、桑門は川之江に移ったという。この尾﨑山人、つまり尾﨑星山は小林出身の近藤篤山の子・南海の教えを受けた。そして星山の学塾三余学舎に入門したのが土居の合田福太郎である。

その合田に学問の師として以上に、生涯影響を受け、交流をしたのが正楽である。合田は愛媛県師範学校を卒業後、地元の教員となり、のち戸長、県会議員、そして衆議院議員を歴任した。この間、専修学校（現専修大学）・東京専門学校（現早稲田大学）の校外生となっている。また、かねてより教育に関心のあった小富士村の三木信平は元教員合田の力量を高く評価、土居村長に推挙した[18]。

なお、合田は明治二〇（一八八七）年七月二四日付『海南新聞』には「名望教員」として紹介されている。また翌年三月二〇日から二五日、川之江妙蓮寺で開催された愛媛県教育協会宇摩郡支会設立に参加、規則の編集などに当たっている[19]。また明治二四年三月二八日付同紙では土居に私立学校を設け、二〇名ほどに高等小学校程度の普通学を教えているとある。この私学では高等科レベルの普通教科を教授していたのである。

いずれにしても正楽は、この合田より尾崎星山譲りの漢学以外、地域にあっては高度でかつ新しい教育を受ける機会を得た。

このようにして見てくると、安藤正楽は近世から近代という教育の移行期の中で、新旧両方の教育、しかも初等のみならず中等レベルのそれを受け、地域・地方にあっては、大変恵まれた学問を習得したことになる。そのことは家族（とくに親）の学問教育への理解、地味・水利の不利克服のための新しい生業による収入といった事情や要件の存在は大きい。

当時、とくに地域・地方では、こうした修学を望む者は少なくなかったのであるが、家庭状況を考慮してあきらめる者もあれば、そうではなく苦境を打開すべく実行して挫折した者もあることからすれば、きわめて好条件のもとに学んだといえよう。

その後、正楽は知識を有することにより、村長三木信平の下で用掛を勤めた[20]。

4　明治法律学校での勉学

(1)上京・修学の熱気

江戸時代は建前とはいえ、やはり身分制度が厳然としてあったのが、明治の世になり、四民平等、学問の自由が公然となると、多くの青少年、とくに地方の彼らには大きな夢を与えた。例の『海南新聞』を翻いてみる。明治二〇（一八八七）年一〇月二五日付では「本県人書生の状繕」と題し、東京へ行き就学する者が多い（とくに士族の子弟）、年齢は一四・五歳から二三・四歳までであると記されている。翌年七月一日付の同紙は「官立学校各府県別統計」で、愛媛県は一一九名で四五府県一二位としている。また同年九月一一日付の「遊学生」という記事では、七月上旬より九月分の県内者のデータを掲載し、東京七、横浜一、岐阜一、京都一、大阪五とあり、やはり圧倒的に東京が多い。

前出の『宇摩郡小富士村郷土誌』は村内「高等教育」就学者を掲げている。東京帝国大学、岡山医学専門学校、熊本医学専門学校、京都高等工業学校、士官学校、明治法律学校、千葉医学専門学校とある。時には人名が記されており、明治法律学校には安藤正楽、千葉医学専門学校には弟の柳平とある。なお、同誌は市制・町村制による小富士村成立から大正元（一九一二）年ころまでの記事である。

一方、明治一九（一八八六）年一一月二九日付『海南新聞』は「宇摩郡人同郷会」と題し、二二日、東京外神田の福田家に同会が開催されたと報じている。また明治二一年五月二〇日付同紙によれば、「愛媛学生会」が存在したことが分かり、五月一二日には在東京生が向島福岡楼で第三回の集会をもち、専門学科生が演説をしたとある。明治二二年二月二三日付同紙は、この愛媛学生会は「予讃学生会」と改称したことや同月一七日、向島福岡楼で常会を開催したことを報じている。

(2)法学教育の普及

すでに紹介した明治二〇（一八八七）年一〇月一五日付『海南新聞』の「本県人書生の状況」には、愛媛県人遊学生のことについて、法律学を学ぶ者が多いとある。もっともこのことは愛媛県だけのことではなく、全国的な傾向であり、明治初年は、法学熱が全国青少年の中に一気に高まるのである。法学修得は日本の近代化のため、立身出世のため、修学費用の少なさのため、さらに資格取得という明確な目標等々のため、全国青少年の最大の魅力であった。明治二一年四月一四日付の『海南新聞』には愛媛法学協会仮規則が掲載されている。同会は在京愛媛県出身の学生が法学研究と親睦のために結成したものである。

同紙には、「予讃法学協会」の記事もあり、一月七日、神田美土代町自由亭にて法学討論会を行っている(21)。おそらく、同会も愛媛法学協会が分県により改称したものであろう。四月二七日付同紙では、同会は東京の法律学校生によるものであり、一四日には春季大会を開催、四〇有余が参加したとある。

一方、愛媛県内でも法学の教育研究は高まる傾向にあった。明治二一（一八八八）年二月九日付同紙によれば、松山には「松山講法会」が設置され、法学経済学の教授がなされている(22)。また明治二二年一一月三日付同紙の「植松、杉両氏」という記事では、中村の近隣・上分村の植松浅五郎は東京の明治法律学校を卒業し、帰郷、地方団結のために尽力するとある。さらに明治二六年二月二六日付同紙「法律研究会」という記事には、同じく明治法律学校卒業生近藤武夫ほか二名が、松山に同会設立で奔走中という。

このように、地域・地方でも法学知識の需要や要求は徐々に高まっており、その際、東京遊学者の帰郷後の活動は盛んに行われるようになったのである。

ところでこの東京の法律学校とはどこか。当時、東京には「五大法律学校」と称される法学校があった。前出の明治法律学校（現明治大学）のほか、英吉利法律学校（現中央大学）、専修学校（現専修大学）、和仏法律学校（現法政大学）、東京専門学校（現早稲田大学）である。これ以外に大学としてはただ一校の東京大学（のちに東京帝国大学）

で法学を教授していた。

明治法律学校は、明治一四（一八八一）年一月一七日、岸本辰雄（鳥取藩）、宮城浩蔵（天童藩）、矢代操（鯖江藩）という三名の若き法曹によって東京有楽町数寄屋橋の旧島原藩邸の一角に設立された。フランス法学に基づき、「権利自由」を設立趣旨に掲げた同校には、全国から多くの青年が殺到。ついに独立校舎を神田南甲賀町に建設するまでになった。入学希望者増加の理由は、何といっても司法試験の合格率の高さであることはいうまでもないが、自由民権・大同団結といった政治・社会的風潮によるためでもあった。しかし、同校は「権利自由」を標榜したことが政策と相容れないこと、あるいは民法典論争敗北に見られるようなフランス法からドイツ法への国策転換といったことにより、まさに「山あり谷あり」の状況下にあった。

(3)明治法律学校における修学

すでに見てきたような明治初年における遊学熱、とくに法律学への志向は全国青少年の心を踊らせることとなった。また各法律学校でも、あの手この手で彼らを誘った。すでに幾度も利用してきた『海南新聞』には、明治法律学校をはじめ、各学校の学生募集広告が始終掲載されている。すなわち、各学校は近代化・文明開化によって得た手段・道具というべき新聞・雑誌で全国津々浦々、学生の獲得に当たったのである。また各出版社も遊学案内書を盛んに刊行、全国の青少年を煽り立てた。

明治二三（一八九〇）年二月一四日付の『海南新聞』によれば、正楽は同日、中村の晛寿院で、発起人として町村制度や刑法・治罪法等に関する「学術研究会」開会式を開催するという。発会および開催が新聞発行と同じ日付であるから、開催されたのであろう。目下の会員は三〇余名。賛成者には師の合田福太郎もいた。正楽の胸中にも法学への興味と関心がますます高まっていたのである。

そして、親に相談をしなければならない。このことについて、『任堂翁夜話』の「東京行」の項によれば、親爺が許してくれないので、飛び出していくことにした。三木信平さんに相談したら賛成してくれ、出発の前の晩にこっそり、小遣いをもってきてくれたとある。前述のように三木信平とは小富士村長であり、正楽は以前、その下で働いていたことがある。

三木信平はいわゆる名望家であり、また一方、正楽の父・清太も戸長を歴任する実力者であり、ともに学問教育に理解があったから、この件はそれ以上、複雑にはならなかったであろう。それに三木家はこのころ年長の正楽に、東京遊学中の子息の面倒を依頼している。(23)なお、正楽は上京する明治二一（一八八八）年の五月五日、同一七年五月一日に結婚した妻クメ（同二年一月九日生）と離縁していた。

正楽の生活圏・伊予三島や土居まで鉄道が東進してくるのは、ずっと後年（大正期）のことである。(24)しかし、上京したい一心の正楽は上京を決行したのである。

明治法律学校「普通生原簿(25)」によれば、正楽の同校入学は明治二二（一八八九）年一〇月二一日である。保証人は三木孝信であるが、この人物がさきの信平の子息である。

このころの「私立明治法律学校規則」（明治二一年一二月(26)）によると、学科（第七条）には法律学部と行政学部があり、正楽は前者に入学した。修業年限（第八条）は三カ年で学期を前期（九〜一二月）・後期（三〜七月）としている。入学（第二十六条）は普通科目の試験、尋常中学校卒業者、もしくは入学試験及第者で男子一七歳以上とある。学費（第三十六条・第三十七条）は入校金一円、通学生学費一円である。ただし、第四十三条に普通生は毎月第一月曜日入校とある。(27)

開校当初と比べれば入学者も急増し、制度が整備されてきたとはいえ、この段階でも明治法律学校入学は難関ではなかったのである。ところが、同校の場合、卒業の確率は低い。正楽入学の明治二二（一八八九）年次は一一パーセントである。しかし、「普通生名簿」（明治二四年四月）[28]によれば、彼は一年ずつ確実に及第、三カ年間で首尾よく明治二五年七月に卒業をしている。その間の成績を見る。「成績原簿」[29]の「明治二十四年七月法律二学年科試験成績表」によると、民訴一〇〇、証拠七〇、取得八〇、財二六五、商法六〇、合点七九〇、及第者三〇人中一一位である。翌年の「明治二十五年七月法律科第三年試験成績表」では取得六五、行政九五、憲法九五、商法六〇、担保八〇、合点七九〇、及第者一一三人中一六位である。すでに述べたように厳しく激しい講義と試験を克服して生き残ってきたことからすれば、かなり勉学に励んだといってよい。

であるから、校誌『法政誌叢』第一二六号（明治二四年四月二八日）には寄稿論文「特定物ヲ授与スルノ合意ノ効力ヲ論ス」が掲載されたほどである。「三外居士　安藤正楽」名で書かれた同論文は講師井上法律博士の試問に答える形をとったものである。

今日、安藤家には、同校学生時代の勉学のあとを証する次の教材が残されている。簡単に列記する。「證（卒業証書）」一、「定期試験及第之証」二、『増補宗教進化論』（有賀長雄）一、『帝国憲法論』（前同）一、『国際講法講義』（パテルノストロ）一、「パテルノストロ先生草翰」一、「安達峯一郎氏草翰」一。

むろん、同家には、卒業以降の明治大学関係資料（手紙・葉書・校誌）も残されている。同校学生時代の正楽は校舎内の寮には入らず、下宿をした。父・清太からの書簡によれば明治二〇（一八八七）年一〇月一八日付のものも同二四年一〇月一八日付のものも「神田区猿楽町七　井上広吉方」とある。[30]同地居住の理由は学校に近いことやすぐ近くの一四番地（現東京都千代田区神田神保町一丁目）に三木孝信が住んでいたためであろう。学友阿部漸《すすむ》からの書簡[31]の明治二五年四月三〇日付のものと同七月三〇日付のものによれば「本郷区真砂町三七　河合十三方」となっている。神田川をはさんで北側に当たり、従来よりはやや遠いが、徒歩通学は十分可能である。

正楽の学友にはさきの阿部漸のほか、小片熊五郎、織田了がいる。そして学友らと記念写真におさまることもあった。

しかし在学中、正楽に最も影響を与えたのは、イタリア人教師のパテルノストロである。制作時期は不明ながら、現在、安藤亮一家には正楽によるパテルノストロ像（石膏）が残されているし、在学時と思われる「パテルノストロ先生草翰」と題した法律に関する文書も所蔵されている。パテルノストロは、いわゆる「御雇い外国人」として、立法事業のため、明治二一（一八八八）年一月来日した。明治法律学校に深く関与したボワソナードと親交があり、同年三月には同校講師を勤めた[32]。このパテルノストロは国際法等を講義したのであるが、上記「パテルノストロ先生草翰」（書翰というより、質問への回答のようなもの）には、法律論以外、統計、人口、犯罪、国家、宗教など多分野に及んでいる。このことは、法律学一途な正楽に大きな影響を与えたことを示すと思われる。

パテルノストロの講義を通訳したのは、司法省法学校生の安達峰一郎である。この安達を登用したのは、同郷山形県出身の明治法律学校創立者・宮城浩蔵である。安達の業績の詳細は、紙数の関係で割愛するが、いずれにしても彼は明治二二（一八八九）年二月頃、同校通訳、同二五年九月に講師となった。なお、安達は『法学協会雑誌』、『法政誌叢』、『明法誌叢』等々に翻訳紹介をしているが、パテルノストロのものが一七点と圧倒的に多い。それ以外にボワソナード（四点）、ルヴィリョー、ルヴォン（各一）のものがあり、さらに自らの論考も一五点、発表している。安達の専門とするところは国際法であり、のちに国際司法裁判所等、国際舞台で活躍することは、あまりにも著名である。

現在安藤亮一家や国会図書館には、この安達と正楽のやりとりを示す書簡が残されている。昭和五（一九三〇）年六月六日付のもののように、正楽は安達に対して「若し伊多利にてパテル恩師の墳墓の写真でも御手ニ入れハ御恵送被下度」という要望をしたためたものもあるが、多くは世界平和・人類幸福のための尽瘁を願うものである。また安藤家には「安達峯一郎氏草翰」が残されている。これも書簡というより、質問書のごときものである。同文書はおそらくすでに述べたパテルノストロの回答と対のものであろう。もし、この文書が正楽の質問によるものとすれば、彼の明治法律学校における修学が法律そのものよりも国際社会・人類社会・国家へと傾いてきたことを表している。しかし、そこまで断言できなくとも、正楽は、そうした関心と視野、あるいはその専門性を有するパテルノストロや安達を知ることにより、大きく思考に変容をきたしたことは確かである。その後、パテルノストロは明治二五（一八九二）年一二月、イタリアに帰国する。

巖谷孫蔵について紹介したい。彼は慶応三（一八六七）年八月に肥前武雄に佐賀藩士巖谷竜一の次男として生まれ、東京外国語学校卒業後、ドイツに留学し、法律学を修得、明治二四（一八九一）年に帰国した(33)。明治法律学校「教員姓名外資格書」（明治二五年二月二日調）(34)には、任用年月日が「明治二四年三月二八日」とある。ただし、そこにはすでにパテルノストロの名はない。『明治大学史』(35)によれば、任用は同年九月とあるが、やはり両資料ともに不安定な記載の仕方・内容である。また、明治二四年四月一二日発行の校誌『法政誌叢』第一二五号によれば、「這般本校々師を承諾せられ民事訴訟法を担当する」とある。正確な就任時期は不明であるが、正楽は、この洋行帰りの明治法律学校教師に私淑した。しかし、「教員姓名資格書」(36)（明治二六年一二月現在調）には、巖谷の名はない。実は京都の第三高等中学校に転任したのである。正楽は明治二五年七月には卒業していたのであり、巖谷に随って京都に転住した。今日、安藤家に残る合田福太郎からの書簡(37)によれば正楽の住所は「京都市上京区岡崎町一一七　栄摂院」とある。また同地は巖谷の居住地でもある。問題はなぜ同行したのかということであるが、巖谷や合田との書簡から、巖谷の出版活動が主たるものである。

こうした状況からすると、正楽の関心は国際問題・人類平和論・人生幸福論へと傾斜している。かつて校誌に法解釈論を寄稿した一件からうかがえるような司法試験を突破し、司法界で活動するといった方向にはなかったといってよい。もし、あったとするならば、正楽は卒業者の多くが選んだ母校・明治法律学校の部長（生徒指導係）をしつつ、司法試験の勉強に励んだはずである。

このような正楽の進路を規定したのは、パテルノストロ、安達峰一郎、巌谷孫蔵との出会いが多大であることはすでに述べたが、間接的条件として、明治法律学校の存在も全くは無視できない。前述したように同校はフランス法に基づく法律学校であり、「権利自由」を設立趣旨とし、自由民権的風潮を色濃く有していた。そして正楽が入学したころは、自由民権運動の一環である大同団結が叫ばれたころでもある。同校には、相変わらず自由民権にあこがれる青少年も集合した。また市制・町村制の施行、憲法の発布、裁判所構成法の公布、府県制・郡制の公布が相次ぎ、また民法典論争が白熱化した。さらには特別認可校規則による私立法律学校の国家管理とそれに対し独自性を強調し、時には対峙することもある私立学校でもあった。単に法律だけではなく、政治の学校の側面も持っていたのである。つまりこうした設立趣旨、大同団結運動、官民との対決等々、就学学校や国家・社会が正楽を変節させたともいえよう。

明治二七（一八九四）年、正楽は母の病気治療のため、帰郷する。その後、正楽は郡会議員や県会議員を歴任、政治の世界に入る。しかし政界は早々と去り、国際関係史、つまりロシア南下史や日本外交史に興味を持つ。

近世から近代へと移行する過程で、新旧の基礎的な学問を修得した正楽は、周囲の上京・遊学の熱気の中、新しい学問としての法律学にあこがれ、決行をする。そして明治法律学校に入学、法律学の勉学にいそしむのであるが、教員の指導や、学校の校風・方針、あるいは政治・社会風潮に強く影響され、司法試験よりも国際社会・人類・非官製といったものへと関心を寄せた。明治法律学校在学は、彼にとって人生の大きな節目となった。

5　知友・山中徳寿

(1) 入野村

入野村は、これまで対象とした中村・藤原村・小林村とさほど遠くはない。そしてこれらの村と比べれば、公文書にはやや恵まれている。それは『山中家文書目録』(38)が作成されているからである。ということは、同家文書が存在するわけであり、現在は四国中央市（以前は土居町）の管理となっている。残念ながら同家の建物は入野には残されていないし、直接の子孫も同地には在住していない。しかし目録に掲載されている四九一点は研究上、強力である。内訳は以下の通りである。

一般行政（元禄八〜明治二二）一九一、貢租（明治八〜明治一八）七五、争論（元禄六〜万延元）六六、文化（宝暦元〜大正年間）七七、絵画・地図（寛政元〜明治一八）三八、山中家（文政六〜明治三五）二六、追加（天保七〜大正七）一八

『旧高旧領取調帳』によれば、同村の近世における支配関係は、西条藩領分で、村高は三〇六・二五一石とある。小村の部類である。

中村と同様に、明治のごく初期の『地理図誌稿　伊予国宇摩郡第一九区』を見ると、入野村は「瘠湿ナレトモ雑穀ノ外甘薯芋塊ノ類ヲ産ス」とある。その後の『宇摩郡誌』掲載の明治一七（一八八四）年調査では「耕地平坦にして村内藪多し、坤位に浦山川を帯び又薄原あり」とある。さらに同年における同村について、戸数一〇一、人員四四九、物産の砂糖七〇〇〇斤・半紙一八〇〇束・傘七二〇本・瓦三六〇〇枚とある。

階層構成は、『山中家文書目録』解説に、安政六（一八五九）年『惣改帳』によるものが掲載されている。

庄屋一、組頭二、本百姓九、小百姓二八、水呑二一、医師二、鍛冶一、医王寺一、観音堂一、社人一、山伏一、家来二、小走一

明治期になっても同様の傾向であり、前出『宇摩郡誌』の明治一七（一八八四）年データでは、「富者二分、貧者八分」としている。こうした傾向は、さきの中村・藤原村とさほど変わらず、地形・地質は良条件とはいいがたく、したがって水論も少なくない。稲作では不十分であり、かなりを商品作物の栽培や副業に依存せざるを得ない。したがってこうした地域にある傾向として村内の階層分解が厳しく、地主小作関係が貫徹している。

山中家文書によれば同村の庄屋は宝永八（一七一一）年正月十七日付の、讃州からの「宗旨手形」の宛名「入野村庄屋嘉兵衛」が初出である。この山中家の場合は代々、与一右衛門を襲名し、明治期で入野村庄屋を世襲する。同家第一〇代以後の当主を列記すると、以下の通りである。

第一〇代　貞候（時風）　寛政　八年　九月　六日（没年齢五九）
第一一代　貞風（文昭）　文政　九年　五月一三日（没年齢六三）
第一二代　貞利　　　　　嘉永　六年　四月一五日（没年齢六五）
第一三代　蕃芳　　　　　明治一三年　九月二六日（没年齢六六）
第一四代　好夫　　　　　大正一一年一一月一五日（没年齢七一）
第一五代　徳寿　　　　　明治三三年　九月　一日（没年齢三三）
第一六代　義貞　　　　　昭和六一年　二月　二日（没年齢九〇）

同家のことを研究したのは、山上次郎氏であり、『一茶と山中家の人々』(39)としてまとめられている。同書は表題の通り、小林一茶と同家との関わりに力点が置かれているが、それでも同家代々の歴史のことも詳しい。ただし山中家について、公共心があり、慈悲あふれる地主とか問題のない村庄屋、理想的な家系といった類の表現は地域における歴史研究上、課題を残している。だがやはり精力的な資料調査、それによる地域人物の発掘を評価しなければならない。

その同氏の研究や山中家文書実見をもとに、近世後期から近代における同家について、要約すると、次の三点があげられる。

・村政や農業経営の傍ら、俳諧や剣術にも打ち込むようになった。時には一茶が逗留することもあった。同家（「暁雨館」）の繁栄のほどが読みとれる。もっともこれにより一時は家産が傾きかけ、本務に邁進せねばならないこともあった。

・やがて幕末維新期のころ、地域の水利事情や地味の関係から米作以外に注目をした。つまり櫨や薪の販売・質屋業務等々、事業を拡大する。これにより土地を集積し、地主経営は飛躍した。寄生地主としての道をたどったわけである。

・戸長をつとめていた同家は、やがて第一回県会議員選挙で当選、県政に影響を与えた。さらに一層近代化の波に乗り、物産会社、銀行、汽船会社、水力発電会社等々の創立・経営への参画、実業界への進出を図る。一方、公会堂や学校の建設など公共事業にも尽力した。(40)

(2)青年の関心・興味

以上の三点にまとめた山中家略史はおもに前出系譜の内、第一四代好夫までである。ここでは次代徳寿を取りあげる。同人は表題に「明治二十三年九月十四日　雑用記録帖」と記した帖簿を残している。当時二一歳の青年がひたすら書き続けた、その横帳をどうにか解読し、整理をしてみると大体、次のような項目に区分できよう。

・著名人の名前と職業・肩書（二七三項目・五七九名）

・書籍名と発行所

これに本節の論究上、明治法律学校の関係者を加える。

この結果、知り得たことについて、上記著名人肩書からまとめてみると、次の三点にしぼられる。
・政治家、軍人、法曹、学者へのあこがれ
・階級・階位・肩書への関心（職業欄には大臣名・軍隊階級・華族階位のほかに、爵位、勲位、会社役職等々も記されている。中には水戸家老や、江戸町奉行の名もある）
・外国人への興味（外国人、とくに欧米を中心に多くの人名と肩書などが多く列記されている）
以上のことから、明治前期における青年の職業的な関心がどこにあったのか、知り得る。それは政治家、軍人、法曹、学者であり、その中での高い地位にあこがれたのであり、このことは当時の立身出世観に大きく影響されている。また外国人への興味は近代の夜明けを如実に示すものである。

次の検討項目である、書き上げられている書物の内訳・傾向を追ってみる。書籍の書付けはさきの著名人と区別して記してない場合が多々あり、また、書冊ごとの書き方に統一性がないこともあるが、簡潔に一覧化したのが、後掲・資料1の記載書籍である。ここから、次の三点を知り得る。
・さまざまな種類の書物への関心——七〇点の内、専門書、辞典、案内書、教科書、講義録、実用書等が含まれている。また洋書関係のものも目立つ。
・とくに目立つ政治法律関係——やはり、上記の職業上の関心と関係すると思われる。また経済関係のものも目に付く。
・ほとんどが東京の出版社刊行のもの——遷都や文明開化の風潮により、出版の中心がすでに早くも東京に集中していることがわかる。
以上のことから、地域青年は、前代よりはるかに手に入れやすくなった書籍について、あらゆるものに興味をもつようになったこと、とくに自らあこがれる職業に関するものに関心をもったことが分かる。またそれを供給するのは文明開化の中核である東京の出版社であった。

次に明治法律学校の関係者を抽出してみる。それは実に三二名の多数にのぼっている。主には教員であるが、創立者の指導者、母校経営に関わりのある卒業生も見受けられる。そして、そのほとんどは法曹、政治家である。

同文書は、二点だけ、著名人と書籍関係以外のものが記されている。外国のブランデーと菓子のことである。やはり西洋文明への関心は高かったのであろう。

(3)勉学の実態

山中徳寿は、すでに紹介した「雑用記録帖」とともに「明治二十三年九月十四日　日記帳」と題するものを付けていた。表題には日記とあり、日々の記録であるが、そのほとんどは勉強に関するものであるので、ここでは、勉強状況、勉学以外のことの二点に分けて、簡潔にまとめることとする。

ア　勉学のこと

・勉強は読書を中心になされており、大体は書名の下に「閲」と「調」を付している。前者は概覧程度であり、後者は精読と使い分けたと思われる。しかしいずれにしても午前・午後・夜と分けて記されており、かなりの勉強量である。このことは、すでに紹介したような山中家の経済事情に基づくものである。

・とくに読書では法律関係のものが多い。やはり、さきの著名人書上げや書籍書上げからも知り得たように、とりわけ政治・司法への関心を示している。

・徳寿は東京遊学を望んでいるが、父はそのことに消極的である。それは前代に生きてきた地域や家中心の人生観によるものであるが、直接的には兄弟中、男児は徳寿一人であること、しかも彼は身体が強くはなかった（日記にも寝込む様子が時々、見うけられる）ためであろう。

・彼は周囲との交友にもつとめている。遊学中の安藤正楽はその対象であり、とくに安藤正楽が遊学中の明治法律学校には関心をよせており、同校の講法会や新法註釈会といった校外生教育に関する記事もある。また同校に在学する金井栗太郎・西切益二郎・清宮次郎との交流を示す記事も登場する。

イ　勉学以外のこと

・同記録には家業、村の仕事、親戚付き合い等々のことも含まれている。名望家の嗣子として家内外に関するさまざまな指導を受けていたわけである。それだけに上京・遊学を熱望する地域青年の葛藤のほどがうかがえる。

・とはいえ、同記録からも分かるように父は家経営の中心であるだけではなく地方の政財界では有力者であり、若き徳寿にとってもあまりにも大きな存在であった。徳寿は夢と現実の間でもがいていたのである。

徳寿はどうしたのだろうか、気になる。ところで、安藤家所蔵書簡には、「愛媛県宇摩郡土居村　山中徳寿」から「東京神田区三崎町壱丁目壱番地独逸文学館　安藤正楽君」への郵便葉書が一通、残されている。残念ながら消印の「九月二十五日」（伊予）、「九月二十八日」（東京）は読み取れるが、年号が不可能である。正楽が同地に居住した時期も不明である。徳寿の葉書の文面は次のようである。

拝呈陳レバ貴兄御無異御着京之由奉欣賀候迂生モ尓後漸々快気ニ向ヒ最早今日ニテハ書閲且歩行等エ致居候間御安心可被下候扨小生モ愈心ヲ決シ退校致候ニ付テハ今般退学届差出度得候共手許ニ規則書無之大ニ困リ居候条貴兄何卒御手数ナカラ該書御送部ヲ奉希望候但シ郵税ハ上京之節支払可申候余ハ後日ニ訪ル

前掲・山上次郎『一茶と山中家の人々』によれば、「徳寿の葉書によると彼は明治二十六年には法律学校に入ったのであろう」とある。

しかし、徳寿は明治三二（一八九九）年九月二日、夭逝してしまった。

資料1　記載書籍　明治二十三年九月十四日「雑用記録帖」

著者等	書名	発行所
島田豊増補纂訳	和訳英字彙	東京大倉書店
天野為之　前橋孝義	日本歴史	東京富山房書店
田中矢徳	高等算術教科書	東京共益商社書店
	報知	仝上
渋江保	ミルトン論註釈	仝上
越川文之助訳・マコーレー原書	フレデリツキ大王論	
デイクソン	ワレン　スチングス論註釈	
齊藤恒太郎述　マコーレー原書	克来貌伝註釈	
ゼーエムデイクソン述	ゴールドスミツス　ゼヴイカルオス　ウェトリフヒールド註釈	
有賀長雄	国家学	
仝	行政学	
合川正直	政治学	
仝	徳義憲法論	
嵯我根不二郎	財政学	
竹内直春	帝国租税法	東京牧野書房
服部元彦	雅俗　日本小辞典	東京私立国語伝習所
	受験必用　化学問答　百題	東京顯才新誌社
	日本支那万国　地理問答千題	同上
渡辺省亭	花鳥図譜　日本模様鑑	東京大倉書店
樋山広業	民事訴訟法釈義	東京明法堂
井上操	民法詳解　財産篇	
	錦の霞	東京文林閣
宮城浩蔵　宇川盛三郎	警察監獄学精義	東京明法堂
福田久松	経済要論	東京博聞社
島田豊訳　スウイントン	英文典独案内	東京大倉書店
ヘンリーヂーボン編輯　経済雑誌社訳	泰西政事類典	
経済雑誌社編輯　川上広樹	日本社会事彙	東京経済雑誌社
阪高芳康　青木純蔵　小此木信六郎	日本薬局方備老	東京朝香屋書店
中島広蔵	町村市制全書	東京明法堂
村山任情居士	存娼実際論	東京警醒書院
	美術園	東京天秀社
磯部弥郎訳補	麻氏弥乖頓論講義	神田三省堂
ベマイエツト	農業保険論	神田荷本書籍会社
徳野嘉七	日本酒改良実業問答	東京須原茂兵衛（ママ）
野上紫海編纂	神州正気筑紫熱血	銀座国文社・丸善商社
宮岡恒次郎	会社法	東京日本書籍会社
穂積陳重	法典論	東京博聞社
マクレオツト原著　金谷昭訳	哲理銀行論	東京経済雑誌社
サンガー著　土屋柳平訳	万国娼妓沿革	東京輿論社
内閣官報局編輯	官報鈔存通商報告	東京博聞社
岡村金太郎	植物学教科書	
天野為之　中川小十郎訳述	実用経済学	博聞社

エドウヰンサーアノルド著　木村亮吉訳	亜細亜廼光	東京松井忠兵衛
田原達也纂著	薬舎輯彙	丸善商社
北村三郎	日耳曼史	東京博聞館
佐藤定介　畠山健	普通国文	東京吉川半七
天野為之	銀行論	東京博文館
	文官受験学科　講義録	東京文官受験予修学会
山本辰三	宗教談	京都都屋書店
	大学法科課程略表	
藤田静・乗竹孝太郎分訳	銀行論	東京経済雑誌社
田中登作編輯	教育家必読	東京通信講学会
	経済統計	東京磯部太郎兵衛
ブラックストン講解　石川　訳	大英律	東京勝島万助
林茂淳	早書取ノ仕方	興文社
	利国新誌	東京牧野書房
前橋孝義訳	弥児氏代議政休	東京開新堂
菊池大麓	初等幾何学教科書	
高松豊吉	化学教科書	
物集高見	日本文明史略	
外山正一　チヤンブトン著述	正則文部省英語読本	東京大日本図書会社
岩城玉山	楷書結体要訳	玉山学館
佐々木信綱	日本婦女用文	東京博文館
木村駿吉講述	物理学現今之進歩	東京内田芳兵衛
岡田良平編述	中等教育倫理学教科書	東京内田芳兵衛
井上円了	仏教活論本論・顕正活論	東京哲学書院
	教育時論	東京開発社
子安駿　柴田昌吉	英和字焜　英和辞林	
中村国太郎訳	英和対訳　デスク辞書	東京大倉商店

おわりに

本節では、近代日本における文化人基層や実像を描き出そうという、大きなテーマを掲げ、安藤正楽という文化人を対象に近世後期から明治中期までを追ってみた。それは彼の幼少期から青年期までに当たり、人間としての基礎・基盤といったものが形成される時期でもある。とくにいかに育まれ、いかに教育されたのかという被教育の実態を周辺の自然環境、政治社会状況、地域事情、家庭、友人のことを視野に考察しようとした。

また、そのために今まで人物の調査研究をして知り得た方法や結果も援用することにもつとめたが、その内、とくに今回は地域環境を把握するために「足」を使うこと、実態を把握するために私文書を多用すること、不明な部分を解明するために文書以外のもの、あるいは他家文書等、周辺資料の利用につとめた。それにより知り得たことは、以下の通りである。

・正楽の生まれた伊予国宇摩郡中村およびその周辺は支配関係が単一ではなく錯綜している。そのために藩学・郷学といった教育行政力は弱かった。しかし、それだけに寺子屋・私塾は一定の発達を見せた。

・地形や地質は必ずしも恵まれた方ではなく、とくに水利に苦慮をした。そのため稲作だけでは不十分であり、近世後期から商品作物の栽培およびその加工等が盛んとなる。それは不良の時もあるが、高収入を得ることもあった。ただし、このことはまた一方、地域に貧富の格差を生むことになった。

・こうした中、安藤家は農務に尽力、さらに砂糖や菜種の栽培・販売により、村内で上位の地位を得るようになった。また父の文化への理解、母親の進取的気質もあり、寺子屋・小学校、つまり新旧双方の初等教育を受けることに恵まれた。また村では教育に力を入れるとともに近隣の師範出の元小学校長（村長）は中等レベルの私塾的学舎を開設した。正楽もその者の指導を受けた。

・さらに明治前期の全国に拡大した新しい思想・自由民権の風潮はやがて、正楽の周辺にも広がった。また全国的な上京・遊学の熱気も迫ってきた。とくに、法律熱はますますヒート・アップ、正楽も地域に法律の研究会を設立するだけでは満足できなくなり、上京した。

・入学した明治法律学校では法曹をめざし、勉学に励んだ。成績も上位にあり、彼の法律解釈の論文は校誌に掲載されるほどであった。そして低い進級率・卒業率の中、順調に卒業を迎えた。

・だが、彼は在学中、司法試験突破以外のことに関心を持つ。それは教師パテルノストロ、通訳安達峰一郎、教師巌谷孫蔵と知り合い、私淑した時からである。彼らの国際法、洋行帰りの法律論を知ることにより、国際社会、人類の平和、人生の幸福といったことに興味を寄せる。

・こうしたことを助長したのが、明治法律学校の存在である。フランス法に基づき、「権利自由」を建学精神とする同校は「山あり谷あり」の状況にありながらも、全体としては拡大増大の傾向にあった。正楽はそのまっただ中で学生生活を過したのであり、一定の影響を受けたと思われる。このことが、やがて正楽が愛媛に帰郷、政界に進出、すなわち郡会や県会に打って出る要因となったのである。この議員生活は短かったのであるが、それでも修得した法律学は役に立ったのであろう。

・正楽のような地域青少年の関心や興味については、近隣入野村の山中徳寿の残した資料から知りうる。入野村は、正楽の居住した中村の事情と大差はなく、また山中家も同様に村内上位にあった。明治二三（一八九〇）年時・二一歳の徳寿は、政治家・軍人・法曹・学者等に強いあこがれをもっていた。また外国人にも多大な関心を寄せていた。そしてその関係のものを中心に、あらゆる書物に興味を持った。

・また徳寿は日々、とくに法律・経済の関係書を中心によく勉強した。上京して、自己実現をしたかったのである。

・とくに安藤正楽ら東京の明治法律学校の入学者と連絡をとり合うものの、遊学に消極的な父親を前に思い悩む。だが、ついに上京を決意する。実際、彼の人名書上げには明治法律学校関係者が多数記され、また同校に関する記事も日記に時折、見うけられる。

明治の世、すなわち近代を迎えた青年たちには、夢と希望が待っていた。努力すればするほど、バラ色に満ちた道があった。ところが悪夢と挫折も構えていた。当初の意図とは違う道、行き止まりになってしまう道もあった。そしてそれにより「正」も「負」も自らが背負う、あるいは背負わされる時代が始まったのである。それが近代であった。

注

（1）安藤亮一家文書「父が語る」。

（2）日本史料選書、中国・四国編、木村礎、近藤出版社、昭和五三年六月。

（3）『土居町誌』、土居町、昭和五九年二月。同村は幕領であったこともある。

(4) 『土居町誌』「藤原地誌考」では田四三町五反一五畝、畑六九町三反七畝八歩とある。
(5) 同郡役所。
(6) 中村、安藤亮一家所蔵。
(7) 小富士村役場、作成時期不明。
(8) 『訂正地誌概要　伊予国』(明治五年〜)によれば、宇摩郡の砂糖歳額は二三〇〇〇円とある。
(9) 藤田昭造「明治前期における愛媛県の経済」『明治大学史紀要』第十一号、明治大学、平成一九年三月。なお「19世紀末における愛媛県の地域構成——地誌と統計書の分析から——」は共同研究の安藤正楽研究会における同氏発表レジュメによるものである(同氏許可)。
(10) 同右。
(11) 以上、安藤亮一家所蔵『家譜』。
(12) 愛媛県教育史編集室、愛媛県教育センター、昭和四六年三月。
(13) 愛媛県の成立は明治六年二月であり、石鉄県と神山県(もと宇和島県)の合併による。
(14) そろばんだけなのか、読み書きも含めて習ったのかは不明である。
(15) 前出『愛媛県教育史』第一巻。
(16) 前出『土居町誌』。
(17) やがて明治二三年一〇月一〇日、小学校令により、小富士尋常小学校(四年制)となる。
(18) 以上は、前出『土居町誌』、『海南新聞』明治二三年一一月一六日付。
(19) 『海南新聞』明治二一年三月二九日付。
(20) 前出『任堂翁夜話』。
(21) 明治二二年二月二日付。
(22) 明治二一年二月二一日付、三月二八日付等にも松山講法会の記事がある。
(23) 中村、安藤亮一家所蔵、三木長五郎書簡(明治二二・一二・八)。
(24) 日本国有鉄道の開通は、川之江駅大正五年、伊予三島駅同六年、土居駅同八年である。

(25) 明治大学図書館所蔵、明治二三年五月。
(26) 明治大学史資料センター所蔵。
(27) 普通生で入学試験及第者は認可生となる。明治二一年八月一六日交付の特別監督条規により特別認可校となったためである。
(28) 明治大学図書館所蔵。
(29) 前同所蔵。
(30) 中村、安藤亮一家所蔵。
(31) 前同所蔵。
(32) 以上、おもに『お雇い外国人』11、政治・法制、梅溪昇、鹿島研究所出版会、昭和四六年一二月。
(33) 『日本人名辞典』第一巻、平凡社、昭和一二年五月。
(34) 『明治大学百年史』第一巻、明治大学、昭和六一年三月。
(35) 明治法律学校、明治三四年六月。
(36) 前同『明治大学百年史』。
(37) 明治二五年一一月一二日付、同二六年四月二二日付。
(38) 土居町教育委員会、昭和五七年八月。
(39) 青葉図書、昭和六二年一〇月。
(40) 『海南新聞』によれば「宇摩郡の大地主」と題し、地価一万円以上を一四名あげており、山中家も含まれている。

三　地域から東京、そしてアメリカへの修学――三木武夫を中心に――

はじめに

昭和五五（一九八〇）年五月二六日、明治大学は都内帝国ホテルにおいて創立百周年記念講演会を開催した。その席上、三木武夫（以下、「三木」）は「私学の精神」と題し、一大演説を行った。すなわち明治時代の私学創設について、その出身者が「多様で自由な活動によって、活力ある民主社会を建設するのに役立とうとした」と高評するとともに、これからは「すべての学校に自由の原則に基づく、独自な学問と教育をおこす」ことの必要を説いた。さらにそうした「民主社会発展の基本的なエネルギーは民衆の活力です。下からの力です」と力説した。そして最後に「社会は、常に激しく動いており、新しい教育、そして学問を求めています。[1]」と指摘した。

この講演で三木は「自由」、「民衆・下から」、「新しさ」を強調しているのである。本節では、三木がこうしたことを意識し、やがて職業観・人生訓とした過程の一端を追うこととする。そのためには、生まれ育った地域の環境や家庭の状況、児童・生徒としての小学校時代や中等学校時代、さらには上京後の大学の学生生活といった、言わば修学時代の実態を捉えることとする。

近年「国際化」、「グローバル化」が提唱されていることは衆知の事実である。そのことは教育の世界でも例外ではない。三木の出身の明治大学においても創立一三〇周年記念に際し、「世界へ」をスローガンとした。三木は前記講演の「新しさ」への期待の部分で、他大学の具体事例をあげて国際教育交流を提起している。それはまぎれもなく後述する自身の大学生の時の海外旅行・留学経験を基点としているのである。三木のそうした経験と主張を今日、どのように生かすべきかということも、本稿の目的に含まれている。

とはいえ、三木の修学に関する資料の残存状況は良好ではない。最も期待したい三木家からの明治大学移管資料には数点が含まれているだけである。また出身地・徳島県阿波市土成町土成の資料館・図書館・支所、あるいは徳島市の県立文書館の所蔵資料中、三木関係のものはごくわずか、もしくは皆無といった状態である。また地域の学校関係の資料は出身の御所小学校、中途退学した徳島商業高等学校（当時は徳島県立商業学校）、あるいは卒業した尼崎北高等学校（当時は中外商業学校）にあっても当時の学校資料は全く存在していない。したがって期待できるのは徳島県下の新聞雑誌資料であった。幸い徳島新聞社では資料室を設け、創業以来の新聞の収集に努めており、閲覧に便を図っていただいた。もっともこの時期の三木自体の記事が少ないことはやむをえないが、それでも有効な資料を得た。また現地調査では可能な限り聞き取りをしたり（三木の修学時を直接知る人には出会わなかった）、どのような資料でも収集に努めた。それにより徳島市の長尾啓太郎家では、同家や三木の直接資料を多数拝見できた（実は同家のことを知ったのは、以前、筆者と御子息の英知氏が明治大学において偶然出会ったことが契機である）。むろん明治大学史資料センターには多量ではないにしても、この時期（とくに大学在学時）の貴重な資料が保存されている。

このように全体として、資料の上では修学期の三木については恵まれていないのであるが、のちに著名な政治家となったために、伝記類はいくつか残されている。また自治体史書『土成町史』等でも特別な人物として扱われている。これらの刊行書の記載全部を鵜呑みにすることはできないにしても、大いに参考となる。

そうした状況ではあるが、以下、資料2の三木武夫修学関係略年譜をもとに、次の項目を一応の目安として、三木の人間形成の状況を解明したい。

・生まれ育った地域や家庭について
・地域における修学事情について
・明治大学における学生生活について

その際、資料3の三木武夫修学時代政治経済文化関係略年表をも念頭に論ずる。

資料2　三木武夫修学時代関係略年譜

明治四〇（一九〇七）年　三月　徳島県板野郡御所村吉田字芝生出生（一七日）
大正　二（一九一三）年　四月　御所村立尋常高等小学校入学
　　九（一九二〇）年　四月　徳島県立徳島商業学校入学
　一四（一九二五）年　九月　兵庫県私立中外商業学校転入学
　一五（一九二六）年　三月　同校卒業
　　　　　　　　　　四月　明治大学専門部商科入学
昭和　四（一九二九）年　三月　同科卒業
　　　　　　　　　　四月　同校法学部入学
　　　　　　　　　　九月　欧米遊学
　　五（一九三〇）年　一一月　帰国
　　七（一九三二）年　五月　米国大学留学
　一一（一九三六）年　四月　帰国。明治大学法学部復学
　一二（一九三七）年　三月　同大学同学部卒業

資料3　三木武夫修学時代政治経済文化関係略年譜（※印は教育文化関係）

明治四〇（一九〇七）年　七月　第三次日韓協約調印
四一（一九〇八）年一〇月　戊申詔書公布
四三（一九一〇）年　八月　韓国併合（朝鮮改称）　※一二月　東北・九州各帝国大学設立
四四（一九一一）年　二月　関税自主権確立
四五・大正一（一九一二）年　一月　中華民国成立
一二月第一次護憲運動開始
大正　二（一九一三）年　二月　大正政変
三（一九一四）年　七月　第一次世界大戦勃発（八月　日本参戦）
四（一九一五）年　四月　対華二十一箇条要求
五（一九一六）年　一月　※　吉野作造「憲政の本義を説いて其有終の美を済すの途を論ず」発表
六（一九一七）年　九月　※　臨時教育会議官制公布
七（一九一八）年　九月　原敬内閣成立（初の本格的政党内閣）　※一二月大学令・高等学校令公布
八（一九一九）年　六月　ベルサイユ講和条約調印
九（一九二〇）年　一月　国際連盟発足
三月　戦後恐慌発生　※　新婦人協会設立
一〇（一九二一）年一一月　ワシントン会議参加
一二（一九二三）年　九月　関東大震災発生
一三（一九二四）年　一月　第二次護憲運動開始

一四（一九二五）年　四月　治安維持法公布　※　陸軍現役将校学校配属令公布

五月　普通選挙法公布

一五・昭和一（一九二六）年三月　金融恐慌発生　※一月　京大学生事件発生

三（一九二八）年　六月　張作霖爆殺事件発生

四（一九二九）年一〇月　世界恐慌発生　※六月　生活綴方運動開始

五（一九三〇）年　四月　ロンドン海軍軍縮条約調印

六（一九三一）年　九月　満州事変開始（柳条湖事件）

七（一九三二）年　五月　五・一五事件発生　※八月　国民精神文化研究所設立

八（一九三三）年　三月　国際連盟脱退　※四月　滝川事件発生

一〇（一九三五）年　二月　天皇機関説事件発生　※四月　青年学校令公布

一一月　数学刷新評議会官制公布

一一（一九三六）年　二月　二・二六事件発生

一二（一九三七）年　七月　日中戦争開始（盧溝橋事件）※一二月　教育審議会官制公布

一一月　日独伊防共協定締結

1　成育環境

ここでは三木が生まれ、育った地域の状況や家庭の環境を追うこととする。三木は明治四〇（一九〇七）年三月一七日、徳島県板野郡御所村字芝生（のち土成町、現在は阿波市）に生まれた。同地は、北部は香川県と接する山林（讃岐山脈）を背負い、そこから扇状地として傾斜し、南部の吉野川に至っている。全くの農山村地帯といってよいが、水資源が伏流しているため水田よりも畑地が多い。したがって主要な産物としては江戸時代以来、サトウキビ・小麦・藍の栽培が盛んになされてきた（その後、葉たばこや果樹の栽培もされる）。また養蚕等もなされてきた。以上のことからも察知できるように地味は良質・肥沃とはいいがたく、いわば「やせ地」であり、生産力は高い方ではなかった。

交通の便は、いわゆる町場として吉野川の対岸に鴨島がある。県都の徳島市まではそこから鉄道等を利用した。以上のような状況から分かるように、三木が生まれ育った頃の同地は、日本の多くに見うけられた純農村であり、自然に恵まれた静かな村落といってよい。つまり三木は大都会・町場に育ったわけではなく、そういった所とは対称的に山あり、川あり、田園ありといった所である。そうした村社会はさまざまな意味で三木少年に影響を与えたことと思われる。

資料2の略年表からも読みとれるように、三木が生まれたこの頃、日本は産業革命、とりわけ重工業とそれに関する事業（電力・交通運輸等）が急速に発展していた。また第三次日韓協約の調印（明治四〇年）・韓国併合（同四三年、朝鮮改称）等による植民地政策（つまり世界進出）も明確化した。さらに明治四四年には念願の関税自主権も確立されたのである。日本が帝国主義・独占資本主義の国家を強く意識した時である。三木の生まれた御所村一帯もその影響が全く無かったわけではない。それはやはり同地が畑作＝商品作物栽培中心ゆえに尚更のことであった。有力農家は多くが製糖や米酢の栽培・製造・販売、あるいは製材をも営んでいた。三木の父や母が勤めていた芝田家も村内にあってはそうしたことによる有力者であった。

父の久吉は明治七（一八七四）年一〇月一七日、近隣の柿原村（現在の阿波市）の農民・猪尾六三郎の次男として生まれ、大阪で勤務したあと、前記した地主・芝田家に寄留し、仕事をしていた(2)。そこでタカノと知り合い結婚したのである。タカノは地元・御所村宮川内の農民・三木時太郎の子として生まれ、少女の頃から芝田家で奉公していた(3)。

両人は結婚後、芝田家から居宅等を与えられ、妻方の三木姓をうけて分家の形をとった。[4] 家業は農業や肥料商をしていた。商品としては硫安、大豆カス、ニシン等であったが、そうした肥料以外にも酒・米や雑貨類を扱っていた。[5]

すなわち、三木家は農村内にあって金融・商業に関わることにより、若干村外へ目を向ける機会もあった。とはいえやはり基本的には、三木少年は農村、それもあまり生産力が高くない所の、普通の農商民の子であり、都会・サラリーマンの家庭に育ったわけではない。ここでは士族家・旧家・豪農の家柄ではないことをあえて明記しておきたい。『元総理三木武夫　議員五十年史』[6] にある「私の家は（略）素封家であったと思われる」は間違いである。しかし、三木は親の愛を十分に受けた。それは父親が三三歳・母親が三八歳にして授かり、かつ「一人っ子」ということもあるかもしれない。このことに関する逸話は少なくない。母親は近所の者誰にでも、三木のことを「武夫さん」と呼んでいたという話は有名である。[7] また母親は三木少年の健康管理には細心の注意を払っていた。[8] そうした愛情は父が昭和一六（一九四一）年一月二四日に、母が同二二年一月二三日に没するまで、変わらず注がれた。[9]

2　小学校時代

三木は大正二（一九一三）年四月、御所村立尋常高等小学校に入学している。全国の小学校就学率は明治四〇（一九〇七）年代には九〇パーセント台に達しており、三木も当然のように入学したことは間違いない。『宰相』（注2参照）には小学校同級生らの証言が掲載されている。「小柄で病身でおとなしい町家のボン」、「一本気と融通のきかなさ」と回想されている。また「一人っ子、外づらが悪く独善的で協調性に欠ける」[10] という声もある。これは一見おとなしいが、我の強さがあったことを想像させる。実際、四年生（大正五年）時には、京都御所の大典式場見学のための六年生対象修学旅行への参加を親に懇願し、実現している。[11] 風貌は長身でなく、端正でスマートというわけではなかった。また、前記の病身とは、三年時に二七日間欠席し、松島村泉谷（現在の上板町泉谷）の林久雄医師（通称「はやしかんい」）に通ったことや「眼疾」であったこと等をさしていると思われる。成績は恩師によれば、「三・四番ぐらい。級長になったことはない。算術が得意」とのことであるので、天才や秀才の類ではない。ところが、「物おじせず堂々と意見発表」したというのは、「〝お話の時間〟や学芸会で目立つ」ことや「弁論がうまい」（同級生）、あるいは近所に子守の子供が多くいたので、呼びかけては自分の演説を聞かせていたといったことに通じる。さらに真偽はともかく「就学前に演説のまねごとをした」とか、母親に将来「大臣」になりたいと述べたということも伝えられている。演説といえるほどであったかはともかく三木が小学校へ入学する頃、正確には大正元年には第一次護憲運動が開始され、同二年にはいわゆる「大正政変」がなされる中で、全国各地で弁論が盛んになされるようになったのは事実である。[12][13][14][15][16][17][18]

以上のことから、三木は容姿端麗ではなかったこと、また学業成績抜群というわけではなかったこと、言葉の表現にたけていたことが分かる。

3　徳島商業学校時代

三木は大正九（一九二〇）年四月、徳島県立商業学校（以下、「徳商」）に入学した。順当なら前年入学のはずである。このことについては、小学校同窓生によれば入学試験に不合格であったため浪人したとか、徳商同期生によれば補欠合格したが自信がもてず留年したとか、あるいは眼病を煩ったという。同校入学に際しても教育熱心と評判の母親は小学校教師・稲垣重家に毎夜遅くまで特別の補習を依頼、自身は別室で待っていた。合格発表を見た三木は「すぐ帽子を買い、ピカピカするＴＬＳの記章のついた帽子をかぶったときの喜びは、いまだ忘れることはできない」と回想している。[19][20][21]

同校は明治四一（一九〇八）年八月に甲種程度商業学校として創立された。甲種は入学資格一四歳以上、高等小学校卒、在学期間三年であり、乙種の一三歳以上、尋常小学校卒とは異なる（在学期間同じ）ので、一ランク上位である。ただし、三木の入学時には甲乙の区別は法的には廃止されていたために、尋常小学校卒業で入学できたのである。[22]当時の学校レベルについて、のちに三木は同校について「県下の中等学校中、一番むずかしい学校であった。当時の徳島中学校などは徳商に比べればずっと入学はたやすかった」[23]という。しかし徳島中学校（現徳島県立城南高等学校）は明治八（一八七五）年に名東県師範学校付属変則中学校として設立認可、同一一年には徳島中学校と改称、一県一中学校制により徳島県尋常中学校（同二六年）となり、同二九年には脇と富岡に分校まで設けるほどの伝統・有力校であった。県下で一番とは、徳商記念誌のための三木のサービス精神から出た言辞であろう。

とはいえ、同校が県内有数の中等学校であることにかわりなく、「当時の教育方針は極めて厳格なもので忠君愛国の精神を基幹とした武士的道義を教調したものであった」[24]。したがって校訓は「士魂商才」であった。そして三木のいうように「勉強もスポーツも全校が燃えていたという感じがする。みんなが徳商に誇りをもっていた」[25]のであろう。当時、教育界では第一次大戦後、和平ムードにより欧米自由主義教育が移入される一方、帝国主義をめざす中で軍事教育も盛んとなった。徳商のような県立学校には、その波が急激に押し寄せたことと思われる。護憲対軍事のいわゆる「アメとムチ」の時代の典型的事例である。三木はこのことについて、「当時の徳商はゲートルを巻くのが正服で、軍隊式というのではないが、学年間の厳しい階級制度が確立していた」[26]と回想している。発信年は不明ながら、一一月一二日付の葉書で父親宛に「近週中に発火演習」も終わり、帰宅すると連絡している。帰宅とは、つまり三木は入学後、徳島市前川町にあった第二宿舎に入寮したのである。同宿舎は大正四（一九一五）年四月に建設されたものである。[27]ところが三木は時々、この宿舎を抜け出し、カフェで飲酒したり、無声映画へ通った。そしてこうした「硬派グループのリーダー」[28]であったという。一方、カメラに凝り、親にねだってコダックの小型カメラを買ってもらうが、悪用したという噂で父親が学校に呼び出されたこともあった。[29]もっとも寄宿舎内では、当時、慣習化していた上級生の「しごき」を受けたことはなかった[30]。

本務の授業について三木は「どの先生もえらく見えた。小学校の授業とは違うと満足した。なかでも堀北茂行先生などは教師としての権威に満ちていた」と述べているが、成績の詳細は不明である。わずかに「中位」[31]といわれている。この学業以上に、校内において存在感を知らしめたのは、弁論である。前掲『宰相』によれば、弁論部には中学一年の頃から入部し、たちまちキャプテンとなったこと、野球試合で演説し皆よく泣かされたこと、実戦的修練による弁論のタイプであったこと、政治家の永井柳太郎に感激していたこと、市内両国館活弁士高橋富郎の真似が上手であったこと、当時は当局から好ましく思われていなかった総合雑誌『改造』を持ち歩いていたこと等々が語られている。

三木の実績は、以下の通りである。

大正一一年　　県下青年学生雄論大会
　　　　　　　演題「日米貿易差別撤廃・日中同盟と満州開拓による大アジア主義」第一席[32]（徳島中学卒業の賀川豊彦の演説をかなり参考にしつつ、話術を磨く）

同　一二年　　擬国会。外務大臣担当[33]

同　一三年八月　県下青年学生雄論大会（第三回）
　　　　　　　演題「愛の接吻に浴して」「自由平等を高唱、真の幸福は愛である。そこに絶対の自由と絶対の平等と平和があると美辞麗句を列ねて滔々の弁を揮ふ[34]」

　　　九月　　擬国会
　　　　　　　提出案「地方自治の改造に関する建議案」「説明　地方長官を公選とし議員選挙権を拡張し地方財政の整理を行ふ[35]」

三木にとって、徳商時代、最も得意としたのは学業よりも部活動としての弁論活動である。(36)そして三木自身、後年、「徳商は私の一番感受性の強い、人生最も大切な時期、人間形成の一番大事な時期に有形無形、いろいろなことを教えてくれた(37)」と述懐している。同校学生生活において、いろいろな出来事があった中でも、最大にして最終的な事態が発生したのは、大正一四（一九二五）年七月のことであった。同校野球部強化のための資金集めに際し、バザーの会計に不正があるとして、四年生を中心に校長の追放運動が発生した。三木はリーダーの一員として、得意とする弁論により、校内中を説いてまわるとともに校長にも迫った。さらに四年生全員が連判状を書き、市内の眉山の茂助ケ原で一日間集合、気勢をあげた。結果、生徒や保護者の代表が会計の検査をしたが、不明のまま終った。そして三木ともう一名の同級生は首謀者とされ退学処分を受けた。(38)『萬風』（注13参照）の記載は、この盟休事件と三木について、自伝等とはやや異なる部分もある。すなわち三木は一年留年しているが、上級生と同期である。一方、本来なら三木と同級生の五年生は就職のことなどで暴走はできなかったのである。しかもこの指導グループは学校側からすれば、普段から相当な「暴れん坊」であったためという。前述した三木のカフェにおける飲酒云々と符合しないわけではないが、こうしたことが主因か、否かは分からない。

ところが同書によれば、「地元の二大新聞も大いに書き立てた」とある。しかし徳島新聞社が収蔵する、当時の『徳島毎日新聞』と『徳島日日新報』から、この事件の記事は見出せない。前年五月に発生した徳島中学校五年生による同盟休業（同じく眉山茂助ケ原に集結。五年生の六名退学、九名停学、一〇一名謹慎の処分）は二紙とも連日報道をしている。三木によれば「十日ぐらいやったね。県の学務課長がやって来て校長をやめさせて僕には論旨退学を命じたのだ(39)」という。しかし前年に徳島県知事が鳥取県知事と直接交渉の末に就任した校長は(40)、『徳商七十』（注21参照）によれば昭和六（一九三一）年三月まで職務を継続している。その規模の程も正確には分からないとはいえ、いずれにしても徳中の例にならい、厳しい処分がなされたことは事実である。しかしそれにしてもなぜ三木ともう一名だけが退学の対象とされたのか、他の者はどうであったのかという疑問が残る。やはり「この件は色々と問題が含まれている」[41]のであろう。ただし、三木の雄弁ぶりが悪い結果として出たことは確かである。

4　中外商業学校時代

家業として商いもしている故に徳商に入学させた父は三木の退学にはひどく灸を据えたという。[42]また母は近親者に、子の行く末を案じると漏らした。[43]三木自身も「徳島にいることが恥ずかし」[44]く、叔父・大野金三郎らをたより、大阪布施市へと向かい、結局、私立中外商業学校（現尼崎北高等学校）に編入した。この時、三木は自分の「行動に理解を示してくれた教師がいた。担任の堀北先生であった」[45]と感謝している。こうして三木は修学時代、周囲の人々に助けられ、難関を乗り切った。

中外商業学校は大正一一（一九二二）年三月に、五年制の商業学校として認可され、五月に大阪市北区玉江町において授業を開始した。そして同校は大正一四年一二月には、それまでの仮校舎から、尼崎市塚口に新築・移転をした。したがって三木が「三木が私（元三木武夫徳島事務所長・樋口政市――筆者注）に『君は知らんであろうが、わしはこの辺（当時は大阪府中河内郡布施町、現在は東大阪市――筆者注）で十七・八の頃はとんでもない苦労をしたんだぞ。親に心配かけられず中外商業は歩いて通ったものだ』と往時を懐かしんだ」[46]というのは校舎移転の前であり、その三ケ月後には塚口まで通学したのである。三木によれば「その頃は道路沿いのわずかな新興住宅のほかは、周囲は田や畑、その中に木造二階建ての校舎がぽつんと建っていた」[47]という。親元から全く離れ、徳島からは遠く、無名の学校への入学について、三木はのちに「大変孤独」であり、かつ「中外商業学校はバンカラ」[48]であったと述べている。分かりやすくいえば、この頃の三木は謹慎・居候に近い心境であり、エリート意識といったものは全くなかったと思われる。

こうした中で、三木のやりがい・生きがいとなったのは、やはり弁論であった。すなわち「ここでも身についた弁論の特技は群を抜き、当時の理事長結城豊太郎に巡り合うという幸運に恵まれている」[49]。上記のことについて、例えば大正一四（一九二五）年の近畿中等学校弁論大会では第一席となっている。[50]結城豊太郎とは、山形県出身で日本銀行から安田保善社に転職し、のちに日本銀行総裁や大蔵大臣に就任する人物である。結城が中外商業学校に関わったのは、安田家管理による保善商工教育財団が教育活動に重点を置き、専務理事・安田銀行副頭取として要職にあったこと、日本銀行時代京都・大阪の支店長を歴任したことであろうか。しかし、「巡り合う」とはどのようなことであったのかは分からない。事実、同財団が中外商業学校の経営に乗り出したのは、大正一五年九月二二日以降であり、[51]三木はすでに卒業している。さらに、もし仮に当時、結城が同校理事長であったとしても、一人の生徒である三木が目をかけられ、懇意になった可能性は、よほどの機縁がない限り低いのではないのか。[52]「永きにわたって学校運営に精根を傾注された」[53]当時の校長佐藤林蔵となら、その比率は高いと思われる。『宰相』にある、のちの「明大時代三木は結城家に出入りしては結城にかわいがられる。もっとも中外商時代の三木について結城の印象がどれほど残っていたかは定かではない」というのは素直な解釈であろう。さらにいうならばやはりのちになって「私は結城先生が関わっておられた学校の卒業生（第二期生）です」と述べたと考える方が妥当であろう。

いずれにしても、この頃の三木は生活環境においても、学歴上からも必ずしも誇れたり、恵まれたものとはいえなかったが、家庭や親族の援助・協力により中等教育を受けることができた。また弁論はますます盛行をきわめる風潮の中、実績を積むことにより政治経済への関心を深めることができた。生地から異境へ、有名校から無名校へ、失意の中からも光明を探し求めていたのである。

5　明治大学時代（その1）

ここでは、三木の明治大学（以下、「明大」）の学生時代について、その入学事情や学生生活、そしてサークル活動といった、すなわち通常の学生としての様子を綴る。以下、まずは主に大学入学事情とその学生生活について追う。

(1)入学事情と学生生活

大正一五（一九二六）年三月、中外商業学校を卒業した三木は進学を希望した。しかし、親は大学への進学を反対した。[54]親としては、とにもかくにもどうにか実業学校を卒業できたので、職についてほしかったのであろう。ところが三木はのちに、『明治大学新聞』[55]に次のように述べている。

昭和元年の春、高校入試に失敗して、浮かぬ気持で徳島の田舎にくすぶつていた。そこへ中学同級生の富浦君が、まだ明大の試験が残つているから受けてみぬか、とさそつてくれた。刺激のない郷里にいるよりは乾坤一擲、来年にそなえて勉強するよりも一案と、早速二人で柳行荷を背負つて上京した。

三木は旧制高等学校を受験したのである。それはいわば田舎育ち、非エリート校からの脱却・見返しであったかもしれない。しかしまたしても絶望感を味わうこととなった。そして親を説得したのか、否かは不明だが、浪人の代りに明大を受験し、専門部商科に入学することとなった。一般に三木の入学した専門部と大学部の教育について、前者の方がより実務的内容を特色としている学校が多いが大きくは変わらない。ただし、前者の方が入学しやすい。上京し入学してみた東京および明大の学生生活はどのようであったろうか。同新聞で次のように述べている。

東京の生活も、明大生活も楽しいものだった。受験目当のつめこみ勉強から解放されて、毎日、暗記ものにおわれなくてもよい。はじめの決意はどこえ《ママ》やら、ついずるずると明大ッ子になりきつてしまつたものだ。教科書以外小説など禁じられていた中学とちがつて、万巻の書が自由に読める。（略）とくに商科在学中の三年間は、学問に興味を感じて、割合に勉強した時代だった。

三木はとりわけ「権利自由　独立自治」を建学の精神とし、「自由放任」（創立者の一人・初代校長の岸本辰雄）を教育方針とする明大の居心地がよかったのである。それまで順調ではない学業生活、それでいておぼろげながらも何とか前に進みたい心境の三木からすれば旧制高校―帝大というコースではなかったことが、逆に福に転ずるような希望をもてたと思われる。したがって強制されない読書に耽ることもできたわけである。

しかも当時の明大は、関東大震災による壊滅状態から、学生・校友・役員教職員らが一体となり復興事業に取り組み、三木が入学する前年には学内のシンボル・記念館が竣工したり、入学した年には専門部に女子部が開設されるなど、学園には活気がみなぎっていた。

下宿はいくつか変わっている。時期は確定できないが、上京まもない頃はおそらく明大に近く、しかも下宿街として有名な本郷の松雲閣に下宿している。「尾崎紅葉の勉強した部屋というので下宿料は普通より五円高く二十五円だつた」[56]。差出の年次は不明ながら、九月二日に父宛にしたためた書簡には「東京市外巣鴨町上駒込の木内梅松方」とある。そこには「今度の下宿」とあるので、本郷からさほど遠くない巣鴨に越して下宿生活を続けたと思われる。そして昭和三（一九二八）年一二月一八日には、東京市芝区下高輪町の竹内方から父宛に葉書を送っている。この「竹内」とは、竹内君枝家[57]であり、その子息・潔はのちに三木の秘書をつとめ、さらに参議院議員となった。その竹内君枝によれば、三木は「当時からおとなでね。きまじめで怒ったり、あせったりすることもなければ、浮いた話一つなかった。それでいて、私とこのばあやまでお歳暮を忘れない思いやりのある学生でしたよ」[58]という。その後、昭和六年六月一七日には、本郷の下宿・朝日館から書簡を出しているが、詳細は分からない。

生活費は「月に百円も送つてきたから毎日、三省堂の近所で当時人気のあつた白井という食堂で二十銭のコーヒーと果物つきのライスカレーをたべた。仲間によくたかられたものだ」[59]という。やや誇張気味かもしれぬが、これらのお歳暮・食事などの件からは、三木の交友・交際の実情、さらにはのちの多くの人脈ぶりが想像できる。

もっとも、三木が入学した昭和四（一九二九）年一〇月には世界恐慌が発生、日本でも不況の風が吹き荒れていた。前出・昭和三年一二月の葉書には「再三御無理申上げた罪をお許し下さい。為替有難く頂戴致しました」とあり、また前掲・九月二日付の書簡では、「思はぬ金銭を要したので金拾円至急御送金下さい」と懇願しているので、全くの裕福な学生生活ではなかったのであろう。

その一方、三木は遠く離れた父母を想い、前掲・九月二日付の書簡では養蚕時期ゆえ睡眠不足にならぬようとか、母親の消化器の具合を気遣ったりしている。また昭和四年四月一六日の書簡では、父親に対し、「私は今からどんな必要が起つても酒は絶対に飲ません。そのかはり父上は朝の酒を、よしてください。（略）すきな煙草もこれからは私もずつとへらします」と訴えている。親元から徳島市・大阪・尼崎、そして東京と離れるほど、幼い時から受け続けた愛情を強く感じるようになったと思われる。

(2)雄弁部の活動

三木が明大入学後、雄弁部に入部した契機は直接的にはそれまでの経歴（サークル活動）、性格上の克服、先輩との出会いの三点がある。この内、それまでの経歴とは、やはり徳商・中外商業学校における弁論活動とその実績である。性格上の理由とは、本人によれば「少年時代からはにかみ屋だつた私は、沢山の人前で話をしたりすることは、とてもできない相談だつた。それは弁論部に入って、おそるおそる稽古しているうちに、どうにか話せるようになつた」[60]と明大雄弁部時代を振り返っている。このことは、中等学校時代の活動より、全国レベルの大学雄弁界に入ることによって強く感じたのであろう。先輩の出会いとは、徳島市出身で明大雄弁部の長尾新九郎（以下、「長尾」）のことである（後述）。入学早々、クラス委員長に立候補し、演説をしている三木に声をかけたというのである。三木の雄弁部入部にはこうした直接的な理由とともに、前掲資料3から一覧できるように当時の政治社会の動向や思想文化の風潮（一口にいえば、「大正デモクラシー」）といったことも背景にあろう。

次に、三木が入学し最も熱心に取り組んだ雄弁活動の実態を追う。前出『元総理』には、次のように記されている。

大正一五（一九二六）年、ともかく普選法の成立により、労働農民党、社会民衆党などの無産政党が相次いで結成された。その年、私は明治大学専門部商学《ママ》科に入学した。もちろんすぐに弁論部に入部したが、左にも右にも偏ることはなかった。（略）大正デモクラシーの中で多感な学生時代を過した私は、先述の権力や官僚の弾圧に対して、次第にひとつの信念が固まっていった。それは、既成政党に対する批判であり〝中道政治〟政治を志すというものであった。

実際、三木は、昭和三（一九二八）年一二月の東京本郷の仏教青年館における「暴圧反対学生大演説会」の際は、明大雄弁部キャプテンとして演説している[61]。雄弁部員らは、自らの趣意書や部長（教授）・大日本雄弁会等の協力依頼状をたずさえ、各地で演説会を催した。例えば、三木が明大に入学、そして雄弁部に入部して間もない大正一五（一九二六）年七月一一日、同部は夏期遊説に出発した。同日は名古屋市で説演会を催した。その後、奈良市、和歌山市とまわり、一五日には大阪市より船で郷里の徳島市に渡り、千秋閣において県下青年および学生雄弁大会が開催された。この大会は懸賞がかけられていた。同大会において三木らは所感を述べたり、講評をしている。その後、県内の撫養町・富岡町・池田町・さらに高知県や香川県にも及んだ。この遊説における三木の演題は「人間性と社会改造の基調」として、「今日の資本主義社会は即ち人間性の然らしむる所獲得欲の結果なり（略）人間本能に対してこれを善導し自由に活動せしむることとなり」云々といったこと、あるいは「社会制度と人間の本能性」として「人間は獲得の本能を有する、凡そ社会制度は此本能を無視する事はできない」といったことを論じた[62]。

翌年には七月一一日から八月二日に九州・台湾で「時局批判学術講演大会」を開催した。三木は「新時代の日本は所謂実的政治理論を本質としての内に進む」と題し、その内容は「（一）我国現下の立憲政党と之に対する社会主義思想の政治的地位」から説き、「(六) 此時代に於ける日本の進運は自らを所謂実践的政治理論の内に展開し且そうせなければならないであらう」とした(63)。

北方には、昭和二（一九二七）年七月一〇日より福島市（一一日）から樺太（三一日）まで夏期遊説をした。三木は「必然性に立てる新文化確立の急務」と題し、「(一) 文化の意義」から「(七) 民衆政治＝新文化の必然的確立」と七章に分けて弁舌をふるった。この演説には後援した『万朝報』や地元の各紙（例『北海タイムス』、『樺太時事新聞』等）が日々、報じている(64)。

三木はのちに、「北の樺太から、南の台湾まで、当時の日本の領土を歩いて、美しい日本の風物に接して得た意義あることだった(65)」と回想している。当時、どの程度日本の風物を知ろうとしたのかは分からないが、例え懐古的であったとしても徐々に自らの血や肉となったものと思われる。

さらに三木ら雄弁部員七名はやはり明大学友会本部から校友支部に宛てた協力依頼状を携えて、昭和四（一九二九）年一月六日東京駅を出発し、「残されたる朝鮮」遊説を行った。この時の三木の演題は「社会的見地から人類の使命を思ふ」であり、その内容は「一、社会史概論」から「四、人類の使命」に及んだ(66)。こうした明大雄弁部の活動は「学生生徒が学外に出て大衆演説をするというと社会からは非常な興味をもたれ、至るところの会場は聴衆に溢れるの盛況で、ことに地方においては青年連中が挙つて集まつて来た(67)」のである。三木は「僕等の遊説は学生や校友会の熱心な世話に答えるだけの充分な成果も上り横田学長の所へも各地方からその成果についての礼状が沢山来ていたものである(68)」と述懐している。

三木ら雄弁部員は当然、大学内でも演説会を催している。昭和三（一九二八）年の「明治大学講堂落成記念演説会」写真を見ると、三木の演説「必然性に立つる新文化確立の急務」（たれ幕）が見える。またその講堂では同年六月二三日に三木らの司会により、雄弁部主催の全国各大学専門学校雄弁大会が開催されている。

三木は学内の雄弁部の活動にとどまらず、他大学との交流も活発に行った。昭和三年には、関東三九の大学弁論部による、東部各大学学生雄弁連盟結成の呼びかけ人の一人となった。この結成について、『元総理』では、「私は」と三木ひとりによるような書き方になっているが、実際には「私達は」ということである。そして彼らは徳島県内を演説して歩き、さらに八月三〇日には徳島市の稲荷座で徳島県雄弁連盟発会式と演説会を挙行し、事前の創立協議会（八月二〇日）において副総務に選任された三木は「吾人は資本家万能の面して民衆を基調とせざる文明は滅亡せねばならぬ。社会改造の真理は正義である」云々と演説した。[69]

こうした学外雄弁部員との交流により、さらに三木の視野と交際範囲が広がったことは間違いない。そうした中には三鬼陽之助、渡辺惣蔵、林利夫ら、のちにマスコミ、政治あるいは経済の世界で活躍するメンバーが多く存在した。当時の三木について、三鬼の言うように「体制のなかに身をおきながら、調子にのって、革命、革命を叫ばず、考えとして一歩先を主張するジックリ型であった」[70]というのが大方の見方であった。着実に実力を蓄えていたと思われる。

(3)長尾新九郎の存在

ところで三木の明大在学時の弁論活動を語る上で、どうしても欠くことのできない人物がいる。それは長尾新九郎である。この長尾のことは、すでに同郷出身の三木を明大雄弁部に勧誘した人物として記した。彼は徳島市名東町の田所家に生まれ、徳島農学校を卒業し、市内で綿布製造業を営む長尾家（長尾商店）の養子となる。妻子をつれて上京し、明大に入学、専門部法科、そして政治経済学部で学んだ。卒業後、家業の一方、徳島市役所に入職、昭和二六（一九五一）年から二期徳島市長を歴任し、多くの業績を残した。[71]

明大では三木とは年令も学年も卒業年次も上である。[72] それ以上に長尾は、三木にとって実に頼れる先輩であった。明大雄弁部における長尾の実績をあげると、キャプテン、部則の制定、地方遊説の開始、徳島県雄弁連盟結成時の趣意書作成・総務担当等々、枚挙にいとまがない。長尾は昭和四三（一九六八）年五月一五日に亡くなるが、その際、三木は長い弔辞の中で、「私の亡き両親も口ぐせのように『長尾さん、長尾さん』と絶対の信頼を寄せていた。私のためにも明治大学の学生時代から郷土の後輩としての私を人間として育て上げるために、君がどんなに情熱を傾けてくれたことか」とし、さらに「私の人生の最大の恩人だった」と感謝している。

このことからすれば、明大雄弁部員としての三木は、長尾の先導的な役割がかなり大きいと思われる。長尾自身は三木に対し、「現自民党幹事長三木武夫君は僕の次にキャプテンとなつた方であるが、この人は在学中を通じて部の中心又リーダーとして夏期冬期の遊説班を組織し、おそらく他大学高等学校を圧倒的に母校大雄弁部の学外演説会の名声を高めたものと思う(73)」と高評している。

6　明治大学時代（その2）

ここでは、三木の明大在学中の特筆すべきこととして、欧米の遊説旅行・留学について、綴る。

(1)欧米の遊説・見学

三木は昭和四（一九二九）年三月、専門部商科を卒業した。小学校・中等学校時代に比べれば順調であり、それだけでも成長のあとが見うけられる。さらに前述したように大学雄弁部の活動を通し、地方や台湾や朝鮮の遊説、他大学との交流等々により、視野はさらに広がった。

その三木は、同年四月一六日、両親宛に一通の書簡を送っている。そこには「武夫にしばらくの時間を下さい。しばらくのわがままを許して下さい。愛する子供は今東京で血まなこで戦ってゐます」というものである。どのようなことかというと法学部入学と外遊願望である。同年六月八日付の『明治大学駿台新報』には「人類使命を宣言して雄弁部長長尾君の遊説　三木君と布哇振出しに　我国嚆矢の壮挙　言論による国際文化向上に　決心堅き長尾君の談」という見出しが踊っている。遊説先はハワイ、そしてアメリカである。そしてこの時も勧誘したのは長尾である。[74]しかし、同新聞によれば「費用は全部自己負担です」ということであった。長尾の方はともかく、三木はいくら理想と目標は壮大でも経費には苦慮したことと思われる。『三木』によれば、この時父からは五〇〇〇円を受け取ったという。もっとも『萬峰』によれば、徳島出身のレコード店主（東京）、日本蓄音器協会、日本ビクター等、多くから金銭上の援助をとりつけたという。五〇〇〇円は高額であるが、いずれにしても両親も出資したのであろう。また長尾に対しては徳島日日新報社が、三木には万朝報社海外特派記者とし、記事を送る代わりに援助をした。また長尾の発案で著名人の色紙を現地で配布することにより、寄付を受けることとした。[75]

出発前には両人とも郷里徳島の柿原小学校講堂等で「欧米遊説　記念大演説会」を催した。そして明大学長発行による「許可書」（和文・英文、昭和四（一九二九）年七月）と「（指導・協力の依頼状）」（同年九月一日）、同大学雄弁部長発行による「（指導協力の依頼状）」を携えて、二人は昭和四年九月二七日、春洋丸（日本郵船）にて、出帆した。そして一〇月五日、ハワイのホノルルに到着。九日のハワイ大学を皮切りに弁論活動を開始し、ヒロ、パホア、ハカラウ等々で連日のように行い、翌月の七日にはサンフランシスコに向かう予定であり、ほぼその通りに進行した。三木の演題は、「日本の学生生活と東西の融合の理想について」（於ハワイ中学校）[76]、「既成政党の政治経済の行き詰まり　道徳としての世界文化創造」（於ヒロ仏教青年会館）[77]等であり、「各地共大喝采を受けた（略）過去に見えざるの盛会」[78]などと各新聞で熱弁ぶりが報道された。また一〇月一三日には、両人に対して、エワ青年団やハワイ中女学校校会より「感謝状」が贈られた。こうした盛況には、地域の明大校友会支部員をはじめとする日本人や日系人の多大なる協力があった。とりわけハワイ大学出身でホノルル市国際信託株式会社員の御旗義雄は各地に同行し、案内や講演の際の紹介に尽力した。[79]結局、アメリカ領ハワイでは、一〇月五日より滞在、ホノルル市およびハワイ島一四カ所で演説会を催した。

両人は一一月五日、大洋丸でサンフランシスコに向けて出帆した。船中では同月九日、船客に向けて「講演『学生の見た布哇』　講演者三木武夫氏・長尾新九郎氏　今九日午后一時より当食堂に於て　お話なされます」というビラが配布された。一七日にはサンフランシスコ学生会館にて、桑港学生会による親睦会がなされたが、事前のビラ「急告」には、二人は「日本学生弁論界の権威者」と紹介された。一八日にはサンフランシスコ・ポスト街・リホームド教会で講演をした。三木の題名は「政治を通して観たる日本」であり、その内容は「田中浜口内閣を続る政界の裏表と大衆の動き」からはじまり、「学徒として社会への主張」まで、六章にわたった。当講演会は社会民衆党の阿部茂夫と連合で行ったものである(80)。二四日には、バークレイにてカリフォルニア州大学の倶楽部に招待され、意見交換をしたあと、夜は日本人会ホールにおける公衆演説会で講演し、以下、スタントン、フレズノ、ロサンゼルス等々で講演し、南下していった。ロサンゼルスでは一二月四日に西本願寺ホールにおいて、三木は「日本の進歩」と題し、講演をした(81)。その後、カリフォルニア州デレノの仏教会会堂で演説をしているが、やがて場所を東部のデトロイト、シカゴ、ニューヨークに移した。発行時期は不明ながら『日米時報』によれば、三木はシカゴを経てニューヨークに入り、五月初旬に雄弁大会を開く予定という。一方、長尾は昭和五（一九三〇）年四月九日発行の『大陸日報』によれば、七日にステヴストン村の仏教会にて講演をしたが、その後、九日は日本人ホール、さらに一〇日にはキラチノで予定しているとある。その後の二人のことは『紐育新報』によれば六月七日に、日本人を相手に明大校友会主催により、美以教会で演説会を予定し、二二日にはベヒンガリア号で渡欧後帰朝する筈という。この間、彼らはデトロイトではフォード自動車会社を一日かけて見学したり、サウス・オレンジではエジソンを訪ねるなどした。こうしたアメリカにおける弁論活動でも、二人は「五百の聴衆をうならした(82)」、「三百の聴衆を酔はしむ(83)」などと地元に掲載されるほどであったが、やはりハワイの時と同様、多くの現地の明大校友会員・日本人・日系人らの協力があってからこそといえよう。

このハワイ・アメリカ行脚においては、三木にとって実に長尾の存在は大きかった。この企画は長尾によるものであった。そもそも彼は一六歳の時(田所姓)、兄・多喜二と渡米して、苦学をした経験があった(84)。また長尾は三木の大学先輩ということでもあり、先導的役割を果したのであるが、さらにフィルム撮影をするといった余裕を示すこともあった(85)。

ところで、ヨーロッパへは二人で向かったのか、三木単独であったのか。前出の『宰相』と『元総理』では異なる。前者は「三木はそれからヨーロッパへ回った」とあり、後者では「欧州に入って途中までは長尾氏と同行であったが、氏は一足先にインド洋航路で帰国してしまった」とある。だが、いずれにしても、三木はほとんど一人で廻った。そして目的はそれまでの弁論活動というよりも見学旅行と変わった。ドイツでは親ナチス派の台頭に対して強制的な雰囲気を感じた。イタリアでも同様に多くのファシスト達による威圧が目に付いた。スイス・ジュネーブの国際連盟の軍縮会議では、とりわけ政治的「和協・平和」を主張するフランスの外相ブリアンの熱弁ぶりに感激した。そして社会主義政権下のソ連に入国したのは昭和五(一九三〇)年九月のことであるが、ここではスターリンによる「大清粛」の下の社会主義の一端を見てきた(86)。

三木は同年一一月に帰国するのであるが、アメリカでは「自由」・「繁栄」、国際連盟(フランスのブリアン)では「和協」・「平和」を十分に感じとり、影響を受けた。と同時にドイツ、イタリア、ソ連では「ファシズム」・「強権」に違和感を覚えたのである。それはやがて三木の人生・政治の基礎を形成していく上で大きな経験と蓄積となったことは疑いない。

(2) アメリカ留学

帰国して明大法学部に復学した三木は、再び渡米を考え、実行する。ここではその二回目のアメリカ行（昭和七年九月〜同一一年四月）について、記す。渡米の動機は、よく分からない。『元総理』のみ「語学を身につけることの重要性を感じ、そして国際感覚を研くため」とある。いずれにしても、さらにアメリカを知りたいと思ったのであろう。しかし、今回は単独行である。昭和六年六月一七日、三木は本郷の下宿・朝日館より、長尾に手紙をしたためている（前出。以下、ことわりのない限り、書簡は徳島市の長尾宛である。長尾啓太郎家文書）。それによれば、明大野球部のマネージャーとして八月二七日に渡米することや大学学友会としては汽船の全額支出はできないと言われたこと等が記されている。結局、野球部は遠征するが、現地で弁論活動もしたいとする渡米の運動は、実現しなかった。しかし翌月、明大より「大学其他学校調査研究ノ為メ向フ二ケ年間欧米へ出張ヲ命ゼラレ」云々という契約書および辞令を受けとった。(87)

結局は留学をすることとなったわけであるが、問題はその経費である。さきの『元総理』には「往きの船賃だけしか用意していかなかった（略）むこう（アメリカ）に行ってからなんとかなるであろう」と思ったとある。三木がアメリカから長尾に宛てた書簡は少なくないが、その報告・用件の内容のかなりは同地における生計、つまり生活費のことである。当初、ロサンゼルスにて講演活動による収入を期待したが、「演説にたよつてゐては前途の程も思ひやられるので（略）羅府日米社の論説記者にこの一月からチエンヂしました」(88)とある。とはいえ、得意の弁論活動を生かさざるをえず、ソルメレーキやサンファナンド等で行っている。そのことについては「此頃は日本から同様な雄弁家がおしよせるので全く食傷で、なかなか交渉がハードです」(89)と嘆いている。また昭和八（一九三三）年八月の書簡によればロサンゼルスにて日本語学校の教師の口をさがしている。それは実現し、午前は書生、午後は小学校教師をしていることや「人間教員などを致すものではございません」ということを長尾に報告している。(90)また「先だつものは金で、殊にロサンゼルスで収入がなかったので心細くまで貧乏しました」(91)と吐露したり、さらに「経済に就いての大兄（長尾――筆者注）日頃の教訓を賜つた一切が今度は実感的に脳ずいに打ちこまれました」(92)と反省している。そしてついには三木の両親宛に「日本金五百円を信用組合で借入れ、長尾さんに御依頼して電報為替でも送つて下さる様依頼しておきました」ので親が心配しないように話しておいてほしい旨、長尾に依頼している。(93)

またアメリカ在住についても問題が発生している。このことを三木は「移民局事件」(94)と称しているが、これは滞在期間に関する問題である。三木が留学および滞米（ビザ）の延期を希望したことに起因していよう。(95)一方、明大には保証人より昭和八（一九三三）年四月一日付「御願」が提出され、延期が許可された。

一番肝心なことは、その学業についてである。長尾への書簡によれば、南カリフォルニア大学への通学許可を得ること、さらに「この六月に卒業でM・Aをもらふわけです」(96)ので授業料を払う必要があることを伝えている。三木に関する伝記・評論書等によれば、「サウスウエスタン大学、アメリカン大学に学ぶ（アメリカン大学よりマスター・オブ・アーツの資格を得る）」とある。(97)そして明大には昭和七（一九三二）年一一月一九日にメキシコより、すでにアメリカ西部中部の大学は視察したこと、次には東部の大学を順歴すると報告している。さらに同書簡には過般提案した明大「留学生部」設置の経費について、親日家で富豪ミラーに寄付を依頼すること、そしてそれが不可能なら外国学生のための「日本語専修科」を設けること、あるいはアメリカ在住の日本人二世（ハイスクール卒業者）を明治中学校へ編入させることについて綴られている。

また、この間、出版についても企画したようである。昭和七（一九三二）年七月三〇日の長尾宛の書簡には出版への配慮のお礼、ロサンゼルス・オリンピックを迎えて執筆がはかどっていないこと、新潮社への交渉を藤井氏に依頼した云々といったことを記している。また同八年八月一日の長尾宛のものには滞米を延期すれば「英語の読書力も一通りつくのであろうし、多年の懸案たる書物もできて財政上のゆとりもつくと思う」と述べている。さらに昭和九年五月一五日の長尾宛書簡にも「執筆中です。移民局事件がなければ、もう日本に原稿がおくれてゐるのですが、月末までには完成すると思ひます」とある。その後の書簡では、出版の件は見出せない。

そのほかに輸入・販売についても考案している。昭和七（一九三二）年一月一一日、長尾宛書簡には「来るオリンピック向に何か日本のよい商品はありますまいか？　日本製の日がさを輸入したらどうか（丁度暑い時分なので）思つてゐるのですが如何でせう」と問うている。その「オリンピック終了後はオリンピック活動写真を以てソートレイキに伺ひ、それよりシヤトルに上り活動と講演でかせぎ」たいと長尾に伝えている。[98]また昭和八年四月の長尾宛書簡では、米国機械類の中古品を日本で販売することについても記している。こうした心算には、商家の出身、大学商科卒業といった経歴も若干含まれていると想像したくなる。

結局、三木の留学期間は昭和七（一九三二）年五月から同一一年四月まで、[99]四年間に及んだ。そのため多くの知友を得て、中にはのちに政策ブレーンとなった者もいる。同郷徳島出身の伊藤良平、ロサンゼルス領事官補の福島慎太郎らである。

そしてこの四年間は大学を中心に教育制度を調査研究すること以外に、生活費のための就労、そのことも含めた弁論や出版の活動、さらには商取引の企画等々、さまざまなことを通して、アメリカの政治社会思想（議会政治、「民主主義」、「自由」等）を知ったことは確実である。[100]それは全くの順調な通常の留学生活とはいえるものではなかった。だが、この体験はそれまでの「山あり谷あり」の人生を前に進めようとする気持と姿勢をより増幅させ、強化させることとなった。極論すれば「地方・地域」色と「非エリート」性に、欧米で苦労して得た「国際」感覚が追加・重複したのであった。しかも今回の渡米は前回のような旅行という「線」で行動するのではなく、定住による「点」として構えることにより、さまざまな意味で十分に修学し、体験することができたのである。また始終、日本の長尾新九郎らに意見や協力を求めつつも、単独渡米であったことは、三木の成長ぶりを如実に見てとれる。

なお、前項における台湾・朝鮮遊説にしても、そうであるが、とりわけこうした欧米行の時代的背景には、当時の日本がより一層、世界進出を果さんという気運があったことを忘れてはならない。

(3) 衆議院議員立候補

帰国後の三木は、明大法学部に復学した。その後「三木は大学の卒業論文を執筆するために稲垣家の神社の社務所に籠った。実家の肥料商は出入りがあるため[101]」という言い伝えがある。

卒業（昭和一二年三月）後に三木は何をしたい、何になりたいと思っていたのか。「私は卒業後あれになろう、これになろうという目的は持っていなかった[102]」とか、「私の歩んで来た道は、何年には、何をやろうなどという計画をたてて歩んだものではなかつた[103]」とあることからすれば、明確には定めてはいなかったのである。ただ、希望としては「明大の先生をやろうかと思つていた[104]」こともある。あるいは『宰相』の中で「若いころ外交官か記者になろうと志したこともある」というのは、必ずしも堅い決意ではなかったと思われる。また欧州見学の際、著名な政治家が居並ぶ国際連盟の会場で「これが男子の仕事だ」と思ったとか、「『洋上を進む船のデッキに腰をかけて、じっと星空を見ながら、政治をやろう、政治家になろうと、なんどもつぶやいたのを覚えている。』と側近に語っている[105]」というがそれほどまでに強いものであったかは分からない。ただし、多くの弁論関係者が政治の世界にあこがれ、実際に入った者が少なくないことは事実であり、三木もその一人であった。

前出『元総理』等は、林銑十郎内閣の、いわゆる「喰い逃げ解散」の報をお茶の水の理髪店で聞いて衆議院議員選挙に出馬したと記している。昭和一二（一九三七）年二月の卒業試験を受けた直後、満三〇歳と二週間である。そして三月に無所属で当選した。その立候補や選挙運動に際しては郷里の青年達、赤神良譲教授（前出）ら明大関係者、学生時代から親交を温めてきた多くの友人あるいは両親らの協力があった。遊説隊長は長尾新九郎の兄・田所多喜二（元県議）であった。

このようにして三木は長い長い明大生活を終えて（もっともその半分くらいはアメリカ留学等）、新たな出発をするのである。三木はのちに『明治大学百年の顔』において「私が気に入ったのは、明大のもつ自由な雰囲気だった。（略）その自由な雰囲気は、独立の精神、自主の精神をつちかうにははなはだ好ましい環境だった(106)」と回想している。このことは、同書が在学した明大、そして所属した雄弁部編集によるとはいえ、全くのリップ・サービスばかりとは言い難い。この精神に、前述したところの明大在学中にアメリカで得た「自由」の政治社会・思想を加味すると、三木が修学時代に得たことは「自由」という大きな目標と理想であった。

おわりに

本節では、三木武夫という、のちに政界で活躍する人物について、人間を形成する幼少年から青年、つまり修学時代を追った。時期的には、明治末年から昭和初年の頃である。その期間を主に生活および家庭の環境から説き起しつつ、御所尋常高等小学校時代について、次に徳島市の商業学校と編入した中外商業学校の時代、さらに入学した東京の明大時代について、その実態を時代的な背景も考慮しつつ論考した。そのことについては、順次小括をしてきたので、ここでは箇条書で総括したい。

・生まれ育った地域は、都市でも町場でもなく、また生産力が高くはない一地方農村であった。
・その家庭は由緒ある富裕な家というわけではなかった。しかし、高齢にしてさずかった一人息子として、大変な愛情を受けて大切に養育された。
・小学校時代に学力は秀才という程ではなかった。だが人の前で話したり、社会見学をすることに興味をもった。
・一年遅れではあったが徳商に入学した。ここでも抜群の成績というわけではなく、中位程度であった。それどころか遊興にふけることもあった。

・しかし弁論に興味を持ち、部活動に力を注ぐようになり、そのための努力によって自己を磨くようになった。
・ところが、校内問題、つまり盟休事件に関与し、雄弁ぶりが裏目に出て、その首謀として退学処分を受けた。
・仕方なく、親族の計らいにより大阪（のち尼崎へ移転）の中外商業学校へ転校した。ここでも弁論活動により、活躍し、実績をのこした。
・三木の生まれ、育ったこの時期は、産業革命等による産業経済の発展、あるいは日露戦争による「戦勝」ムード、さらに第一次世界大戦後のデモクラシーや新たな思想の移入といった、近代日本の大きな変革期であった。だからこそ、全国津々浦々で、弁論活動も盛況をきわめるようになってきたのである。
・中等学校卒業後、両親の反対にも関わらず旧制高校受験、それによりエリートをめざした三木は失敗した。友人にすすめられ、上京し、浪人代わりに明大に入学した。そこは大学部ではなく専門部の商科であった。
・郷里から遠隔の大都会において初めての一人暮しのゆえに今迄とは異なることも多々あった。しかし、ここでも雄弁部に入部し、校内のみならず他大学雄弁部との交流、あるいは全国各地、さらに台湾、朝鮮半島へも遊説メンバーの主力として活動することにより、視野を広げ、交友を深めていった。
・また明大専門部商科在学中、アメリカの遊説を敢行、さらにヨーロッパも見学することにより、世界を知ることとなった。
・さらに法学部在学中には四年間、アメリカ留学を敢行した。しかも今回は、前回のアメリカ行が主に移動による遊説旅行であったのに対し、ほとんど定住した留学であった。それは順調な留学生活ではなかったが、大学の命による学問研究以外、アルバイト、出版、販売企画、交友等々、さまざまな模索をすることにより、アメリカの実情や国際情勢を認識することになった。
・こうした大学生活において郷里出身の先輩・長尾新九郎の存在は強力であった。ただし、例えば、一回目の渡米が長尾のリードによるものであったのに対し、二回目のそれが単独であったことは、三木なりの努力のあらわれでもあった。

・こうした海外進出への時代背景には、世界に進出せんとする時代背景があったことは忘れてはならない。

・ある面では条件・環境に恵まれなくとも、また順調とはいえなくとも自己の特技・能力を生かし、年々前進させ、拡大させてきたことは事実である。俗にいえばプラス・マイナス、さまざまな体験と蓄積を「肥し」や「バネ」としてきたのである。そして自らも述べているように、自由・自主の建学の精神や校歌々詞とする明大の「自由」やアメリカの「自由」を実感することとなった。そうした「自由」の夢を政治によって実現させようというように向かったといえよう。

本節の冒頭に掲げた、三木による明大百周年記念講演中の「自由」・「民衆・下から」・「新しさ」は修学時代における環境条件や体験を基点・基調として、紆余曲折を経つつも着実に形成されていったのである。

本節の執筆に当たっては、直接的な資料の不足、伝記の類の解釈の難しさ、アメリカ調査の未実施等々により、論述に苦慮した。今後の調査研究の課題は多い。

注

（1）『明治大学百年史』第三巻、史料編Ⅱ、明治大学、昭和六三年。
（2）『宰相・三木武夫』（以下、『宰相』）徳島新聞社、昭和五〇年一月。
（3）同家の初代は充太であり、家督は名八・時太郎・梅香と続き、さらに長男才三郎が継ぐ。
（4）『宰相』。現在ある旧宅は戦後に建て替えたもの。
（5）今日、わずかにその証としての領収書が残されている。
（6）以下『元総理』、大江可之、日本国体研究院、昭和六一年四月。

(7) 『土成町史』(以下、『土成』)下巻、土成町、昭和五〇年一一月。
(8) 同右。
(9) 墓地は御所の神宮寺。
(10) 以上、『宰相』。
(11) 同右。
(12) 『土成』。
(13) 『萬峰に風雨あり――三木武夫とその周辺』(以下、『萬峰』)樋口政市、同刊行会、平成九年三月。
(14) 『宰相』。
(15) 同右。
(16) 宮川内、大野利夫談。
(17) 『宰相』。
(18) 『元総理』。
(19) 『萬峰』。
(20) 『宰相』。
(21) 『徳商七十年史』(以下、『徳商七十』)、徳島商業高等学校、昭和五五年一〇月。
(22) 本科五年制に統一された。
(23) 『徳商七十』。
(24) 同右。
(25) 同右。
(26) 同右。
(27) 同右。
(28) 『宰相』・『議会政治とともに　三木武夫演説・発言集』(以下、『議会』)三木武夫出版記念会、昭和五九年四月・『土成』。
(29) 『宰相』。

(30) 『元総理』。
(31) 『宰相』。
(32) 『宰相』・『土成』。
(33) 同右二書。
(34) 大正一三年八月二五日付『徳島毎日新聞』。
(35) 大正一三年九月二八日付『徳島毎日新聞』。
(36) ただし、大正一二年二月一〇日付の『徳島毎日新聞』によれば、九日に徳商講堂において校内雄弁会が催されているが、二～五年生二四名の弁士の中に三木の名はない。また同一三年一〇月三〇日付および一一月三日付の同紙によれば、三一日に県下中等学校学生雄弁大会が開かれ、徳商からは八名が演説しているが、やはり三木の名はない。
(37) 『徳商七十』。
(38) 『宰相』・『議会』。
(39) 『萬峰』。
(40) 大正一三年六月一五日付『徳島毎日新聞』。
(41) 『萬峰』。
(42) 御所、稲垣豊久談。
(43) 『土成』。
(44) 同右。
(45) 『元総理』。
(46) 『萬峰』。
(47) 『創立八十周年記念誌』(以下、『尼崎八十』)尼崎北高等学校、平成一三年九月。
(48) 『宰相』。
(49) 『土成』。
(50) 『宰相』。

(51)『尼崎八十』。
(52)結城が中外商業学校理事長であったことは、結城豊太郎記念館では確認されていない。なお安田学園理事長就任は大正一五年である。
(53)『尼崎八十』。
(54)前出稲垣豊久談。三木の恩師・重家（豊久氏祖父）が三木もしくは、親から相談を受けたと思われる。
(55)昭和三一年四月一五日付。
(56)前掲『明治大学新聞』。
(57)のちに杉並区久我山に住む。
(58)『宰相』。
(59)前掲『明治大学新聞』。
(60)同右。
(61)『元総理』。
(62)以上は、同年同月一七日付『徳島日日新報』、大正一五年七月二四日付・同年八月二一日付『明治大学駿台新報』。
(63)昭和三年六月二八日付『万朝報』等。
(64)昭和二年六月一八日付『明治大学駿台新報』等。
(65)前掲『明治大学新聞』。
(66)「宣言」（ビラ、昭和三年一二月）等。以下、三木の演説の章立と順序はこのように略記する。
(67)長尾新九郎「母校の雄弁部の回顧」『雄弁部名鑑』、明治大学雄弁部、昭和三二年。
(68)同右、「思い出となる遊説」。
(69)以上は、「徳島県雄弁連盟発会趣意書」（昭和三年七月）、「事業報告書・会計報告書」（時期不明）、昭和三年七月二三日『徳島日日新報』、「徳島県弁論連盟創立協議会参加依頼」葉書、昭和三年八月。なお、このころ、同連盟板野支部も結成された。
(70)『三木武夫　交友50年の素顔』（以下、『三木』）三鬼陽之助、サンケイ新聞出版局、昭和五〇年二月。
(71)令孫の当主啓太郎氏によれば、「うちの祖父が店の前に座っていたらお客さんが逃げていく」くらいであったという。なお、明大は昭和三年に専門部法科、同六年に政治経済学部を卒業した。
(72) 明治二四年四月一六日生まれ。三木とは一六歳年上。
(73) 前掲『雄弁部名鑑』。
(74) 前掲『宰相』・「弔辞」。
(75) 『宰相』、また現地では講演後、帽子を回し、資金を得た。
(76) 昭和四年一〇月一三日付『日本時事』。
(77) 昭和四年一〇月一七日『布哇朝日』。
(78) 昭和四年一〇月二八日付『新世界』。
(79) 同右。
(80) 昭和一四年一一月一五日付・同一七日付『新世界』、同一七日付『日米』。
(81) 昭和四年一二月四日付『羅府日報』。
(82) 昭和四年一一月一九日付『日米』。
(83) 昭和四年一二月五日付『新世界』。
(84) 『宰相』。
(85) 『宰相』には、三木が「故郷の両親を思っては日本の方に向かって毎朝拝んでいたという。（略）しかし長尾はそれを見とがめて三木をしかり、やめさせている」とある。
(86) 以上、おもに『元総理』。『三木』によればチェコ、ポーランドにも足を伸ばしたとある。
(87) 以上は『辞令簿』昭和二年一月起。
(88) 昭和七年一月一一日、長尾宛。
(89) 時期不明、長尾宛。
(90) 以上、昭和八年八月一日、同年九月一日、同年九月一一日、同九年三月二日、同年四月二五日、長尾宛。
(91) 時期不明、長尾宛。
(92) 時期不明、長尾宛。

(93) 昭和八年九月一日、長尾宛。
(94) 昭和九年五月一五日、長尾宛。
(95) 昭和八年四月、長尾宛。
(96) 以上、昭和八年八月一日差出、同年九月一日、同九年四月二五日、長尾宛。
(97) 『無信不立　三木武夫追悼文集』中央政策研究所、平成元年一一月、『元総理』等々。
(98) 昭和七年七月三〇日。
(99) 三木睦子『信なくば立たず　夫・三木武夫との五十年』(講談社、平成元年七月)には、二・二六事件の発生後、久原房之助(八芳園)のところへおもむいたとある。ということは二月二六日には帰国していたことになるのか、どうか。
(100) のちに日米不戦論を唱えるのは、こうした二度にわたる渡米が大いに影響していよう。
(101) 前出稲垣豊久談。
(102) 三木武夫「充実した日々を」『明大雄弁』明治大学雄弁部、昭和三三年。
(103) 昭和三一年四月一五日付『明治大学新聞』、明治大学新聞学会。
(104) 昭和三〇年三月二五日付『明治大学新聞』、三木睦子夫人によれば、かなりのちにも「明大で講義をしよう」とノートを作成していたり、「とうとう明大の総長になる夢も捨ててしまった」とのことである。
(105) 前掲『三木』。
(106) 暁書房、昭和五二年一月。

第三章　地域文化史の調査

一　木村史学における文化史論――「村歩き」による文化史研究――

はじめに

表題にある「木村史学」とは木村礎（以下、「木村」）の築いた歴史理論のことである。本節ではその膨大な歴史研究の内、文化史に関する成果を考察する。ただし、本論の前に木村について、確認しておきたいことが二点ある。以下の通りである。

(1)木村少年の文化意識

俗っぽい事例ではあるが、ある会話を紹介する。昭和四六（一九七一）年五月、千葉県の旧家に合宿調査の事前打ち合せのため木村に同行したことがある。

大檀那「ところで、木村先生はどちらのお生まれですか」

木村「江戸川区の小松川ですが、今は葛飾に住んでます。東京の下町です」

大檀那「へえ〜、あそこに学者が育つ風土があるんですか」

その日の帰りの国鉄総武本線列車内におけることば。

木村「君、あの通りかもしれないな。今、下町に四年制の大学は無いんだよ。まあ、商船大はあるけど、あれはまた特別だ」

木村の生涯については、自らがしたためた『木村　礎年譜』[1]、『戦前・戦後を歩く』[2]がある。また姪・木村千恵子による『ある家族の近代』[3]も十分に参考になる。一般に自伝とか、その類は客観性や公正さが欠如するものが多い。しかしこれらの書にはその欠点が少ない。そのため資料としても極めて有効である。

それらによれば、木村は小松川（現東京都江戸川区）に、大正一三（一九二四）年一月一五日に生まれた（戸籍上では二六日）。当時、学者に多かった富豪・エリート階級といった類の家に生まれたのではなく、父は茨城出身でガス会社の集金係、母は女工として勤めたことがある主婦業であった。その後、この近隣に多くあった長屋を何箇所か転居した。上の兄二人に比べ「悪童」ぶりがはじまったのは小学校三年時からであった。成績も良くはなかったが、それでも少しずつ上昇した。逆に操行の方は悪くなり、五年生の時にはせっかく級長選挙で選ばれながらも、担任によりやり直しとされ、再選挙では木村は候補者からはずされた。ただし、この年、千人を越す生徒の中から五名が「進歩賞」に選ばれ、代表して受けた（六年時には「佳良賞」を受ける）。六年生になっても「悪がき」ぶりは改まらなかった。遊びはベーゴマ、ケンダマ等々で、達人であった。三人兄弟では一番出来が悪かったが、父のおかげで進学ができ、安田商業学校（現安田学園中学校・高等学校）に入学した。在学中、最も熱中したのは勉強ではなく読書であったが、教練では態度が良くないとして体罰を受けたり、紀元二六〇〇年記念式典の作文のことでは内容が悪いというだけではなく、普段の行状についても叱責された（ただし左翼系の少年というわけではない）。こうした類のことは、実に具体的に前掲の著書で語っているが、筆者もしばしば聞いたことがある。別に誇張するわけでもなく、自己を分析するように淡々と話していた。いってみれば木村の少年時代は本人が筆者に語った通り、「下町のあんちゃん」だったのである。

筆者は、ここで木村の生い立ちにおける「ガキ」ぶりを綴ることが目的ではない。要は木村の成育・修学上の環境や状況の中から、文化（狭義）的な部分を見出したかったのである。また、こうした成育環境は、のちの木村の文化史研究にどのような影響を与えるのか、ということをかいまみたかったのである。しかし、総じていえばそのような要素は少ない。

ただし、皆無とはいいがたい。父の林平は趣味として琵琶をよくして弟子をとることもあったり、また肖像画を描いて売ることもあった。これらは生計のための内職であったが、木村を含め、子供は誰も受け継いでいない。筆者もごく稀に木村の歌（得意は「汽笛ポンポンの歌」、あとは「津軽海峡冬景色」くらい）を聞くことがあっても、上手いと思ったことは一度もなかった。絵やスケッチにいたっては見たこともない。

すでに述べた二度の成績受賞と読書のことはどうか。確かに小学校五・六年時は良かったようであるが、その後上昇していったわけではなく、商業学校では珠算の級もとれず、成績も良くなかった(4)。読書は「好き」という域であり、作品を投稿したり、師や同人を求めることもなかった(5)。こうしたことからすれば、本好きの少年といったくらいであろう。いずれにしても「文化」的・「知」的な雰囲気を漂わせる少年ではなかった。しかし、木村の少年時代からは、他に屈せず、自己主張をしていく性格、あるいはさまざまな環境・状況の中でも生きぬく活力を感じとることができる。

商業学校卒業後、木村は薬品会社の事務員、国民学校の助教員、裁縫学校や女学校の事務員や教員を転々とするが、やがて軍隊に召集される（最下級兵）。その間、職務の傍ら明治大学二部（夜間）で歴史を学ぶ（途中、召集）(6)。復員後、明治大学は卒業扱いとなっていた。女学校に復職したが、解雇され、奨学金を支給する東京文理科大学国史学科に入学、アルバイトにあけくれつつも卒業し、新制明治大学文学部助手となる。実は東京文理科大学在学中に学業の傍ら出身の明治大学助手（主に夜間の旧専門部担当）として「雑務」をしていたため、やがて新制文学部発足により専任になったのである。[7]

(2)その研究の流れ

木村の歴史研究者としての業績は、コラム・座談録・小論まで含めるとその数は膨大である。著書類を検討することが最も至当である。しかし、その内、代表作ということになるとやはり自身が、そのつど組織した共同研究による刊行書であろう。前出『戦前・戦後を歩く』の中では、一覧表「共同研究と合宿調査との関係」として整理されている。そこには『封建村落　その成立から解体へ――神奈川県津久井郡――』[8]から『村落生活の史的研究』[9]まで一〇点が掲載されている。

木村は、各共同研究の中途で、自らのテーマや内容を研究会・学会において報告したり、さらに論文として発表したり、あるいは著書（単著・共著）の中で触れるなどしている。そうして一気に共同研究書に集約するのである。研究発表↓論文作成↓刊行書という方式である。

以上のことをもとに、単著の一冊を含め、木村の研究の流れをテーマと時期・期間を念頭にごく大雑把に区切ってみると、次のようになる。

封建社会史研究

封建村落・新田村落

昭和三三年刊行『封建村落　その成立から解体へ――神奈川県津久井郡――』

昭和三五年刊行『新田村落――武蔵野とその周辺――』（共編）

藩政史研究

藩政・藩政と支配村

昭和三八年刊行『譜代藩政の展開と明治維新――下総佐倉藩――』

昭和四七年刊行『譜代藩の研究――譜代内藤藩の藩政と藩領――』

日本村落史

共同体

昭和五三年刊行『日本村落史』

村落と文化

昭和五一年刊行『村落・報徳・地主制――日本近代の基底――』（共編：木村原稿は「村落」の内）

昭和五六年刊行『大原幽学とその周辺』

景観研究

昭和四四年刊行『耕地と集落の歴史――香取社領村落の中世と近世――』

昭和六三年刊行『村落景観の史的研究』

生活史研究

平成六年刊行『村落生活の史的研究』

当然、上記編著・単書以外にも、例えば『下級武士論』や『少女たちの戦争』といったものもあるが、すでに断ったように割愛した。

1　封建村落・新田村落等研究時について

(1)社会構成史の風潮と意気込み

木村の最初の論文は昭和二六（一九五一）年三月刊行の『駿台史学』第一号（駿台史学会）に発表した「幕末明治期における一富農の研究」である。そして合宿調査（共同研究）を開始したのは翌年のことであり、場所は神奈川県与瀬町（現在の相模原市緑区）である。前記したように、この研究は昭和三三年に『封建村落』としてまとめられた。また同二九年からは東京の西部の小平・砂川・村山町を中心とした新田村落の合宿調査および研究を開始し、やがて、前記『新田村落――武蔵野とその周辺』として刊行された。さらに同三三年からは同様に千葉県佐倉市を中心に藩政史研究を行い、『譜代藩政の展開と明治維新――下総佐倉藩――』として完結した。同書は表題だけみれば、それまでの村落研究との流れで奇異に感じられるが、実は木村には萩藩の「閥閲録」や譜代内藤家文書を勤務先・明治大学に受け入れることに関わったり、研究したという経緯がある。また同書の特色のひとつといえるのが藩政と領内農村との関わり、つまり農村からの藩政解明である。

木村は常に大きな研究は一〇年単位としていた。この初期のころにはそのような目安が明確にあったのか、否かは分からないが、のちには一〇年間を目安としている。もっとも、若い頃から「雁行」的研究、つまりひとつの研究を終えて次にかかるということではなく、スライドさせつつ進めていった。

ところで、この昭和二五（一九五〇）年頃の研究について後年、木村は次のように振り返っている。

当時の私はこうした「理論的水準」を念頭に置きつつ村を歩き、村の文書を見ていたわけである(10)。

この「理論的水準」については、次のように話している。

戦後歴史学というものは、思想的にはマルクス主義・唯物史観をバックにおいた発展理論です。それが歴史学研究として体系をとったのが、社会構成史学です。社会構成の中に時代の特色を把握していく。政治、経済、文化、いろんなことを明らかにする。時間が経過して次の時代が来る。こういう考え方を社会構成史学という。(11)すなわち、木村は社会構成史研究を念頭に置いていたのである。そのことについて、次のように具体的に紹介している。

この学風（社会構成史研究――筆者注）は各時代における社会構成の仕組みを説明するのに長じており、その内部に例えば律令体制論・封建社会論・近代社会移行論といった大テーマを生み出し、大テーマは次々と中テーマと、中テーマは多数を生み出した。(12)

このような意識でひたすら村歩きをしたのであるが、その目的は次のようである。

（『封建村落』研究の頃――筆者注）私は言った。〝一つの小さな村の中にも世界史の法則は貫徹している〟と。(13)

(2)その物足りなさ

ところが、こうした調査や研究に疑問をもつようになった。

こうした疑問（既成の概念や時代区分の枠に捉われていることに対して――筆者注）は自らのこれまでの研究態度についての根本的な疑問なのだが、それらが未だ明確な形をとらないにせよ次から次へと湧いてくるようになったのは村歩きを始めて七・八年たった頃だったように思う。(14)

このことは木村の研究史にとっては一大事であった。「戦後歴史学」、とりわけ日本近世史研究、そして当時、大勢を占めていた社会構成史研究への大きな疑問であるとともに村を歩くことによって得た「一大発見」でもあった。とはいえこうした研究を全く否定したわけではない。そのことを『会報』第二七号（注11参照）掲載の講演では、次のような言い方をしている。

この考え方（社会構成史研究――筆者注）は、現在でも、基本的には間違ってないと思います。だけれども社会構成だけでの歴史というのはつまらないです。

さらに論文「日本村落史私観」では、次のように述べている。

私は「戦後歴史学」の特徴の大きな一つを、基本法則史学・社会構成史学として定置したら、と考えている。(15)

しかし、それにしてもやはり村歩きの度合いがますます高まる木村にとって、そうしたことへの批判的な意識が強まったのであろう。のちに次のように回顧している。

・「戦後歴史学」の羈絆から自らを解放しなければ、今後における自由な仕事の展開は不可能だ（略）なぜ、別れの歌を歌った（「戦後歴史学」へ――筆者注）のか（略）その根底には、戦後早々から始め、以後ずっと続けてきた（今も続けている）村歩きがあった。

・自力で過去の事実の若干を発掘し、それらの相互関連と意味を考察するという仕事は立派な歴史研究である。「追体験」や「実感」による認識はそれが常に関連や意味の追求を欠かさない限り、他の偉い人によりかかって自らを失った「理論信仰」にもとづく歴史認識よりずっとましなのである。(16)

ただし、当時、「昭和史論争」等で指摘されていた人間不在、精神・思想の欠如について、その意識はあったかどうか分からないが、当時の論文を一覧する限り、そうした類のことは見出せない。(17)

ともかく、このようにして木村の歴史学は大きく変節していく。このことを念頭にその後の同人の研究を追ってみる。

2　日本村落史研究の開拓

(1) 香取社領研究の意義

戦後歴史学・日本近世史・社会構成史といった研究に対し、村歩きを通して受けた疑問について、最初に解明に挑んだのは村落の連続性の問題である。木村は明解に述べている。

近世村落は始めから所与の固定した存在であったのではなく、歴史的な経過の中で存在したものである。（略）近世村落の前身には、長期にわたる農民の労働と偽政者の支配の歴史があったことは疑えない。[18]

そのための調査フィールドとして選定したのは、千葉県香取郡の佐原地域である。

私が選んだのは香取神宮の旧社領村落だった。そこにおいて、村々の中世と近世とを連続して捉えようとしたのである。[19]

木村は語っていないが、香取社領一帯は、それまでの主たるフィールドの佐倉にきわめて近いことにより、ある程度の土地勘があること、さらに香取文書（『千葉縣史料』等所収）の存在を意識したことによる選定であろう。ところが、実際に当たってみると、容易ではなく、著作の『耕地と集落の歴史』については「全体としては失敗作という他ない」[20]と自省している。同研究では時代差のある文献資料の解釈に苦慮している。例えば中世文書と近世文書の性質の相違だけではなく、資料の残存状況等といった問題である。したがって別の手法も援用すべく、勤務先の考古学研究室には住居址の発掘を、民俗学の専門家には神社・神宮・神事の調査を依頼している。さらに航空機による村落景観の空撮や集落移動の実測をもしている。こうしたあらゆる手法を駆使したことは、のちの木村の研究に大きく生かされる（後述）。もちろん、こうした過程では多くの先行的な研究に当たったことはいうまでもないが、とりわけ古島敏雄『土地に刻まれた歴史』[21]には大いに啓発された。それゆえ後年、木村は割り切れない気持でありつつも、「私はこの一〇年の研究で実に多くのものを学んだ」[22]と述べている。

ここで、ひとつ注目できることは、木村の民俗学や宗教史への関心である。前掲『耕地と集落の歴史』において「理解に苦しんだのは香取神宮そのものであった」と吐露している。したがって同書中の「中世香取社の神宮と神事」は附論として、調査依頼をした者により執筆されている。そして「十四世紀末に出現する祭頭制による神官再編成により、香取社の中世的体制が完成された」[23]とする論文内容で香取社領主制の実態を知ることとなった。とはいえ、まだこの段階では「戦後歴史学」を乗り越える方法は明確には示しえていない。また文化史への直接的な関わりは薄い。

(2) 共同体研究

香取社領の研究は木村に村落史の研究のむずかしさをまざまざと知らしめることとなったが、またそれだけに目標が明確化した。また研究上の苦難を乗り越えようとする気概も湧いた。そして「近世史研究者ではなく日本村落史研究者を自称するようになった」[24]。一九七〇年九月にまとめた自らの論文「日本村落史のこころみ」(『駿台史学』第二七号)について、次のように解説している。

これは過去の総体としての歴史は、その全体性において現代を規定しているということ、歴史の全体性を基層から捉えるためには村落史という観点が必須であること、景観研究を前提としない経営研究や村落共同体研究は放恣なものに陥りやすいこと等を書いたものである。

つまり、木村は「戦後歴史学」、とくにその主流の社会構成史からの決別を宣言したのである。決別するということは、かなりの覚悟を必要とした。その覚悟のほどを次のようにうったえている。

これ(社会構成史的学風――筆者注)は、天下国家の学としての日本近代史学の一つの巨大なタイプだ(略)この学風が、伝統的な政治史研究のみならず、もろもろの部門史をもその内部に大した矛盾もなく取り込んできたということにあるだろう。(略)しかし、これだと、歴史を生きた無数のそして無名の一般民の日常性といった問題は歴史の位置を占めることができなくなる。(略)社会構成史的学風は、〝民衆〟の非日常的行動や精神活動を歴史の舞台に登場させることはできたが、彼等の日常性を歴史の枠組として定置させることはできなかった。(略)〝上部構造〟〝下部構造〟を援用して語れば、両者を一括して把握するのではなく〝下部構造〟を歴史の枠

組にしたいということである。(25)

要は地域上層民の非日常的活動を中心としていては、歴史の全体は分からないということである。さらにいえば社会構成史研究の手法は「上から目線」で地域民の日常を収斂しているということである。しかし問題は、では自らはどういう方法で具体化するのかということである。そのために木村が検討したのは、従来からあり、村落史研究にとって欠くことのできない共同体研究である。

木村は一時しきりにマルクスの『資本主義的生産に先行する諸形態』を口にするようになった。共有と私有の対抗関係に基づく前近代社会＝共同社会という位置付け、あるいはアジア的・古典古代的・ゲルマン的な区分等々である。それを援用した大塚久雄の『共同体の基礎理論』の共同体の発展方式＝原始→アジア的→古典古代的→ゲルマン的に話が及ぶことも当然あった。続くようにして取り上げたウェーバーについては、共同体社会は土地所有を基礎としているとした『経済と社会』等を紹介した。ただし、その理論の内、共同体の成立には宗教的共同体が先行し、それは資本主義成立時にあっても同様であること、そしてその規則は宗教的・道徳的共同意識によるといった部分に触れたことは、筆者の記憶では全くない。

木村が共同体を最初に論文として発表したのは「村落共同体の展開――歴史研究者からの素描」(26)であるが、本格的なものは「日本の共同体」(27)であり、その後のいくつかの共同体論をも一書にまとめたものが、前出『日本村落史』である。その骨子は、村落＝耕地＋集落＋αであること、景観（勤労農民の生活の場）を基底に経営単位・共同体・権力（領主制）を考察すべきこと、村落景観の復元と観察をすべきこと等である。そして、以上の視点をもとに原始以来の村落景観とその共同体を論ずることにより、共同体とそれに対応した政治権力の形態の公式化につとめたり、「アジア的」に疑問を持ったり（とくに停滞論について）、大塚共同体論（とくに段階論）の修正をした。この木村の所有論的共同体論に対して強く批判したのは中村吉治である。中村は共同体＝家の連合体（村）、家・村＝生産・労働組織というように概念の規定をし、さらに時期区分については前近代＝身分社会＝共同体社会、つまり原始・古代は「氏族共同体」だが、中世には「名主共同体」となり、近世にはくずれて「擬制的共同体」となったとし、さらに近代＝資本主義社会＝階級社会＝空洞化共同体社会（解体）、とした。すなわち機能論的共同体論である。

これに対し、木村は前近代＝階級社会、つまり身分社会ではないとし、それは近代に解体したと主張した。また村落共同体以前は、国家・領主に対して微弱な農民（小地域単位）およびその土地所有はやがて有機的に統一され、さらには解体へと進むという図式を創出した。

当時、共同体論はさまざまな観点から理論が提示されたのであるが、木村を批判したのは、中村だけではない。例えば色川大吉は「近代日本の共同体」[28]の中で、いわゆる「ヨコ社会」の重視を説いた。また「躍動期の部落共同体」は近世来のものであり、豪農は「村落共同体」に所属しているものであるとした。さらにそれにより、木村の共同体論は「さみしい共同体論」と断定した。多摩地域をフィールドとして「底辺」に流れる民衆の思想論を説く色川ならではの共同体論であり、木村への強烈な批判である（後述）。

このころ、色川批判とともに木村が気に懸けていたのは、古川貞雄の「村の遊び日」論である。[29]領主制のとどかぬところの遊び日等々は、機能論的色彩を有しているからである。しかし、柳田國男による思想論的・精神論的共同体論（とくに信仰重視）と生活上の共同機能論については、民俗学の性質を検討した結果、一応留意すればよいといった程度にとどめている。また木村は民俗学だけではなく、考古学、社会学等、隣接諸科学について、逐一、精査したことはいうまでもない。その結果の紹介は別稿に譲る。

しかし、木村の共同体論に思想・文化は含まれているのか、どうか。はたして村落の構成要素とした「α」（前記）とは何か。木村と視点はやや異なるが、同世代であり、交流のあった尾籐正英は、日本歴史を古代と近代に区分する方法を主張した。一四世紀から一六世紀の社会変動により、「家」が一般的に形成されたこと、そして共同体の統合がなされた（下から積み上げられた）幕藩国家とした。幕藩国家の政治組織（オトナ→家老）の確立は学問の普及をうながしたとする(30)。

結論を急げば、木村の「α」は水利や道路などのことであり、学問・思想・文化は含まれない。ゆえに共同体論の主著『日本村落史』には思想・文化については、ほとんど扱われていない。やはり、木村共同体論に思想・文化は瑣末的事柄であったのか。なお、同書の刊行後、木村は自らの共同体論を「悲観的共同体論」と語ったこともあった。

3　大原幽学の研究

(1)研究の契機

これまでの木村の研究からすれば、次は当然のように村落の景観となるはずである。しかし、そうはならなかった。大原幽学を共同研究、つまり主たる研究対象とした。

そのわけを探る前に、大原幽学についてごく簡潔に述べておく。大原幽学は寛政九（一七九七）年に生まれ、「江戸時代後期に庶民教化に尽力した指導者(31)」である。その出自は自らが語らなかったため不明である。尾張藩家老大道寺家であるということが伝えられているが、諸説ある。一八歳の時、放浪の身となったが、諸国修行の末、農村荒廃に苦しむ下総長部村遠藤良左衛門らの招きにより、同村に定住、さまざまな復興活動と多くの門人指導に尽力した。その傍ら学問も怠らず『性学趣意』・『微味幽玄考』等を著わし、「性学（性理学）」論を築いた。しかし教場というべき「改心楼」への博徒乱入に始まる一件で幕府から処分を受け、ついに安政五（一八五八）年三月に自刃した。

木村は筆者に「君のやっているところ（千葉県香取郡干潟町・現在の旭市）は面白そうだね」と語ったことがある。そして、前掲『大原幽学とその周辺(32)』にも次のように綴っている。

一九七〇年当時大学院生だった鈴木秀幸氏は、学部時代から大原幽学の故地を含む千葉県香取郡干潟町地域の文書調査をしており、私はその話をきいていたし、興味も持っていた。

筆者は昭和四二（一九六七）年八月から同地の教育史の調査や研究に当たっていた。ちょうどその頃は学部学生とひたすら同地を駆け回り、しかも地域の多くの人達とかなり親しくなっていた。筆者の案内により木村が他の院生・教員らと干潟巡見をしたのは、昭和四五年四月のことである。そして、翌年八月より一〇年間の共同研究が開始され、筆者はチーフ・マネージャーとなった。しかし、木村はなぜ、教育史・思想史・文化史、かつ人物史に取り組もうとしたのであろうか。あの「日本村落史」（とくに景観研究）はどうしたのか。

木村が大原幽学を知ったのは、昭和三八（一九六三）年四月刊行の中井信彦『大原幽学』[33]が刊行された時であり、その時に書評を書いている[34]。そのことについて久しぶりに想い起したと思われる。

実は木村は、昭和四二（一九六七）年以来、静岡県掛川市を中心とした報徳関係の共同研究に加わっていた。同研究では、のちの同五一年七月に、中村雄二郎とともに編者になり『村落・報徳・地主制――日本近代の基底――』[35]と題して上梓している。ところが前掲『戦前・戦後を歩く』の中で「尊徳の〝成功〟は、私には魅力がなかった」[36]というのである。事実、編者にもかかわらず、倉真《くらみ》村における本在家と柄在家の主従関係を考察した「明治期村落の前提――江戸時代の倉眞村」という論文を書いて終っている。

それにしても、なぜ大原幽学なのか。それは深刻なわけがあった。以下、やや長いが、『戦前・戦後を歩く』から引用する。

> 若い時には私を捉えていた社会構成史風の戦後歴史学から何とかして決別したいと考えて、いろいろ思案し、その結果香取社領村落の研究をやってみたものの、それでスッキリしたわけでもなく、私は依然として混迷していたし、憂鬱でもあった。
> 大学紛争に直面しているのもまた憂鬱なものである。私はこの時期、出口がわからない一種の閉塞感の中にあ

ったように思う。（略）私は彼ら（紛争参加学生――筆者注）の中に、人間と社会との関係を模索している姿を見たようである。彼らはそれなりの人生観を集団で展開しているのだと思ったことが何回もある。

私の心の中には、そうした状況に直面して憂鬱と研究上の依然たる行き詰まり感からくる憂鬱とがダブっていた。このような場合、私の突破口は研究しかない。その突破口は大原幽学（一七九七～一八五八年）に求めたからである。

当時、すなわち昭和四六（一九七一）年時の木村は四七歳と油が乗り切っている年令であり、学内では一部教務部長に就任したり、大学評議員にも選任された。また学外では学術会議員でもあった。そして翌年も学園紛争の真只中にあり、機動隊導入の、いわゆる「中野学園事件」が発生、やがて長い裁判が始まる。体調が極度に悪化したのは四八年のことであった。それでも木村は次のように記している。

今にして思えば一九七〇年当時は、私の転回期だった。転回の一つの方向性は「日本村落史」であって（略）もうひとつがこの〝大原幽学とその周辺〟についての研究である。

率直にいって、私は人間の内面を見つめる手掛りを歴史の中に求めたかった。（略）私は恐らく幽学の失意と〝失敗〟にひかれたのであろう。(37)

大学紛争時に大学改革準備委員長、教務部長として、その渦中で奔走したのであるが、夏期合宿は昭和四七年に一週間（それでも最終日には参加）休んだだけであった。しかし、心の中は苦渋に満ちていたことは疑う余地がない。

⑵研究の視点・方法

学生・卒業生らの多くが参加する夏期調査は年一回、一週間であったが、テーマを持った主力メンバーや卒業論文を書く学生はそれ以外にも個人や有志で調査に出向いた。共同調査は一〇年間、あと一年間は執筆・編集であった。

調査以外では毎週金曜日の夜、木村研究室で長年続けられてきた「金曜研究会」（金曜日夜開催、ＯＢ・ＯＧ参加）において、幽学研究の執筆者は発表をした（それ以外の者は各自のテーマを発表）。さらに筆者は別途に「干潟研究会」の開設を提案、同じように各人、発表を行った。つまり「金曜研究会」でも「干潟研究会」でも研究発表が当たるわけである。研究発表をするたびに、「歩いて資料を探したり、読んだりするのは楽しいけど、それだけでは研究者ではない。論理化・客観化しなければならない」という木村のことばに胸が締め付けられる思いだった。

そのことはさておき、木村には大原幽学研究に当たっては、大きな危惧があった。それは次の文言から知りうる。

これまでの幽学研究の殆んどは専ら幽学個人に関する研究であって、幕末という時代との関連における把握は弱い(38)。

そこで、次のようなテーマと視標を示した。

研究のテーマ（つまり、書名）は「大原幽学とその周辺」とする。本書『大原幽学とその周辺』における「周辺」とは、幽学と同時代における他の知的活動、いわば「横」における周辺、並びに幽学の門人や彼の没後の諸問題、いわば「縦」における周辺の複合を意味している。右のような意味において、幽学を「周辺」との関係において見る（略）(39)。

これを簡潔にいえば、大原幽学の人生や時代の変化も追うが、その周りのことも同等に重視するということである。さらには「大原幽学の周辺」ではなく、「とその周辺」である。筆者はこの研究では「とその周辺」の部分を担い、執筆に当たっては多くの頁数をいただいたが、もし「の周辺」といった程度の扱いなら志気に影響があっただろう。この「と」は、最大の特色である。文書の悉皆調査が終わったあとは、関連調査と文書筆写が続けられた。目録に基づいて文書の検討が始まっていくにつれ、大原幽学に関して従来からの研究について、大きな問題が発見された。次のことである。

文書を読み進むにつれ、これまでの研究が、事実の確定において誤ちの多いこともわかってきた(40)。長年、いくつもの村を歩き、多くの文書を見て、検討してきた木村ならではの文言である。さらに、次のようにも述べている。

また幽学没後の文書には、全く知らなかったこと、全く思いがけないことも数々あった。つまり実にスリリングな研究だったのである(41)。

本項をまとめていえば、『大原幽学とその周辺』の中で、木村が記している次のようなことになろう。

研究内容についての方向性は（略）①幽学（本書第一編）のみならず、幽学と同時代のさまざまな状況についても調べる（本書第二編、第三編）、②幽学没後の状況をも追跡する（本書第四編）、ということであり（略）(42)

(3)研究の結果

本研究が開始された時、木村は皆の前で「この研究は一〇年！　一九八〇年で終わる」と宣言した。あまりにも先のことだと皆は笑った。しかし昭和五五（一九八〇）年は確実にやってきた。その年、夏期合宿最後の日、木村は檄を飛ばし、さらに原稿締切日を指定した。その日、合宿所の中央公民館玄関で撮った記念写真には引きつったメンバー（執筆者）の顔が並んでいる。

木村は三年後、大原幽学研究について、次のように回想している。

これに費やした歳月は一〇年だが、その間きわめて面白かった。共同研究としては、成功した部類に入るものと思っている。（略）多くの人々の奮闘努力は大したものであった(43)。

実際、血気盛んなメンバーは、継続して調査・研究を望んだ。木村は次のように綴っている。

本ができると〝干潟衆〟（幽学とその周辺に関する研究グループの内称）は当然のことながら解散した。しかしながら、この一〇年間この研究の幹事をつとめた鈴木秀幸氏の肝煎でごく少数の人々が残り火を守った。これを〝干潟残党〟という（私もその一人）[44]。

この研究は昭和五六（一九八一）年より同六二年まで行われ、『歴史論』第九号[45]に「幽学・村落・文化」と題する特集を組んだ。木村は「文書紹介「出役・手先等悪事風聞書」」を執筆した。そして干潟残党は今日でも地域で資料の調査・保存・研究に当たっている（後述）。

なお、木村は編者として『地方文化の日本史』第七巻[46]を刊行したことがあるが、同書の「概説」では、最後に、次のように述べている。

本書において、真正面からとりあげた著名人は大原幽学ぐらいなものである。彼とても農民の日常性にきわめて密着した人だった。主題は何といっても無名人であり、彼等の生活の諸相なのである。

つまり地方文化を語ったとしても、著名人を扱うことは極力したくないこと、そしてハイカルチャーに属する文化人ではないこと、よく見られる偉人の成功談ではないこと、日常の生活を描くことであった。この内、強く響く語は「無名人」、「日常性」である。大原幽学の場合もそのような研究姿勢であった。

重要なことは、木村の共同体論は全くの所有論的共同体論だけではなく、生活や思想をも強く意識するようになったことである。つまり幽学共同研究によって村落の描写の際、そうしたことの重要性が自身によって強く認識されるようになったということができる。その意味では、木村にとって幽学の研究は「戦後歴史学」への決別以来の、大きな画期である。

4　村落生活史の研究

(1) 新研究の事情

前記「干潟衆」の面々が、大原幽学研究の終結に向けて緊張していた頃、すなわち昭和五三（一九七八）年八月から、木村は茨城県西地域を調査対象地域として共同研究の合宿を開始した。次なるテーマは村落における景観と生活であった。つまり、日本村落史研究を景観と生活を研究の主軸としたのである。ただし、景観も生活も同じフィールドであり、調査は同時並行であったが、研究の方は前者の方を数年先行させた。

ところで、木村はそれまでの「共同体」と「生活」という用語について、次のように述べている。

私は「日本の共同体」を書き終わってからは、歴史用語としての「共同体」の使用を停止し、それに代わって「生活」を用いるようになった。また「村落共同体」もやめ「村社会」ということにした（「共同体」の意味内容は人によってバラバラでいっこうにとりとめがない。用いるには厳密な規定が必要である）。

実際には、「日本の共同体」ののちも、「共同体」と題した一文を『世界歴史大辞典』[47]に寄せているが、これは編集委員から与えられた項目であろう。確かに、昭和五五（一九八〇）年七月刊行の『近世の村』[48]には使用されていない。しかし、それにしても「共同体」をやめて、「生活」としたのはなぜか。すでに紹介したように木村の共同体論では「所有論的共同体論」（村落＝耕地＋集落＋α、αは水利等）、つまり景観が重視されていたはずである。

ここで思い起すのは木村理論に対する「さみしい共同体論」という批判である。そうした批判だけではなく、「所有論的共同体論」に対置される「機能論的共同体論」は中村吉治以外にも数多くあった。筆者はさきに古川貞雄や柳田國男について、ごく簡単に紹介したが、他にも桜井徳太郎の「結衆の原点」論、後藤総一郎の「常民」論等、枚挙にいとまがない。そして、すでに指摘したように、香取社領の景観研究後の大原幽学研究では、生活の場としての景観だけではなく、そこで村人によって営まれる生活の重要性を確認したのである。こうした木村の変節について、牧原憲夫は「思想としての日本村落史」の中で、以下のように指摘している。

理論面では、一旦は「超歴史的」だと否定された「機能論」の復権という形をとった。その契機は色川大吉「近代日本の共同体」（一九七四年）の衝撃だった。三里塚をはじめとする住民運動の高揚を背景して、地域共同体が反権力の砦となりうることを主張した色川氏の見解は、共同体を「個人の自立」を阻害する「前近代の問題」とみなしてきた木村氏の立論の根源を揺さぶった。(49)

木村はこうした批判に対し、のちに『村の世界　視座と方法』（注49参照）の「解説」において当時を振り返り、「〝所有論的〟純化にもとづいた」共同体でなければ一貫して書けなかったと想起している。さらにその「解説」で、次のようにも記している。

その（所有的共同体論――筆者注）上に機能論的共同体論を一層学び、それを附加したい。もっともらしい言い方をすれば、両者を統一したい、というのが、現在の願望である。

現在というのは、正確にいつかははっきりしないが、同書の刊行は平成八（一九九六）年五月であるので、それ以前ということになる。(50)おそらく木村は自らの共同体論を大きく修正・変更したと思われる。つまり「共同体論→村落史、耕地＋集落＋α→景観プラス生活史」といった按配である。

(2)精神生活論

論を元に戻す。景観研究の方は『村落景観の史的研究』と題して、昭和六三（一九八八）年一二月に刊行された。ここには文化史のテーマは登場しない。同書の刊行後は生活史研究に全力が注がれたことはいうまでもない。そこにおける文化史の扱いはどうであったのか。

ところで木村はこの村落の生活史研究について、解明すべき点を四点ほど提示した。以下の通りである。(51)

・小地域（坪―村―村々）
・地域内の社会関係を重視する。

・生産と消費の双方を重視する。
・精神生活を重視する。

ここで注目すべき点は四番目の「精神生活」である。「精神生活」とは何か。木村は以前、『江戸と地方文化』の中で、次のように綴っている。

　人間生活には、精神的諸要素の占める地位もまた高いのであり、これを軽視しては生活史は成り立たない。

また昭和五九（一九八四）年一一月に駒澤大学における「私観『戦後歴史学』――日本村落史の周辺――」と題した講演で、次のように語っている。[52]

　人間は思想とか心情とかのために死ぬことができます。そのことは、特攻隊のみなさんを考えればわかると思います。

いずれも、大原幽学研究真只中の発言である。当時、金曜研究会等では「精神生活」に類する、先行研究の報告や討議がなされた。そして木村は、次のように断言した。

・民俗学は歴史学が無視してきた村人相互の精神的なつながりを伝統的に重視してきた。
・そこ（民俗学――筆者注）に描かれる生活史像はあまりに牧歌的でありすぎました。[53]

また、地域民の文化活動を対象とする社会学等も検討したことはいうまでもない。ところで、「精神生活」とは何か。その概念を次のように説明している。

　「生活」に物的、経済的側面と精神的側面とがある。（略）ここにいう「精神的・意識的側面」とは気持ち、心の動き、態度等々の用語で表現されているごとく日常的な事象を意味しており、「思想史」「精神史」等として表現されてきた抽象力の強い高度な知的事象のことではない。[54]

このことについて、さらに砕いて、次のようにも表現している。

精神生活とは、一般に学問とか芸術と言われる〝高度〟の文化現象を含むが、それ以外の例えば民俗的な年中行事や、酒を飲んでくだらないことを喋り合うといった状況を含むものである(55)。

では、共同研究の成果『村落生活の史的研究』では、どのように扱われているのか。同書の中から、精神生活と思われる題目を抽出してみる。

第四編　近世の村落における小地域

七　村・坪における寮

1　小地域の公民館と寮との関係／2　寮の建物と寮の制度的性格――近世・近代を通じて――／3　寮の機能とその変容／4　寮の終焉

第五編　村の日常生活

二　田宿村と猫島村（2）――日常生活の諸相――

4　村社会における交流／5　村人の精神生活

三　伊古立村

2　ある農家の三代／4　村落生活と文化

むろん、他の章節にも精神生活に関わる事柄は含まれているが、主たる部分は上記の二編の部分である（二編とも木村筆ではない）。

景観と生活を二本立てとした一大共同研究終了後、木村はその調査地域のひとつ、茨城県千代川村（現在の下妻市）の依頼により、自治体史の事業に関わった。木村は監修者とはいえ、精力的に奮闘した。木村の下で委員長となった筆者は、この一〇年間は容易ならざる覚悟で臨んだ。「豊臣秀吉や徳川家康のことより村の人達のことを書いてほしい」という永瀬純一村長（故人、長塚節研究者）と日本村落史の成果をひっさげた木村の思いが一致したこの編纂一

○年間のことは別稿に執筆する予定であるので、ここでは『村史　千代川村生活史』（第二巻地誌）[56]の内、二ケ村（大字）の精神生活関係の目次を列記する。

第一編　台地の村
　第一章　村岡
　　第四節　村の運営
　　　1　坪／2　公共施設と共有財産／3　共同祈願と講
　　第五節　信仰
　　　1　香取神社／2　浅間神社／3　稲荷神社／4　満徳寺／5　小祠と石仏
第三編　低地の村々
　第六章　鯨
　　第五節　精神生活の指標と場
　　　1　神々の盛衰／2　寺・堂（行屋）・墓地／3　石造物の語る信仰／4　祭礼と娯楽／5　村の文化人／6　事件と災害

木村は千代川村史編纂の終盤に、『村のこころ――史料が語る村びとの精神生活』を刊行した。そこで序章を除いて、章節（目次）を紹介する。

第一章　村の意識
　1　村をまもる――里正杢左衛門の慶応二年／2　座る場所をきめる／3　祭りと喧嘩／4　『土』の女性たち／5　花火をあげる人々
第二章　村人の学び

1　大原幽学のもとに集う人々／2　幽学没後の性学――変質、分裂、そして再建／3　『柴崎往来』の世界／4　『学校沿革誌』が語る日本の近代／5　国民学校の時代

第三章　書くといういとなみ

1　家訓――家永続の願い／2　さまざまな遺書／3　年代記の世界／4　ふつうの人々の日記が語る昭和の戦争

精神生活の歴史を体系化し、具体的に証明した、この段階における木村の最善の結果であろう。しかし、木村自身はこの「精神生活」論について、前掲『村落生活の史的研究』では次のように述べている。

> このような意味（「一般村民の喜怒哀楽を中心とする日常的な精神的営み」）での精神生活像を、地域に即しつつ包括的に描くためには、それに迫るための新しい手法が必要なのだが、それをわれわれはまだ持っていない。

そのため、前掲『村のこころ』は、「今後における精神生活史の豊かな稔りへの最初のステップとして書いたものである」としている。

なお、木村は同書で、こうした「精神・思想・意識・気持ち等々の用語で説明される『人間の内面』における目には見えないが重要なものの存在に歴史研究者として開眼した」のは、大原幽学の共同研究であるとしている。

5　学ぶべきこと、検討すべきこと

(1)スライド的発展思想

以上の経緯からでも十分に読みとれるように、木村の研究は、「奇をてらう」方法はとらない。期限を区切り、地道に事に当たるが、目標の目安がたつと、次のテーマの頭出しをするといったことを続けた。雁行的研究である。

社会構成史による研究→藩政史研究→共同体研究→幽学研究→景観研究→生活史研究→精神生活研究

日本村落史という分野を確立するため、これらの研究をスライドさせつつ、進展させてきたのである。大原幽学共同研究の合宿準備の時、木村は筆者に、「ひとつの大きな研究を終わってから、次をやるのはだめなのだ。ひとつ終わるとヤレヤレとなって、次へのスタートが鈍くなるんだ」と語った。

また、予定で真黒になるほど書き込まれた手帳（ある出版社から毎年贈呈されるもの）に新たな記入をしていた時、「大体、暇な人間ほど、〝忙しい、忙しい〟という」。どうも、原稿提出の件で電話の相手が〝忙しい〟を連発した時らしい。ある時には「本当に忙しい人間は、ひとつ遅れると先々まで影響が出てしまう」とも述べたこともある。したがって、筆者の記憶では、木村は原稿提出や待ち合わせ等々で遅れたことはなかった。

(2)大局的と具体的な見地

木村は日本村落史研究の確立のためにスライド的思考によって邁進した。しかしそれだけでは説明不十分である。それは大局的見地と具体的なそれの両面を使い分けることができたからである。

筆者の座右銘は「頭と足を使う」であるが、これは木村から諭されたことばであり、頭＝考える＝考察、足＝歩く＝実践である（筆者は後者の比率大）。大局的見地と具体的行動はその「頭と足を使う」ことと符合するといってもよい。であるから「戦後歴史学」への疑問、「日本村落史」の構想、そして「精神生活」への挑戦等の論理と、「村歩き」とは両輪ともいうべきものである。

大原幽学研究の際、木村は幽学の教化活動のひとつとして、女性の活動を指摘し、二宮尊徳の仕法との違い、つまりそれは「家」の重視に基因していることを主張した（その後、木村や筆者は女性史研究者から数件の問い合わせを受け、対応したこともある）。きっかけは、作成した文書目録の中から女性門人帳の存在に注目したことから始まった。以後は、ひたすら女性門人の子孫宅を訪ねた。幽学門人鈴木はつの一代記は長い巻物であるが、保存状態は良好ではなかった。木村は当主より借り受け、自費でその文書の修復を専門家に依頼し、それから解読にかかった。その間幾度か、その所蔵者宅に通ったり（バス停留所より徒歩三〇分以上）、その周辺の巡見をした。

「原稿を書かなくちゃいけないけど、何か、いい資料ないかな」とか、「資料をもってきたら、原稿書きますよ」と豪語する研究者に出会うことが少なくなかった筆者は、こうした木村の学問姿勢に勇気を得た。「考えれば考えるほど締った文章になる、汗をかけばかくほど良い結果になる」という木村のことばはわれわれへの訓戒のみならず、自らの信条でもあったと思う。

(3)事実の確定と保存

木村は、戦後の社会構成史だけでなく思想史や文化史、とりわけ教育史を批判したことがある。それは、その存在を否定したわけではない。その研究に対してである。大原幽学研究時、民衆思想史や民衆教育史の研究は盛んになされた。しかし、今日からすれば、こうした研究の多くはイデオロギーや枠組みが「まずありき」であった。つまり、自分の考えに、あとから都合の良い資料を当てはめていくという按配である。また自ら軍国教育の象徴である国民学校の教員経験をもつ木村は教育・教育史、ひいては思想・思想史等々の研究が体制に追随しやすかったり、外国（ドイツなど）の移入に乗りやすい性質や傾向を有することを憂慮していた。そうした経緯（とくに戦時下）が自省を促すとともに、繰り返しを避けたいという強い気持もあったと思われる(57)。

だが、直接の要因は昭和四五（一九七〇）年当時の「戦後歴史学」への決別の一件であるが、このことはすでに述べたので省略する。そして歴史学については、次のように講演している。

歴史学から実証性と事実の保存というものを除いたらまっとうな学問ではなくなります。歴史学には事実の保存というものが重要です。歴史の解釈というものは変わるものです。しかしながら、解釈を行うにあたって事実

と実証は必要ですし、解釈にも節度を保つ必要があろうかと思います。(58)

木村は歴史に関して研究や教育以外にも、社会的にさまざまな活動をした。その中でも資料の保存運動には並々ならぬ心血を注いだ。特筆すべきは、公文書館法の制定への尽力である。このことは、本行論の主旨ではないが、若き学術会議会員として、陰に陽に大奔走をしている。それもやはり木村が常に口にする「実証」と「事実の保存」のためであった。

昭和四七（一九七二）年の大原幽学の合宿調査は八月七日～一三日までであった。この日程のほとんどは雨であった。それも大雨で、一日、所蔵者宅での悉皆調査を取り止め、地域や資料に関する講義に変更したこともあった（筆者の講義テーマは地方文人の類型について）。合宿を打ち上げて数日後、筆者は新聞夕刊を見て、愕然とした。それは、その後、同地を襲った台風が、われわれの調査地（旧干潟町一帯）で猛威をふるい、甚大な被害を与えた。われわれの調査に大変協力してくれた幽学門人の子孫宅（新築してまもない）は、裏山の土砂が崩れ、当主は重傷を負った。しかし入院中、夫人に、土砂に埋もれた資料を探させた。それはあの暑い中、若い人達が必死に整理した資料を無くしては申し訳ないとのことであった。なお、筆者は即座に木村に電話すると「今は混乱しているだろうから、もう少したって町や町の人達のお見舞に行こう」ということになり、後日に現地へ向かった。帰京した木村は、ある雑誌に一筆執り、「古文書保存のために微力を尽している私はA氏によって無限の励ましを受けた」と結んでいる。(59)

(4)顕彰と客観・公正

他の分野でも同様のことがいえるかもしれないが、とりわけ文化史は人物を描くことが多い。その人物描写の上での大きな課題はと問えば、少なくとも歴史研究者は顕彰についてと答える者が多い。

数多くの木村の論文の中で、特定の人物を対象としたものはきわめて少ないが、すでに紹介した大原幽学は最も力を入れたものである。この共同研究のテーマと刊行書についてはすでに述べた。『大原幽学とその周辺』であり、「とその周辺」が大きな特色である。したがって、かなり意識して幽学時代の文化人・教育者の活動も重視した。また幽学出生時の近世後期から門人の時代（明治期）の時間的な推移や背景も考慮した。この研究において、ぜひとも執筆をしたいが、軽々には扱えない大きな事件があった。それは幽学没後、三代目教主の時に発生した。すなわち、幽学の教えをめぐる相違、そのことと関連した感情的な対立である。最も深刻であったのは、門人の家族内で二派に分かれて激烈な家族騒動まで起こったことである。この一件はその門人宅にまとまった形で資料として残されており、従来の研究においては一度も取り上げられたことはなかった。しかもこの事件を解明することは、幽学研究にとっては重要な意味をもつものであった。

結局、その一件は木村により『大原幽学とその周辺』に実名入りで執筆された。というと、簡単に聞こえるが、実際には親族が会した話し合いの前日あたりから木村は明らかに緊張していた。そして全員の了承を得るまで時間を要した。その顚末は、かなりリアルに踏み込んで書かれているが、推測や私情はほとんど見うけられない

木村は明治大学在職中、大学史（『明治大学百年史』）に編纂委員長として関わっている。その編纂に当たって、次のような方針を明示した。長文になるので、ひとつひとつの解説文は省略して列記する。

・近代日本社会との結びつきを重視し、それによって明治大学を社会的広がりの中に位置づけること。
・近代日本社会の知的諸潮流、諸問題との関係を重視し、それに最も敏感な学生の動向に留意すること。
・一般的な教育事項についての史料収載や記述を努めて限定すること。
・明治大学の歴史を大学史一般の中に埋没させることなく、明治大学の独自性を重視すること。
・『明治大学百年史』を顕彰や論断の場にしないこと。(60)

このことについて、のちに木村は筆者に「あれは五箇条の御誓文みたいなもんだ(61)」といって、その理由を説いた。

教育史研究や自校史編纂にとっては、そのひとつひとつが実に重い文言であるが、「顕彰」云々の五点目はとくに強く印象に残った。

木村は、平成一二（二〇〇〇）年一〇月の全国大学史資料協議会全国大会（於神奈川大学）において「大学史および大学史料を考える」と題し、記念講演を行った。その内容は高評であり、多くの会員の強い要望で同協議会東日本部会会報『大学アーカイヴズ』No.29[62]に「講演記録」として掲載された。その内容を全て取り上げる余裕はないが、上記の五条を例に挙げて平易に解説をしている部分がある。当然、「顕彰もしない。論断もしない、事実を書く。（略）そんな事《（ママ）》やりだせば収拾がつかなくなる」と力説している。

さらに、この講演では、一条追加をした。それは「まずいことでも書く」ということである。以下、一部分を引用する。

その大学、その機関にとって不利益と思われる事でも、書くということです。（略）大学にとってこれは不名誉じゃないかと思われる事でも、事柄の性質上影響力の大きいと思われる事は出す。（略）ただし、「追求主義といわれるような、ばかばかしい主義に陥らないような程度にしなきゃならん」とも加えている。

事実、木村は大学史関係としては『明治大学百年史』第三巻・通史編Ⅰにおいて学生騒動がからんだ学内抗争の「植原・笹川問題」（章題同様）という一大事件を執筆した[63]。さらに同書第四巻・通史編Ⅱ[64]では大学紛争時の改革を担当した[65]。また、『明治大学　人とその思想』[66]では大審院判事・法学部教授尾佐竹猛が出身の明治大学に博士論文を提出した際、大学は受理しなかった出来事（東京帝国大学受理）について、「その仕事は学界から高く評価された。拒否によって損をしたのは明治大学ということになる」と綴った。

なお、筆者は木村のあとを受けて、人物描写に関する留意点や課題項目として、資料の調査収集と選定、成育環境の重視、教育の追究、時代性の分析、比較研究を掲げて考察したが、その詳細は本書第二章二「明治期青年の上京と修学」を参照されたい(67)。

(5)近代および近代化との関係

木村は近世農村史、とりわけ社会構成史の研究から出発した。その後の葛藤や克服への様相はすでに述べた。それによって構築したのは「日本村落史」論であり、そこでは時代区分や時代研究上の専門性の弊害からの脱却はひとつの大きな特長であった。そして景観研究や千代川村史編纂の際には盛んに考古学・古代史の研究に興味を示した。

近代および近代化の論考はいくつかみとめられるが、ここではそのことを逐一検討する紙数はない。そこで近代史の分野について、最も具体的・実証的に力を注いだ大原幽学没後の門人たちの動向について、いささか触れる。その研究ではとくに、すでに取り上げたところの対立・分裂の事件は大きく扱っている。さらに明治政府による二代目教主遠藤良左衛門に対する反政府活動への嫌疑・捕縛（無実。政府の誤解と権力行使）についても新資料を用いて叙述している。しかし、これだけで大原幽学没後の明治期や近代を描いたとは到底思えない。容易に考えられるところの具体的な問題点は、以下の通りである。

・確かに幽学の教えは次世代を担う江戸時代の人々（例：福澤諭吉・中江兆民ら）とは異なる思考を存していた。しかし幽学は同世代、例えば儒学者の安井息軒・安積艮斎らの考え方とはどのように違うのか。また二宮尊徳といった同世代で同様の農村指導者とは何が同じで、どこが異なるのか、比較を徹底的になさねばならない。

・まして幽学の生前、そして没後にあっても、その教え（八石性理学）に対して批判的な村人も少なくなかった。あるいは一定の距離を置いて交流をしたり、さらには離脱する者もいた。そのようなことを強く意識した調査研究も必要であろう。

・右記のこととも関わるが近代の大きな特色であり、論考上欠くことのできない「中央」との関係も気に懸る。

やはり近代は中央との相関関係が非常に強いからである。そのことは文明開化政策のみならず、宗教・学問等々、さまざまな分野からの考察が求められる。村落について、連続性を強調し、トータルに把握するならば、やはり近代との関係を強く意識し、近世中心論を前進させなければならない。

・大原幽学に対する顕彰も再検討を要する。顕彰を否定する木村の考え方は(4)で扱った。ついでに人物描写上の偏見回避に関する筆者なりの留意点等も簡単に記した。だが、一方、大原幽学に対する顕彰活動は今日まで続けられている。木村もその点を念頭に置いていたことは、大原幽学研究史の考察により知り得る。(68)研究書の分析を中心としたその研究をさらに進展させ、教育・教化運動、記念祭等々の資料の検討により顕彰する側から研究を具体的・詳細にすべきである。

もっとも共同研究「大原幽学とその周辺」終了後、木村は、今後、さらなる資料調査の必要を説いた。木村礎著作集『大原幽学と門人たち』(69)所収の自らの「解説」の中で門人およびその資料は「まだまだ発掘の余地は大いにある」としている。

実際、「干潟残党」（前出）は、当時の干潟町（のち旭市）依頼により大原幽学関係目録刊行に当たった。さらに同町立大原幽学記念館の設立や資料調査・研究紀要執筆・国重要文化財指定等にも関与した。この間、残念ながら木村は逝去してしまったが、「残党の残党」は遺志を受け継ぎ、平成二二（二〇一〇）年三月には門人調査資料の目録を刊行するとともに新出資料（近年、大原幽学旧宅内より発見された幽学および門人関係のもの）の検討にも当たることにより、目下、第二次国重要文化財指定をめざしている。

(6)村落における「精神生活」・文化状況の解明

木村の文化史論、つまり「精神生活」論の定義とその実証については、すでに述べた。それは大原幽学研究をさらに発展させたものである。

しかし、この「精神生活」論は、通常の文化史研究とは異なる。それは従来の、通常の文化史研究では、村社会の文化や知的状況、さらに生活は解明できないという意識に基づくのである。従来の研究成果を否定するわけではなく、それだけでは不十分としたのである。多くの歴史研究者はテーマを定め、研究史を検討してから資料調査に出向く。そして見出した自己のテーマの資料をもとに論文を書く。木村は大きなテーマを定めると、対象とした地域の景観や資料を徹底して調査する。こうして地域全体を把握したのち、ポイントとなるテーマを絞り込んでいく。最初から仏像・絵画・和歌集といった調子ではないのである。そしてそればかりを検討するわけではない。だから多くの時間を費やすわけである。一口でいえば村落史としての文化史研究である。このようにして木村は、今後の課題が多いとしつつも、精神生活論について、一応『村のこころ』（注53参照）として刊行した。その内容もすでに紹介した。

ただし、厄介なことがひとつある。「こころ（心）」、「精神」、そして「文化」という用語の取り扱いである。「精神」とは思考や知識といった知的部分に関わる。そして人間の理性や知識から感情や意志にわたっているのが「心」である。とくに「心」はすべての精神的な活動を表わしている。したがって「精神」より「心」の方が広い概念である。このことを分けて考えているのか、どうか。それは単なる用語の意味だけの問題ではない。「心」と「精神」の定義をより一層明確にしないと結局は何でも全てが「心」であり、「精神」となってしまう。したがって木村が「遊ぶ」、「食べる」ことも「心」・「精神」に入れているのはこうしたことに基因している。

木村があまり使用していない「文化」とは、一般に人知・世態・生活などの内容や水準が昇華したものという定義である。具体的に狭義でキー・ワードを羅列すると、「知的」・「高度」・「抽象」・「専門的」・「有識」・「上層」・「学問」、あるいは「A級」などである。広義では「通俗的」・「大衆的」・「日常的」・「具体」・「庶民」・「広域分野」あるいはC級などである。また、この狭義と広義の中間に位置づけられる文化も、例えばセミプロ（ノンプロ）のような存在もあろうが、そのことは省略する。とすると、木村の「こころ」とか「精神生活」は、上記の文化形態の内、広義の文化を主とするものである。つまり木村は従来の文化史研究の内、狭義の文化ではさほど扱われなかった広義のそれを強調したかったということになろう。

以上のことを筆者なりに整理してみる。ひとつの大きな球体にたとえれば、心の中に精神、その中に文化があり、文化の上半分は狭義のもの、下半分は広義のものであり、広義のものの方が大きい、ということになる。木村はその広義の文化を含めるというか、強調して「精神生活」と称したのである。しかし、無理に「食べる」こと等まで「精神生活」に入れなくとも、他の項目の中で扱えるものもあるのではないか。

とはいえ、木村にとっては村の文化について、対象としてアカデミック・ハイセンスなものだけではなく、また焦点（目線）の当て方としては「立って眺める」より「しゃがんで眺める」ことに努めたということもできよう。それは豊富な村歩きによる実績に基づくものであるが、と同時にあの「下町のあんちゃん」以来の成育環境にもよるものと思われる。

確かに村人の「心」や「精神生活」、あるいは「文化」を研究する際、木村が対象とした通俗的・日常生活的文化の発掘と考察は必要不可欠である。問題はそうした木村の、いわば景観あっての村落内日常精神史（文化史）研究をも念頭に置きつつも、さらにどのようにして有機的・包括的に進めるのかということが重要である。今後の調査研究上の視点や事柄のいくつかを仮に列記してみる。

・範囲・区別

「心」・「精神」・「文化」について

広義・中間・狭義の「文化」について

・行動様式

習う・学ぶ
伝える・教える
拓く・創る
・受容形態
「上」から
「横」から
「下」から
・場[70]
学校・公民館
寺社・行屋等
個人宅
・交流形態
内で（地域内）
外へ（近隣・中央等）

こうしたことを個別検討し、さらには時系列と空間（場）との関わりをも考慮しつつ[71]、複合的・総合的に考察していく必要があろう。例えば、あくまでも仮説であるが、官製の文化（狭義）の場合、「伝える」・「教える」ことが、「上から」「学校」に入ってくることにより、地域に浸透してくるのはとりわけ近代云々といった調子である。このことにより景観・生活・精神生活もしくは文化の三分野をいかに有機的に解明していくべきかということである[72]。

さらにいうならば木村の「村落あっての村人の精神生活（文化）」に対し、「村人の精神生活（文化）あっての村落」

という側面、あるいは両者の関係について考えてみる必要もあろう。

おわりに

本節では、木村史学というべき木村礎の歴史学の中から文化史研究を論じた。最初は木村の成育環境をかいまみた。「下町のあんちゃん」を自認する木村の周辺に、ハイカルチャーやブルジョアといった環境条件はほとんど存在しなかった。このことは、後の精神史生活論、つまり文化史研究を規定した。長じて歴史研究者の道を歩み、社会構成史研究に没頭したが、やがて疑問をもち、決別した（「戦後歴史学」の基底にある「理論信仰」とそれによるパターナリズム・教条化への「別れの歌」）。そして共同体などの基礎理論を徹底的に検証したあとは一層村歩きをすることにより「日本村落史」論を唱え、さらに村落史の主軸を景観と生活とした。そしてその生活の中に「精神生活」を強調したのであるが、その起点は自身の共同体の再検討と、そして何よりも大原幽学研究にあった。とりわけ「精神生活」論についてまとめたのが『村のこころ』であるが、これが実質上、最後の作品となった。率直にいって、そこに示された「精神生活」論は未完であり、課題が多い（木村もことわっている）。しかし、木村史学は日本文化史研究に、一石を投じたといえよう。

木村没後、地域社会論として農村・都市研究は進展している。そのことも念頭に「精神生活論」を検討したり、新たな方法論を創出するのは私達の責務である。

注

（1）日本経済評論社、昭和五九年一月。
（2）日本経済評論社、平成六年四月。
（3）日本経済評論社、平成一二年一月。

(4) 成績証明書。前掲『戦前・戦後を歩く』。
(5) 同右によれば、島木健作『生活の探究』に熱中したのもこのころであるという。
(6) 明治大学を選んだのは、自宅と勤務先の真中にあること。地理歴史科としたのは、文芸科では父を説得できないし、また同科は夜間部のみ開設されていた。さらに学校で習った科目では地理や歴史が好きだったからである。なお、大学進学をめざしたのは、大卒としての教員免許状がほしかったためである。以上のことは『戦前・戦後を歩く』に述べられているが、筆者自身も直接、聞いたことがある。
(7) 前掲『戦前・戦後を歩く』。同書によれば宗京氏に「売り込んだ」ことや年度末近くなったら「クビ」にするかどうか知らせてほしいと頼んだとある。宗京氏とは宗京奨三氏であり、明治大学地歴科の先輩に当たる教員であった。
(8) 文雅堂書店、昭和三三年七月。
(9) 八木書店、平成六年一月。
(10) 同右。
(11) 「戦後史料保存事始」『会報』第二七号、埼玉県地域史料保存活用連絡協議会、平成一三年三月、平成一二年五月講演。
(12) 前掲『村落生活の史的研究』。
(13) 同右。
(14) 同右。
(15) 『駿台史学』第五〇号、駿台史学会、昭和五五年七月。
(16) 『木村礎著作集』Ⅰ、名著出版、平成八年三月。文中の「戦後歴史学」とは木村のいう「基本法則史学・社会構成史学」のことである。
(17) 木村は後年ではあるが「学問・研究の曲がり角」(明治大学『専教連会報』一三二、昭和六三年九月)において「この学風(社会構成史的学風――筆者注)が、社会構成を論じていても、人間や思想を論じるには向いていないのではないかという疑問ないし自覚、また概念ばかりが先行して歴史の豊富さを捉えていないという指摘」があったとしている。
(18) 前掲『耕地と集落の歴史――香取社領村落の中世と近世――』文雅堂銀行研究社。
(19) 前掲『戦前・戦後を歩く』。

(20) 同右。
(21) 岩波書店、昭和四二年一〇月。
(22) 前掲『村落生活の史的研究』。
(23) 同右。
(24) 前掲『戦前・戦後を歩く』。
(25) 前掲『村落生活の史的研究』。もっとも同書は後年に書かれたものであるので、この段階で、ここまで批判の論点が明確であったか、否かは分からない。しかし、大方のところはこの通りであろう。
(26) 『明治社会・文化研究会会報』No.2、明治社会・文化研究会、昭和四一年六月。
(27) 『明治大学人文科学研究所紀要』10、明治大学、昭和四七年三月。
(28) 『思想の冒険』思想の冒険グループ、筑摩書房、昭和四九年八月。
(29) のちに『村の遊び日――休日と著者組の社会史――』（平凡社、昭和六一年九月）として刊行した。
(30) 昭和六三年一月に近世学問史研究会にて「学問の普及と近世社会の性格」と題して発表したものをもとにのちに『江戸時代とはなにか　日本史上の近世と近代』（岩波書店、平成四年一二月）として刊行した。
(31) 拙稿「大原幽学・その人と思想」『大原幽学「旧宅」半解体修理事業報告書』旭市教育委員会、平成一三年四月。
(32) 八木書店、昭和五六年一〇月。
(33) 吉川弘文館。
(34) 「書評　中井信彦『大原幽学』」「東京新聞」（夕刊）、昭和三八年五月一日付。
(35) 東洋経済新報社。
(36) 前掲『戦前・戦後を歩く』。
(37) 同右。
(38) 前掲『大原幽学とその周辺』。
(39) 同右。
(40) 前掲『戦前・戦後を歩く』。

(41)前掲『大原幽学とその周辺』。
(42)同右。
(43)前掲『木村礎年譜』、のちに『戦前・戦後を歩く』にも転載。
(44)「幽学研究雑感」『千葉史学』第一二号、千葉歴史学会、昭和六三年五月。
(45)明治大学近世近代史研究会、昭和六二年九月。
(46)文一総合出版、昭和五三年四月。
(47)教育出版センター、昭和五五年七月。
(48)教育社。
(49)『村の世界 視座と方法』(木村礎著作集Ⅵ、名著出版、平成八年五月)。木村は同書では色川氏の批判について、「近・現代における共同体の問題をどう考えるか、今の私には具体的な思案がない」としている。
(50)同書では、西垣晴次からは機能論(民俗学、社会学により重視)の欠如の指摘があったことも記している。
(51)前掲『村落生活の史的研究』。
(52)『史学論集』第一五号、駒澤大学大学院史学会、昭和六〇年三月。
(53)以上、『村の生活史』、雄山閣出版、平成一二年六月。
(54)『村のこころ』雄山閣出版、平成一三年九月。
(55)前掲『村落生活の史的研究』。
(56)千代川村、平成九年三月。
(57)木村は『少女たちの戦争』(日本経済評論社、昭和六二年七月)の中で「われわれ同世代人にとっての戦争批判は、日本近代史総体への批判であると共に痛覚を伴なった自己批判でもなければならない」、「大過去から過去を、そして過去から現代を見るよう努めること、それが歴史から学ぶということなのである」と述べている。
(58)前掲『会報』第二七号。
(59)「ある感銘」『大法輪』、大法輪閣、昭和四七年三月。
(60)以上、木村礎「編纂経過の概要」『明治大学百年史』第一巻、史料編Ⅰ、明治大学、昭和六一年三月。

(61) 拙稿「大学史活動の基本――大学史資料の調査研究にあたって――」『大学史活動』第二十五集、平成一六年三月。
(62) 平成一五年一〇月。
(63) 章題は「植原・笹川問題」。
(64) 明治大学、平成四年一〇月。
(65) 章節は「大学改革をめぐる学内の激動」。
(66) 「尾佐竹猛論」、明治大学新聞学会、昭和四二年一月。
(67) 拙著『大学史および大学史活動の研究』(日本経済評論社、平成二三年一〇月)も参照されたい。
(68) 前掲『大原幽学とその周辺』の「研究史の概要」。
(69) 名著出版、平成八年一一月。
(70) 木村は、『村の生活史――史料が語るふつうの人びと』(雄山閣出版、平成一二年一二月)において村民生活の日常性を明らかにするために、地域の構造を三層に分けた。図式化すると、次のようになる。

　村＝村民生活の枠組、行政的・公法的
　小名・坪＝村民生活の日常
　郷＝交通による流通・情報上の広がり

(71) 木村自身も、歴史の描写として、「年表と事典」という視角について筆者に語ったことがある。
(72) 本書第一章二の「ある農家の生活と文化」、同章三の「地域の文化形態と景観」参照。

二　地域文化史調査の軌跡――地域文化史の資料調査歴から――

はじめに

本節は地域における文化史の調査法を論ずることを目的としている。とはいえ容易なことではない。というのも地域文化史の研究は数多くあるが、方法論となるときわめて少ないからである。そもそも筆者にそのことを論ずる資格や力量があるのかというと、きわめて不安になる。では論述が無理ならば随想ということも考えられるが、これはこれでまた難しい。本論を幾度も書き直していた時、かつて資料調査について、講演の中で取り上げたり、執筆を求められたり、あるいは研究論文の中でも触れたことを思い起こした。つまり講演録・新聞雑誌記事・論文の中から資料調査に関する部分を抽出してみる。そして、それらについて、極力時系列で並べてみる。それをもとに自己の調査歴を追想したり、考察してみた。それとても今更引用や紹介に値するものではないが、しまりのない懐古的・情緒的な回想録、あるいは逆に紋切型の記録集形式にこだわった抽象論を少しは避けられるかもしれないと思ったのである。

このようにして克服の方法や手段を考えたとしても、内容は格好のつけようがない。節題を「地域文化史調査の軌跡」としたところで、その線路は整備良好な一直線とはいいがたかった。敷設不備やら無駄な迂回となったり、列車もしばしば停車や脱線事故をひき起こした。したがって、自己の資料調査歴を正確に時期区分したり、明快に論ずることはできない。それでも何とか、ここに述べたやり方で挑んでみたい。

1　学校教育への関心

(1)寺子屋とその師匠の調査

かねてより、人はどのような時に歴史を学ぼうとするのかということが気に懸っている。とくに大学で歴史を専攻する時、あるいはそれまでの定職をなげうってまで歴史を研究する時、さらには歴史学研究を業いとするといった時にである。またなぜそのようなテーマを選んだのかということにも興味がある。

筆者自身はかつて自著『幕末維新期地域教育文化研究』の「あとがき」で次のように回顧したことがある。

　歴史に興味を持つようになったのは、高校に在学していた頃である。当時の勉学のことはあまり想い起こさないが、所属した社会科関係の部活動の仲間と城址を探しに行ったり、古墳を見に行ったことは今でも鮮明に覚えている。幸いなことに部顧問であり、担任であった浅岡力先生は日本史が専門であった。同先生から、一読に価すると示された本が、当時明治大学文学部教授圭室諦成先生（故人）の岩波新書『西郷隆盛』であり、それまで自分なりに思っていた西郷像とは違うことに驚いた。縁あって同大学入学後、圭室先生の研究に一層関心を持ち、『葬式仏教』（法蔵館書店）を求め、ひもといてみたものである。同書に影響された筆者は学部の研究テーマを仏教史にしようと思った。しかし残念なことに同先生は亡くなられ、一度も授業を受けることはなかった。ここで早くも夢が破れることとなった。歴史研究最初の挫折である。文中の通り、想い描いていた夢は実現しないまま終った。

以後、どうしたのか、「あとがき」を続けたい。

　郷里が僧侶・日蓮の出身地であったため、研究文献に目を通したり、故地を歩くうちに、日蓮の幼少時代の研究があまりなされていないことに気付いた。また在家の日蓮を受け入れて教育した寺院の存在にも興味を持った。こうして人物の幼少時代、あるいは世俗教育に関心を持つようになったのであるが、その背景には、やがて教職につくかもしれない（というよりもそれ以外に職はないだろう）という、おぼろげな目標があったことが、影響していたと思われる。

つまり、日蓮への関心は世俗教育の研究へと辿り着いたのである。ではなぜ寺子屋研究なのか。さらに「あとがき」を続けたい。

ところで、学部時代のある日、ある農村の墓地で撮影した写真が自分の研究テーマをはっきり決めることとなった。何げなく撮影したその写真の台座にはくっきりと「筆子中」とあった。一番下の台座には小さな名前らしき字が見えた。つまり江戸時代、村の子供たちは読書算によって自己の向上を願った。そして村の知識人に教えを願った。請けた者は村の子供たちのためならと、生業の傍ら教えた。そして師匠が亡くなったので、教え子（筆子）が墓を建てたのである。このころ、こうした筆子中は全国にたくさん建立された。ただし別に寺子屋で学んだといって武士になれるわけでもない。村の子に教えたって収入になるわけではない。しかしこの関係に大変魅力を感じた。学びたい者が学び、教えたい者が教える。これこそ本来の教育の姿だと確信した。

その寺子屋に関する研究書を見出すことは簡単であり、乙竹岩造や石川謙の存在を知った。とくに前者は聞き取り調査やアンケートを駆使した『日本庶民教育史』(1)、また後者は文部省調査「日本教育史資料」や往来物を多用した『日本庶民教育史』(2)・『寺子屋』(3)といった成果をのこしていた。これら両人の刊行物は、当時としては最高水準をゆくものであり、今日においても参照すべきことは少なくない。こうした研究書を見出しては貪るように読み進めるうちに、筆者なりの素朴な疑問が湧いた。それは石川以後、寺子屋研究は想像したほどにはなされていないことであった。その要因は当時、よくは分からなかったが、一方では人があまりしていないことへのやり甲斐を感じた。このことに関連して、のちに山形県天童市の講演で次のように述べたことがある。

「文化史をやりたい」ということをクラスの仲間に言いましたところ「お前、そんな妙なテーマなんかやるよりも、もっとちゃんとしたテーマをやったらどうだ」と言われました。「ちゃんとしたテーマとは何だ」と聞きましたら、社会経済史という分野のことです。当時、幕末に日本の社会が荒廃し、それが江戸幕府倒壊のおおきな原因になったとされた、いわゆる農村荒廃論という重要なテーマがありました。「そういうことを鈴木、お前やった方がいいよ」ということを言われましたけれども、実は私は寺子屋に大変興味を持ちまして、そのことを生涯のテーマにしようと思いました。(4)

ところで前記した乙竹・石川両人の学歴・経歴から知り得るのは師範学校出身であり、教育学が専門ということである。つまり寺子屋研究は歴史学系ではなく、教育学系の研究者によってなされていた。もっとも石川は当時としては社会的背景等をも考慮していた方ではある。それにしても何か違う、何なのかという疑問、そして迷いが始まった。とりわけ「教育愛」・「注入主義」・「合科教授」、また「コメニウス」・「ペスタロッチ」といったような用語や人名の多さは普段大学内で学ぶ歴史学と比べると違和感を覚えるようになった。それは教育用語云々の問題というよりも、例えばどこどこの寺子屋の師匠はペスタロッチの唱えたような教育愛を有していたなどという文章に出くわすと不可解な気持になったが、それ以上のことは分からなかった。

そこで寺子屋に関する歴史学系の教育史研究の論文・書籍を探究する必要を察した。しかし結論をいえば皆無に近い状況であった。(5)そのため対象を寺子屋から私塾まで広げることとしたが、結局はこのようにしても大差はないということを知っただけだった。そのため自らのテーマ決定に当たって短絡的ではなかったのかと不安すら覚えた。そこで寺子屋・私塾にこだわらず地方文化史の研究者をたずねることとした。とくに『佐倉藩学史』を著した佐倉在住の篠丸頼彦氏からは資料調査のフィールドを絞るようにということを教示された。

筆者は不安を抱きつつ、房総半島北東部、つまり千葉県香取郡干潟町（現在の旭市）に向かった。同町選定の理由は近世の教育者・大原幽学の活動拠点であることと、名主・教育者の宮負定雄の生地であるためであった。この一学生に対応してくれたのは同町教育委員会であった。のちに知ったことであるが、当時、同教育委員会は学校教育だけではなく広い視野で社会教育にも重点を置いていたのであった。このことは外来者の筆者に幸いであった。このことについて前記「あとがき」では次のように綴った。

そして、はっきりとフィールドは東総地域とした。学部時代、大原幽学や宮負定雄のことを知りたくて、千葉県香取郡干潟町（現旭市）にリックを背負って行った際、社会教育に力を入れていた同町教育委員会の方々は、わけのわからない一学生を親切に受け入れてくれた。そして遂には、信じられないと思われるかもしれないが、教育委員会の入っている中央公民館に宿泊、しかも管理人の方（「干潟のおばさん」＝故今田まさ子さん）も館内生活の面倒を見てくれた。町内およびその周辺について、歩かない道はないくらい、しばしば「干潟通い」をした。

時には、自分の住所が干潟町（つまり教育委員会の入っている中央公民館、通称「研修所」。本庁舎隣接）にあると錯覚する程であった。こうして日々町内で資料調査をし、寺子屋師匠を見出すことに努めた。それにより天保年間に寺子屋を開設した林彦兵衛に関心を寄せるようになった。のちに筆者はこの調査について『神奈川大学評論』で次のように振り返った。

実は私が大字万力の林家（当主充氏）を訪ねたのははるか以前、一九六〇年代の後半、学生時代のことであった。案内をしてくださったのは、地域の人達から「上代《かじろ》先生」と慕われている、当時、町教育委員会社会教育担当の上代光祐氏（町内桜井在住）であった。目当ての史料とは主に当家七代目・彦兵衛（充氏の曾祖父・写真参照）の遺したものであった。すっかり「彦兵衛文書」の虜《とりこ》となった私は以来一五年も足繁く林宅に通うこととなった。その間、充氏の遺志を継がれた夫人の登美氏（昨年御逝去）や子息の修一氏らの御家族の皆様には一方ならぬお世話になった。(6)

いずれにしても、こうして寺子屋および寺子屋師匠の資料調査を進めていくと、同地域におけるその数の多さに驚いた。あまり支配関係の貫徹している地域ではないが、近世後期から明治初年にかけて、地域の庶民クラスによる教育が活況を呈していたことをも知ることができた。その結果を大学内の学会誌や文化団体雑誌に執筆する機会を得た。しかし、今にして思えば基礎的な寺子屋の所在確認ができたことと、林家等の教育資料により一定程度の事実関係を把握できたくらいであった。

(2)小学校およびその教員の調査

地域で寺子屋の資料を求めるとすれば、それだけが見出されるということはほとんどなく、とくに小学校教育に関する資料は連続するように存することが少なくない。この小学校の教育というのは明治政府による「学制」頒布、つまり「上から」創出されたものとされていた。筆者は次のように思った。

このようにして見てくると彦兵衛が遺した「下から」の近代公教育、地域や生活のための学問教育、さらには広い教育観とその実践といったものは、今日、教育問題を再考する時、大きな手掛かりを与えてくれる。(7)

昭和四三（一九六八）年四月、院生となった筆者は、この幕末維新期における寺子屋と小学校との関係に強く関心をもった。この頃は「明治百年史観」と「民衆史観」が激しく対峙し、そのことは教育史研究の世界でも同様であった。すなわち日本は江戸時代の寺子屋教育の発達等により明治初年の小学校教育は順調に出発、それにより日本の近代化が成功したとする考えと、江戸時代に民衆は抵抗手段としての「読み書き」能力により権力に対決し、自由民権等の民衆運動に継承されたというそれである。とくに教育史研究にあっては近代の連続・非連続の論争や自由民権期の学校・教員研究が盛んになされた。筆者は前述した寺子屋研究開始時と同様またしても初めに思想ありき、教育論ありきという壁にぶつかった。しかしその衝撃は以前ほどではなく、まずは地域における小学校関係資料の調査に励むこととした。この時、学部学生三人から、筆者のフィールドにおける調査や指導の依頼があった。彼らのテーマはオビシヤやダラフクといった、宗教や民俗信仰に関するものであったが、調査力は増強し、資料目録（ガリ版刷）を各方面に配布するまでになった。この間相変わらず干潟町は宿舎提供等、調査の協力をしてくれた。大学日本史研究室の教員（渡辺隆喜助手）が手弁当で指導に来てくれたり、あるいは筆者の友人らも時間を見つけて応援に駆け付けてくれた。むろんメンバーの学生達は、個別テーマに関して干潟町以外にも出向いた。筆者も近隣市町村の各資料所蔵者宅や公的機関（小学校、図書館、自治体史編さん室等）あるいは郷土史家・故老をも訪ね歩くようになった。とくに幕末、干潟町域に遊歴し、豪農・平山家に寄宿していた国学者・寺子屋師匠の鈴木雅之の調査は出身地の成田市域はもちろん、親族の子孫宅（とくに東京都墨田区）でも行った。この雅之の地域における実践に基づく教育改革論は検討しがいがあり、彼の学校体系化の構想は明治政府の「学制」頒布に先んじるものであることも知った。

この成田一帯を歩くうちに山武郡飯櫃村《いびつむら》（現芝山町）の大物代名主・池田利左衛門による明倫塾の存在を知った。さらに同塾は子の栄亮の代に村立飯櫃校となり、まもなく池田校に改称、千代田小学校などとして存続していくことも分かった。同地域の人達の案内により調査を進めるうちに、池田家文書は同じ千葉県中央部・市原市高滝で建具職をされている池田忠好氏が所蔵されていることを知った。訪ねてみると、芝山の池田家とは無縁であった。同文書は古書店で購入したものであり、夫人が一枚ずつ裏打ちをし、装丁しておられた。とりわけ明治前期行政文書や教育関係文書に目を奪われた。目移りして、一向にはかどらない筆者に、御夫妻は同家に宿泊するよう勧められた。以後、幾度も同家に通い、文書を閲覧することになった。それにより池田栄亮の学区取締としての役務、とりわけ地域の学校・教員の巡視、さらに池田校の教員依田力の教育活動を通して、地域における「学制」に基づく教育の啓発・普及の実態を把握することができた。資料は、筆者に次々と研究の関心を広げていくことを実感させるようになった。

この間、東総を中心に下総で多くの方々の協力により資料調査にあけくれたが、このことはとても紙数がないので省略する。総じてこの学部・院生といった学生時代、つまり歴史学入門期は次々と筆者を襲う「迷い」の序章であった。望んでいたが一度も謦咳《けいがい》に接することのなかったスタート、主流であった中央の著名な学者ではなく地方の村人による文化活動というテーマ、その文化史の一分野としての教育史（とくに寺子屋）における歴史学系研究者の少なさ等々、障害や壁は少なくなかった。だが未熟ながらも資料を求めて地域を徘徊することにより歴史学の面白さを知ることができ、そのことが筆者の歴史スタイルを定める遠因となった。

2　地域社会と文化史研究

(1) 大原幽学研究

ア　高校教育と歴史研究

高校教員として定職を得た筆者は、ここでまた大きな壁にぶつかり、「迷走」することとなった。つまり筆者の本務は教育であった。職場はいうまでもなく、プライベートな時間といえどもそのことに費やすことが多くなった。当初は職場では教育、それ以外の場では研究と区別するつもりであったが、勤務したいずれの学校も生活指導に追われた。とても「ながら」は難しいのが実態であった。端的にいえば教員は教育のプロとして業務を全うすべきであり、歴史学研究は本務ではないとしても不思議ではないのである。しかし三つ目の勤務校が立地する川口市では自治体史の編さんが開始されることとなり、数年間、週一日の職務専従免除適用の申請をしたところ、認められた。そこでは近代編の教育分野を担当することになり、学校における地場産業教育とか、戦時下の全村教育とか、勤学動員体制による学校工場、あるいは学習評価（試験）の変遷等々、現場における教育実践史の調査研究に恵まれた。こうした教育実践史への関心はその後、他の市史や県史の編さん、あるいは教育委員会や教職員組合の推奨による調査・研究の機会に活用した。さらに自らの現場授業（日本史）や部活動指導（郷土研究部）にも援用することもできた。

イ　共同研究

結局、教育実践と歴史研究、本務と本務外の問題は一方をあきらめたり、軽んじるということにはならなかった。それは大原幽学研究という魅力ある一大テーマを抱えていたからである。この研究のことは、すでに本章一の「木村史学における文化史論」[8]と『明治大学史紀要』第十七号の「「村歩き」の研究――資料調査から見た木村史学について」[9]で詳細に論じたので、ここでは木村礎研究代表のプロフィール、調査研究の契機、合宿調査、研究会に絞る。木村礎教授は明治大学においては日本近世史が担当であった。筆者は院生になった時、日本思想史以外に日本近世史の専攻を強く望んだ。木村教授は快諾してくれた。そのことは以後、同教授が逝去されるまでの三六年間の師弟関係のはじまりであった。昭和四五(一九七〇)年度末の近世史演習時に木村教授に現地の案内を乞われた[10]。正確にいえばこれが大原幽学共同研究の出発点であった。

ウ　幕末社会と教育

この大原幽学共同研究では木村教授による徹底した悉皆調査(干潟地域中心)と厳しい研究発表・討論(大学研究室、「干潟研究会」中心)が一〇年間(昭和四六年～五五年)続いた。筆者は従来同様、幕末維新期の地域教育を担当した。自らのそれまでの調査により江戸時代、とくに後半になるほど寺子屋が増加したことは分かっていたが、今回の調査によって、寺子屋には富裕な子弟が通学したという定説に対しては疑問をもつようになった。とくに、この干潟地域にあって名主の傍ら、寺子屋教育につとめた宮負定雄の調査を行った際、そのことを強く思ったのである。宮負は天保年間に寺子屋師匠が机上学問・旧態依然の教育をしていることを批判し、今後は無用を排し、実利・実生活的な教育をすべきこと、さらにその教育者は領主から任ずるべきという改革を論じたのである。その教育改革論は、共同研究のメンバーが研究している領主権力の衰退や農村の荒廃と符合することを発見した。つまり江戸後期に上層の筆子が増加するという単純なことではなく、荒廃した地域社会を下層も含めた子供の教育によって立て直しを図ろうとした寺子屋師匠らが増加してきたのである。そこで今度は寺子屋の門人帳を精査したところ、無論上層民の子弟が通学しているが、下層民の子弟も少なくないことを発見したのである。こうした農民構成の分析はメンバーの一人が専門としており、参考になることが多かった。

すなわち筆者は政治史や社会経済史を専門とするメンバーから幾つもの示唆を受け、次のように確信した。江戸時代、領主による教育が皆無に近い場合でも、寺子屋・私塾師匠らは後期になると地域社会の変貌に対応、下層民も含めて村人のために、経世済民観に基づく実用・実践的な教育を施すようになった。

エ　地域から見た近代公教育

明治期になると、地域の寺子屋・私塾師匠はどうしたのであろうか。ただし、鈴木雅之が「学制」頒布以前に、この地域にあって学校の体系化を主張したことはすでに述べた。彼は宮負定雄よりひとつ下の世代であるが、寺子屋師匠をしながら、やはり経世済民の観念に基づく新たな教育改革を論じていたのである。しかし宮負も鈴木も「学制」頒布前に死去してしまう。

ここで筆者は林彦兵衛の文書（前出）に再度注目した。林は、わずか一二歳（天保〔一八四二〕一三年）にして寺子屋を開設し、教科書を自ら作成するなど地域の子弟教育に尽力した。その一方では先祖が狂歌に熱中しすぎ、家業を衰退させたため再建に努めた。その後、明治期に入り、続けてきた寺子屋は新たに管轄した宮谷県では郷校、次の新治県では家塾や村落校として位置付けられた。しかし東総地方が千葉県に編入されると、柴原県令による前代からの学校廃止策の影響をまともに受ける。彦兵衛は新治県の時もそうであったが、自ら出資してきた校舎や教具を官に献納するなどして、地域の小学校教育の在続に努める。地域の近代公教育は、このように明治政府の「学制」だけではなく、地域の教育者によって出発するということを知った。こうしたことは同家が多量の経営文書や教育資料等を残らず保存してくれていたことはいうまでもなく、また近代政治史を専門とする共同研究メンバーからの影響があったため知り得たのである。筆者は夏期共同合宿以外にも毎月のように林家に通い、用意された新築納屋の二階で、しかも時々食事やお茶まで供され、調査を進めた。時には資料に夢中になって帰宅を忘れ、夜、家人より国鉄総武本線旭駅まで送っていただいたこともあった。

オ　人物研究

この大原幽学共同研究は一〇年間に及び、一一年目に木村礎編『大原幽学とその周辺』として刊行された。最も重要なことはこの書名に表わされており、「大原幽学の周辺」ではなく「大原幽学とその周辺」ということである。「の」ではなく「と」ということは、大原幽学のことを突出させるのではなく、中心としつつ周囲も重視するということである。従来の幽学研究は長い間、多くの人によりなされてきたが、そのほとんどは幽学のみの研究であった。しかも時代のイデオロギーや風潮に既定されたり、あるいは自らの研究論法に都合の良い一部分だけを引用したり、はては世界初の産業協同組合結成の先駆者といったように誤った喧伝《けんでん》もされていた。幕末の村落や農業経営、知的状況、社会・風紀等々当時のさまざまな実態を把握しなければ、大原幽学とその教えは客観化・普遍化できないのである。

また幽学の関係について、調査を進めると、いままで解読し、刊行された資料集には、あまりにも誤字・脱字が多いことが分かった。しかも現地に足を運ばず、あるいは運んだとしても物見遊山に近く、結局はいわゆる「孫引き」や伝聞の鵜呑みにより、間違いが再生産されていた。多くの資料を見出すとともに、直接原典に当たり、基本的な事実を確定することが最重要であると強調しておきたい。

また大原幽学以外にも、前出の宮負定雄・林彦兵衛のほか平山忠兵衛・井上勇次郎・杉崎太兵衛・萱谷又左衛門等々、地域にはさまざまな人々が登場し、活躍したが、その資料も続々と発見された。その子孫の方々は全ての面で調査に協力してくれたが、時には強い意志を持って対応しなければならないこともあった。それはいわゆる「負」の部分（例えば人権や差別関係）の描写である。これについて避けて通るわけにはいかないことも多いが、容易なことではない。その問題を解決するのにはただひとつ、所蔵者（ほとんど子孫）との信頼関係につきる。事務的あるいは研究先行的な調査ではすまないのであり、そのため場合によっては公表を断念する覚悟もいる。

この調査研究を終えたあとある研究会の求めに応じて、大原幽学共同研究を中心に「私の教育史研究に至るまで――過去・現在・未来……」(11)という文章を綴ったことがある。その中に資料調査に触れた部分があるので、書き抜いてみる。

・共同研究は実に有益である。一例をあげよう。私がほとんど「一馬力」のころ（学部・大学院）から思っていたところの、「なぜ幕末、とりわけ天保期以降、地域の教育者が教育改革を、はじめは村政の問題として、後には学制のそれとして声を大にしてくるのか」という問題の解明はメンバーの幕末社会荒廃論がヒントになった。

・史料の調査は土台をしっかりしなければならない。例えば文書調査はくまなく歩き、目録を作成し、製本した。（所蔵者・町役場にはそのコピーを渡した）堅固な目録は研究のため調査メンバーによってひたすらめくられた。凡才の私も何度もめくるとさまざまな発想をいだき、次の調査が楽しみとなった。また、たとえ目録には一軒（所蔵者）に一点の文書しか載っていなくとも、あるいは目録化している時には分からなくとも、後にその史料の有意義さを認識したことは幾度かある。とにかく、しっかり調査をすると、次の段階（文書分析）に入り易く、なおかつ、その分析が確実となることを体験させられた。

・調査・研究は現地主義が最もよい。このことには、いくつかの理由がある。例えば何年か史料所蔵者宅を訪問し、信頼関係ができて、「こんなものでよかったら」と次々と文書・書籍を出していただいたのは一、二度どころではない。また文書所蔵者や故老らから、その地域で文書を手にして教えていただき、臨場感が増したこともある。

筆者は、こうしたことにより共同研究の有効性を確信するとともに、また「足」（村歩き）を本格的に叩き込まれた。と同時に「頭」（論理化）の必要性をも痛感したのである。またとりわけ人物研究に強く関心を抱くようになったのもこの時からである。

3　生活と文化

⑴学校外の学問・教育

ア　生活文化史前史

書評の際、他者の視点で客観的に指摘することもできるが、また一方しょせんは自分に振り掛かる問題として筆が進まぬこともある。以前、高橋敏氏の著書『日本民衆教育史研究』『民衆と豪農――幕末期の村落社会――』の書評を依頼されたことがあり、その最後に「著者の地方文化史論・民衆文化史論は教育史・文化史の研究の地位を高めてくれた」と高評したことがある。ただし不遜ながらも今後の課題として四点記したが、ここでは第二点目のところを抜き出してみる。

研究視点についても放言を許してもらいたい。さきに著者は「大地に腰をおろした姿勢である」と表現したが、さらに村人に入りこみ、追体験をしながら、民衆の言行をさぐってほしいのである。いくつか事例をあげてみたい。第四章では上農からの教え諭す立場に対して、村童の学ぶ側はどうなのか。とくに貧農層まで入門してくるのはなぜか。第六章では公教育の中で児童は何を感じつつ、成長していったのか。Bでは白隠らの思想から民衆は何を、どのように吸収していったのか。つまり地域・現場の中にあって、被教育者の立場から分析することも大切であろうと思う(12)。

その後、同氏からは「近世学問史研究会」（尾藤正英代表）や歴史民俗博物館基幹研究基層文化研究（同氏代表）

において、資料の調査から研究まで学ぶことが多かった。

問題は高橋氏の書評において課題とした「村人への入りこみ、追体験」（いうなれば村で立見するのではなく、腰をかがめて歩きまわるというイメージ）をどのようにするかということであるが、そのことは次項で取り扱うことにする。

ところで、すでに述べたように、勤務校が立地する川口市域の資料調査では全村教育について、調査研究をしたことがある。これは昭和戦前期、旧神根村の尋常高等小学校（現在の神根小学校）が拠点となり、村ぐるみでさまざまな分野について、教育し、改良していこうという運動であった。また川口の地場産業（鋳物）と伝習・講習、つまり後継者の育成の一方、労働運動による労働学校の活動にも興味をもった。またさらに埼玉県域に範囲を広げ、明治前期における県の法令伝達、具体的には巡視・取締、掲示場の設置、新聞縦覧所の開設、教員の動員等々の実態を追究し、地域と教育との関わりについて、いろいろ模索したが、今にして思えば教育の実践指導上は有効であったが、歴史の資料調査や研究には決め手を欠いた。

イ　大原幽学共同研究のころ

しかし、「地域と教育」の関係究明はやはり資料が教えてくれた。それは同時に進めていた前出の大原幽学共同研究の時である。事情はいたってシンプルである。つまり寺子屋・私塾および小学校のことを調査していれば、それ以外の資料も見出すのである。寺子屋・私塾師匠や小学校教員は地域の文化人であり、とくに国学・和歌・俳諧、あるいは学習結社の資料が目に付いた。さらにこうした宗匠クラスの家だけではなく、連中・座員のそれまで拡大していくことは当然である。むろんこの時は文書だけではなく掲額や石碑等のいわゆる「モノ資料」へと対象を拡大させた。それにより地域文化の裾野は広く、活動も盛んであることが分かった。そして、和歌を例に、展開の過程を文化文政期から明治中期までの展開の実態を時期区分をしつつ追ってみた。また地域における和歌・俳諧・性学（幽学没後）の相関を明らかにしようとした。この研究結果については、『大原幽学とその周辺』と『幕末維新期　地域教育文化研究』を参照されたい。

いずれにしても地域の知的状況は学校教育（寺子屋・私塾）以外にとどまらず、下層も含めた多くの村人からも見出すことができた。

(2)生活史研究

院生の頃、大学の近江村落調査に参加したことがある。その時、村落の景観を一望するために賤ケ岳に登ったが、整然とした田園と密集した村落を一望し、それまで見慣れていた関東の場合とは異なることを如実に知らされた。その時と同等、あるいはそれ以上の衝撃が筆者を襲うこととなった。

ア　和算について

前述のように幕末明治期の村人の知的状況の中に学校教育以外のものを見出し、それらの各分野における連関性を解明した。だがそれでも何となく、物足りなさを感じた。だがその要因を探すことは簡単ではなかった。ところで大原幽学共同研究のメンバーの有志は調査研究の継続を熱望した。筆者は木村教授にその旨を進言し、了承され、ささやかながらも続行となった（「干潟残党」と内称。のちに形を変えつつ、今日にいたっている）。しかし自分自身はなかなかテーマを見出せないままでいた。

一方、木村教授による共同研究は茨城県西部に移されたので、そこにも筆者の担当授業（演習、つまりゼミ）の学生とともに昭和五七（一九八二）年から参加した。テーマは村落の景観と生活史の研究であり、筑波山に近い明野町域で合宿調査を開始した。ところがここで予期せぬことが起こった。それは同地域には寺子屋が少なかったことである。それまでの調査経験から寺子屋・私塾の教育が盛んであれば和歌・俳諧も当然盛んであると思っていた。この地域は知的文化の伝統は希薄なのではないのかといった懸念をも抱くようになった。

そうした疑問をもちつつ、並行して続大原幽学研究の干潟地域でも相変わらず調査をしつつ、試行錯誤していた。すると一〇年間の本研究では徹底的な悉皆調査をしたはずであったが、それでも数軒の家から和算関係資料が発見された。しかも中には稿本とはいえ著作物も見うけられた。この続大原幽学研究は六年間続けられ、最後にある研究誌に特集を組み、各人論文を掲載した。(13)「村落生活と和算」というテーマで調査研究に当たった筆者にとって得たものは少なくなかった。それは、近世後期には机上・高踏的・趣味的であり、マンネリ化したというのが定説であった和算が地域にあっては、そうではなく現実の生活と強く結びついたものであることを確信したからである。しかもそれは和算塾を設立したり、和算連を組んだり、掲額に熱中したりと、地域にあっては年々、盛行をきわめていったのである。

このような視点で再び茨城県明野町域（現在の筑西市）でも和算の調査研究をすると、次々と資料を発見できたのである。こうして明野・干潟の両地域の和算調査により、次のようなことを導き出したのである。以下、筆者の講演録を引用する。

和算というのは日本式数学です。今、名残として今に残っているのは算盤くらいなものです。かなりが消えてしまっているのですが、江戸時代に盛んだったものです。この地域の神社やお寺に行ってみますと、このような額がありまして、そこにこんな図形などが、こうやって描かれております。まず問題文があり、次に答えがあります。問題は解き方なのです。そうするとある村の農家の人が考えて、そして大工さん等に頼んで、額をつくって神社やお寺に奉納します。すると今度は村の人達がそこに行って、その額を睨んでおりまして、解き方を発見するわけであります。和算の特徴というのは、解き方、つまり解法です。そして、解き方がわかると、今度は、その横にこのような解き方を書いたものを掲げる。「俺は解いたぞ」ということになるのです。実は、この算題が大変村の生活と密着したようなものなのです。このように和算が非常に盛んだった地域があることがわかりました。

そのうちに、新田畑とか用水だとかがある地域、こういったところにとりわけ和算に興味を持つ人が多いことがわかりました。これは何か関係があるんじゃないかと思って調べたところ、つまり鬼怒川のような大工事になりますと、これは幕府の方から地方巧者という役人がやって来て、測量とか、監督をするのですけれども、小さな用水工事とか小さな耕地開発などは、地元の和算家達が工事に関する計算をしたりとか、設計をしたのだということがわかってきました(14)。

明野・干潟両地域で和算の調査をしている頃、大学の近代史専攻の方でも埼玉県小川町域で合宿調査を開始することになり、学生の指導に当たった。その際、偶然にも和算資料に出会うことがあり、そのことをある講演の素材にした。

どうも村役人が不正に年貢を得ているのではないのか、ということに気付いた。村役人は「お前たちは筆算できないくせに」とつっぱねる。ところが村人は努力して、不正をあばいていく。これらは幕末維新期の終わりの史料なんですけれども、そういうことによって、自分たちの武器を作っていった。まあ自立をしていくわけです。だんだん下層の農民たちもそういうふうにしていったんです(15)。

この資料調査と結果については本書第一章の一「幕末維新期の地域社会と数学知識」として掲げたので参照されたい。

なお、この和算の調査研究に当たって躊躇しなかったといえば、そうではない。なぜなら和算は理系の分野であり、文系の人間にとってはきわめて不安である。しかし研究史を検討するにつれ、数学者によるものは解法とか、問題レベルとか、西洋数学の比較がほとんどであり、またそうではなくとも算額の採訪にのみこだわることが多く、それならば数学不得意者にとっても調査研究の余地があると考え直した。

イ　飯泉家の資料調査

茨城県西の共同調査「村落の景観・生活史研究」に話を戻したい。合宿調査は明野町から近隣の千代川村に移動した。つまり学生引率の調査地が移ったのである。同村では、筆者は大字伊古立の飯泉家を担当した。理由は簡単である。つまり文書が多量であるだけでなく、特異なものが含まれていたからである。筆者は、のちにある講演会で次のように話した。

> この千代川村の場合には低地帯のところに飯泉さんという江戸時代後半、ちょうど土地開発がさかんになるころから発展するお宅があるのですけれども、そこの土蔵の大量の古文書を整理したなかで、日記が膨大に出てきました。ここのお宅は明治時代から昭和の初めにかけて一日に日記を何種類も書いています。農業専用など、さまざまな日記を書くのですね。米粒のような小さな字で事細かく書かれております。隣の家から卵を貰ったとか、その卵は時価にして幾らに相当するとか、冠婚葬祭のことはもちろん、細かいいろいろなことまで書いてあります。そのような日記を調べることによって日々の営み、自然を克服しようという、あるいは生活を豊かにしようという活動がわかるのではないのかということを思ったのです。[16]

さきに述べた特異なものとは私文書の類である。飯泉家は村内有力農民にふさわしく公文書類も所蔵されていたが、かなりの量とさまざまな種類の私文書が保存されていた。とくに日記は日並記、農業日誌、養蚕日記、一件記録、さらに抄出記等々があった。筆者はのちに個人研究として、この日記を中心とした私文書により、事実関係を確認した上で、とくに生活上の関心事と人の往来といった観点から分析した。つまり従来の、テーマから生活を知るのではなく、生活からテーマを立てる方法へと大きく転換させたのである。私文書は解読だけでなく解釈にも多くの時間を要したが、そうした資料調査に飯泉家は家族ぐるみで協力してくださった。その研究結果は本書第一章二に「ある農家の生活と文化」として掲載した。

また同家の近隣諸家の資料調査の中で印象に残ったことも少なくない。例えば伊古立と隣り合っている長萱の杉田光家文書中の私文書「御嶽三社大神御告帳」は村人の悩み・願いについて、御嶽社の御師からのお告げを書き留めたものである。また同じく亀崎の飯岡幸家文書中の「庸医経験録」は幕末の村医者として難病の患者に対する治療記録である。私文書は公文書では知り得ない地域の人々の本音・真相を知り得ることを改めて認識した。

ウ　朝日商豆について

飯泉家所蔵文書の日記には朝日商豆という人物が時々、登場した。また大正一四（一九二四）年七月、有志により刊行された『朝日商豆翁建碑記念』という小冊子の存在もえらく気になった。その顕彰碑は同家に近い宗任神社境内にあった。それらにより同人は放浪の歌人であることが分かった。この人物のことはのちに茨城県東町（現在の稲敷市）の「歌人　朝日商豆展」（東町立歴史民俗資料館）をはじめいろいろなところで講演をしたのであるが、その内の一部を講演録の中から取り出す。

朝日商豆という人が、飯泉さんの明治時代の初めの日記によく出てくるものですから、この人はどういう人なのだろうか、と興味を持ちました。地元で聞いても、よくわからないものですから、いろいろ調べました。この人はこの千代川村からかなり離れた茨城県の龍ケ崎という所の農家の出身の人でした。小さい時からユニークな少年で、父親が、とても農業には向かないな、妹に農業を継がせて、この子は近くのお寺に預けてお坊さんにさせようと、こう思ったわけです。それでお坊さんの修業をするのですけれども、その後は常総地方を放浪して歩く。夫人も連れて放浪します。そして時々、各地域で和歌を教えるのですね。和歌の会を作ったりして、そういう所で指導をしながら糊口を凌いでいくというもので、子供たちは生まれた村が違うのですね。あまりよい格好をしていないものですからある時、ある家に商豆が来た時、その家の子が乞食が来たといって親にしかられたそうです。非常に和歌・国学の研究では優れた人物でありまして、まあ草の根の人物といいますか、草奔の人物というべきでしょう。私は朝日商豆という人にますます興味を持ちまして、何とか子孫はいないかと探しました。全国の電話帳のあるNTTに行きまして、朝日さんという苗字の家の電話番号を全部ノートに控えて、片っ端から朝日商豆という人がお宅にいましたか、と電話しをしたのです。電話をかけたお宅の方には不愉快な思いをさせたこともありました。結局、この人物は電話帳ではわかりませんでした。茨城県の歌人や歴史研究者にたくさんの問い合わせをしましたが、わかりませんでした。ところがこの朝日商豆の夫人の生まれた所の茨城県新利根町へ行きまして、調べておりましたら、朝日商豆と書いた墓がありました。そこで、この墓のことを近所で一軒ずつ訪ねて歩きました。その一軒に高齢のおばあちゃんがおられました。「朝日商豆の墓にお参りに来た人がありましたか」と聞きましたら、「あった」と。浦和の方からだと。電話番号をうかがいました。結局、荒川の近くの浦和市西堀に朝日実さんという方が、いらっしゃいました。「うちが子孫です。そして大事にしろと言われた史料も全部箱の中に入っています。どうぞご覧ください」ということで見せていただいたのです。

この朝日家や飯泉家、あるいはその他の史料からいろいろなことがわかりました。例えば商豆は放浪している中で、この千代川村という所の飯泉さんというお宅にきて、家族で居候したんです。和歌を教えたりしました。その時のことが飯泉家日記に出てくるわけなのです。（略）この朝日商豆の場合には、この地域に和歌・国学の会を作りました。弟子たちは先生の勤め先を心配して、就職の斡旋をしております。例えば村の小学校の先生にどうだろう、しかし、あまり続かないのですね。一生懸命当たるのですが。一時期は、今は下妻一高と改称されているのですけれども、茨城県立下妻中学校という茨城県でも伝統がある学校の教員に弟子たちが推薦して、就職しますが、校長と人生観が違うということで辞めてしまいます。地域の中で人々と交わり、特に和歌・国学の場合には生きがいのように教育・指導するわけです。いわば一つの信念を持って、地域に溶け込んでいったのだろうと思います。そして、当時としては地域にかなりの影響を与えた人物ではなかろうかというふうに思っております。(17)

年中、酒臭い体で家族を連れて放浪する。門人らが公職を斡旋するがすぐ辞めてしまう。しかし文法論など歌学に秀で、さらに自ら各地に設立した国学・和歌の会では熱心に指導する。そうした朝日商豆に何かしらの魅力を感じた。この調査研究では多くのことを学びとったが、とくに飯泉家日記には冠婚葬祭の記事が多いこと、そうしたことに神官でもあった朝日商豆が関わったといったように村人とのつながりを知った。その後、同人の子孫を求めて、多くの日数を費やし、さまざまな方法によりやっと朝日実夫妻（浦和市。現在のさいたま市）にたどりつき、空襲下でも持ち歩いたという文書箱を開けることとなった。

なお、放浪歌人・朝日商豆の来訪という出来事は、筆者にとって地域の文化の成立を知る大きな手がかりとなった。これは資料調査というよりも研究の領域のことなので、ごく簡単に図式化すると次のようになる。

地域の文化の成立（文化の出来上り方・三態：一定時期（おもに江戸後期〜明治期）千代川地域の場合）

・「下から」の文化＝伝統的土着の文化＝発生時期不明＝時代を遡るほど宗教的性格＝石仏・講等
・「上から」の文化＝命令的降下の文化＝比較的発生時期確定可能＝官製的性格＝禁令・運動等
・「横から」の文化＝波及の文化＝特定の時期に、突然、地域外から伝波・伝達＝消滅するもの、融合するもの

そして朝日商豆の行動・活動は、「横から」の文化の内、「融合したもの」として位置付けたのである。

エ　景観論の援用

茨城県西を対象とした「景観・生活史研究」の内、筆者は生活史研究を担当していたが、日々の調査や研究は景観グループとともにしていた。というのも村落史解明のためには景観と生活史は一体のものであったからである。景観担当者と旧千代川村唐崎の旧道を歩いていた時、水溜りのような水路を指して明治期耕地整理前の河川跡と教えられた。地域の人達からはこの唐崎・伊古立・長萱・見田の、いわゆる「四ケ村《しかむら》」（慶長年間〔一五九六〜一六一五〕の村切りにより一応、独立）には「四ケ村煮立ち」ということばがあるといわれた。つまり東に小見川、西に鬼怒川に挟まれた当地域の集落は低地の微高地にある。地域の人と歩いている時、河川や用水路の両岸に柳の木が多いのは、根を張らす護岸のためであり、また小さな林が存在するのは燃料（薪）確保のためであると教えられた。そこで伊古立の飯泉家文書「青年会報」第四号（大正一四年）中に用水堀植樹の基本金蓄積に関する記事を思い起こした（こうしても湯を沸かす際には豆がらを利用することが多いため煮立ちが悪く、他村のものは「四ケ村煮立ち」と陰口をたたいたのである）。旧河川や用水路を実検している際に、もう一点思い出したことがあった。それはかつて研究した和算のことである。とくに新田開発・河川改修・護岸工事・耕地整理等が盛んであった地域は和算資料が目立つということである。飯泉家、その真向かいの永瀬家等、その周辺では和算を学んだ形跡が見うけられた。

こうしたことが契機となり、改めて千代川地域の景観を留意するようにした。すると地域の人達は、西方の洪積台地部は「野方《のがた》」、東の方の沖積低地部は「肥土《あくと》」と呼んでいることが分かった。そしてその中間の自然堤防部は「町場」を形成していた。この三区分を念頭に文書やモノ資料を求めて歩いた(18)。のちに千代川村民向の講演会で次のように話した。

千代川村で最初に文化が定着し、発達したのは、野方の方だと思うのです。これは多くの方が異存ないと思います。今日、野方の方、村岡とか五箇の方に行きますと非常に古い文化、一番有名なのは本田屋敷だとか、それから古墳などもあります。相当古いものが台地の野方の方にできたと、これはもう間違いないと思います。一方、低地の方は江戸時代のはじめですらまだ水っぽくて、見田のあたりなどはみんな舟で通行していたということですから、やはり、台地の方へ人間が住みつくのは当然の事なのです。つまり、まず野方の方に文化が定着し、その後、次第に鬼怒川の舟運が発達したりして、今度は自然堤防上の宗道河岸一帯のところに文化が発達していくのです。当然宗道河岸は人で賑わいますから、どうしても江戸の文化も入ってきました。そうこうするうちに肥土の方では明治以降の耕地整理等が進められ、水稲耕作を中心とした農業生産力が上がってきましたから、今度は肥土の方で文化の活動が非常に盛んになっていく、ということなんです。(19)

さらに続けて、次のようにも話した。

これは別に、野方の方で文化活動がしぼんでしまったということではありません。ただ、活発になっていく時期がスライドしているということなんです。これは、いろいろなデータをとってみてもわかってきているのです。したがいまして、「下からの伝統的文化」というのは千代川村の中のどこにでもありますが、最初に野方に定着して広がって行く。やがて町場、肥土の方は「上からの文化」や「横からの文化」が特に盛んにおこってきたのだということなのです。(20)

つまり、おもに江戸後期~明治期におけるこの地域でははじめ「野方」を中心に、前記したところの「下から」の文化が盛えていたが、やがて「町場」と「肥土」が「上から」や「横から」の文化の中心となっていったのである。

地域の知的状況は学校以外にも求めねばならないのではないかという素朴な疑問と迷いは、やがて和歌・俳諧・学習結社を対象とするようになった。それにより、地域の学問・教育の相関を具体的・構造的に知得するようになった。とりわけ和算を集中的に調査研究することに挑戦し、村および村人の生活の中から学問・教育等の文化の実態を知ることに努め、その結果文化の成立形態や景観と文化との関係をも知ることとなった。なお、この調査では地域における文化醸成の場も検討したが、紙数の関係でここでは触れなかった。いずれにしても茨城県西の景観・生活史の調査研究は筆者に地域文化史の研究視角・方法の転換（地域・生活から文化へ）だけではなくテーマの拡大、未知な分野（とくに理系）への挑戦をもたらした。

なお、以上の詳細な研究結果は本書第一章三「地域の文化形態と景観」を参照されたい。

4　自治体史編さんへの関わり

(1)千代川村史編さん以前

筆者の学生時代には自治体史編さんが盛んになりはじめ、やがて一大ブームの観を呈するようになった。実際に関わったのは院生になって間もない頃、ある市史編さんにおける資料調査が最初である。それは臨時的な立場であったが、高等学校に定職を得て以後は市史・県史に調査委員や編集委員の立場で関与した。そこでは一時、職務専従免除（前記）の恩恵に浴したこともあったが、基本的には勤務外の業務であった。高等学校（教員）、大学（夜間の非常勤講師・研究会）、県庁・市役所（自治体史編さん）、自宅（教材研究・生徒や保護者への対応・原稿執筆）と、いわば「四足の草鞋」が常態であった。最も悩ましいことは、時間の問題よりも自己のあり方や生き方に関する大きな迷いと悩みである。さまざまなことを体験するのは人生の上で全くの無駄ではなくとも、徒労、かつ中途半端に終わる可能性もある。そこで筆者はその四分野について、再考するようになった。中でも自治体史の編さんに対しては、自らの生き方とともに、編さんのあり方も含めて問題を次のように整理した。

・なぜこの自治体史を担当するのか。例えば、人的な関係（付き合い）について
・編さんの体制や方法が形骸化していないのか。例えば古代部会・中世部会などの編成の仕方

・執筆内容に限界はないのか。例えば官製としての限界について
・編さん物の刊行に特化してよいのか。例えば住民との共同・還元について
むろん戦後歴史学において自治体史編さんの役割が大きいことは理解していたが、直接の関わりは止めることにした。その最大の理由は右記の問題・課題を自分なりに解決できなかったからである。

(2) 千代川村史編さん

ア　契機

ところがしばらく経って、また自治体史編さんに関与することとなった。茨城県結城郡千代川村（前出）である。その経緯を簡単に記す。すでに述べたようにかつて木村礎教授の下、学生引率による共同研究としての「景観・生活史研究」の一環として千代川村を対象としたことがある。そして拠点が他の自治体に移っても千代川地域の調査研究を担当したのは筆者であった。その関係で役場関係者・郷土史家・資料所蔵者・故老など多くの人達と知り合うようになった。その共同研究が終了した頃、正確には平成四（一九九二）年、千代川村より村史編さんを依頼したい旨、連絡があった。当然のように、そのことを木村教授に報告した。その後、千代川村では村長・教育長・編さん室長らが二度も大学を訪ねてこられた。木村教授と筆者は長時間、小さなテーブルを囲み、受け入れるか、否か話し合った。筆者も自治体史編さんに対する本音（前記）を伝えた。一方、いつもは明快な木村教授もこの時はかなり慎重だった。[21]のちに同村の講演会で筆者は次のように話した。

要するに、千代川村史の仕事を受けるかどうかということです。最後、木村先生がポンと膝をたたいて、「鈴木君やるか」ということをいわれて、ああこれから十年間、私はもう千代川村史の人生だなと思いました。まあ、結果はそうなったのですけれども、とにかく千代川村史に一生懸命取り組もうという気になりました。[22]

イ　目的・方法

千代川村史編さんに関与する直接の契機はかつての共同研究や木村教授との関係といっても間違いではない。しかし自身にとっての理由はかつての自治体史観を克服できそうな可能性を読んだからである。

この千代川村史編さんは一〇年計画（平成五～一五〔一九九三年～二〇〇三〕年）で資料編四冊・通史編二冊、それ以外に目録三冊・報告書三冊・紀要一〇冊を、永瀬純一編さん委員長ら一七名の編さん委員、木村監修者・鈴木（筆者）専門委員長以下三三名の専門委員・調査員・調査協力員、小倉末男教育長・人見健一編さん係長ら九名の事務局員（三名の古文書整理協力者を含む）、絵画・イラスト担当羽子田長門画伯により発足した。最大の目標は書名『村史　千代川村生活史』に表わされている。とにかく村の人達の生活の歴史を書く、すなわち身近な出来事を描くことにあった。したがって各巻の編成や調査上の目安となる時代・時期区分にしても研究のつごうよりも地域および生活にそって定めることにした。こうしたことは大変難しいことである。筆者は第一冊目刊行の地誌編「編集を終えて」で素直な気持を表わしている。

正直なところ、千代川村史編さんの仕事は容易ではない。俗な言い方をすると、疲れる。どこがそうかというと「頭」と「足」である。歴史の描き方は、市町村史のあり方は、史料の保存法はと思案する。こうした時は「頭」を使っている（私なりに）最中である。次に一応、考えたことについて、実態をさぐる。この場合、重要なことは「足」で歩きまわることである。しかし、人まかせではいけない。自ら地面を踏みしめて、学ぶことである。そこでまた、はれた足をさすりながら、また考える。それにより、少しはしまった胴体（内容）になる。千代川村史編さんに関わって以来、こうしたことを繰り返してきたので、疲れるわけである。しかし、その疲労は「消耗」ではなく「燃焼」とでもいうべき、良い意味のものである。(23)

上記のようにメンバーは徹底して、まさしく「鍋の底を洗う」ように歩いた。それは多くの先人の日々の生活を正確に描くためには当然のことであった。その歩き方も、メンバーだけではなく、多くの地域の方々にも参加を願い、猛暑の日中でも、強風が吹き荒れても、大雨・大雪に見舞われても協力してくれた。このような村あげての編さんは『村史紀要』全戸配布につながった。そうしたこともあり資料調査拒否の家は一軒もなかった。村の方々は編集会議、例えば一年の計ともいうべき「大会議」、各巻編成のための「中会議」にも出席してくださった。こうした全員で作成するという考えは、例えば編さん委員会や事務局との齟齬は皆無に近く、同じ共通認識で当たった。そして事務局の赤井博之氏は編集だけではなく、考古関係の調査や執筆でも実力を発揮するようになった。調査研究には直接関係ないが、関係が良好であった例を示す。合宿調査では、恒例のミーティング（日々）終了後に皆で花火大会やバーベキューやカラオケをした。また日帰り調査でも昼食時には、鬼怒川岸で食事をしたり、筑波サーキットを見学したり、郷土料理「すみつかれ」などを味わった。いずれにしても、「生活史」という大きなビジョンをもち、「太郎・花子の生活を描こう」というメンバー、「日本一の自治体史書を作りたい」という村関係者が一体となった。

この千代川村史編さんについては、明治大学『大学史紀要』第一七号に「「村歩き」の研究——資料調査から見た木村史学について——」[24]と題して、詳述したので参照されたい。

ウ　印象的な史実

すでに述べたように、地域の多くの方々の協力により徹底した資料調査を行った。以前の「景観・生活史」の共同研究の際にも資料調査にあけくれたが、この編さん時はさらに一軒一軒の香奠帳まで求めた。葬送は重要儀礼のひとつであり、多くはその帳簿を作るからである。そうした資料調査によって、先人のパワーを実感したことは少なくなかった。その中から、村の講演会で取り上げた近現代の学校に関する一件だけを紹介したい。

戦後の教育改革により、義務教育が六・三制になりますが、行政側の方針は受益者負担のため、中学校を自分達で建設しなくてはならなかったのです。今では教育的にも学問的にも「飽食の時代」なんていわれていますが、終戦当時、新制度のもとで中学校に行きたいと多くの人が思ったと想います。そういったときに村で中学校を建てなければいけないといっても、なかなか建設費用の調達ができないのが実情でした。大形村の財政は厳しく、建設費の三分の一を負担しなくてはならなかったわけです。村内鎌庭の人々は、熟慮の上、涙をのんで先人たちが非常に大事にしてきた、青龍権現社の七本の老木を伐採し、それを売却して、その費用を中学校建設に充てました。(25)

村史編さん中、上記の「青龍権現老樹碑」を村有形文化財指定にという保存運動が起こった。筆者は村の依頼により報告書を提出した。こうして文化は地域・地域民の中からかもしだされるものだということを強く認識した。千代川村史編さんは予定通り一〇年間で終了した。その間、単なる労働提供者、あるいは文章執筆屋という意識は全くなく、編さんに関する方法、生活史研究の構築といったことの模索にあけくれた。

5　大学史の世界

(1)大学史への関わり

はからずも大学史の仕事に関わるようになった。一口に大学史の仕事といっても調査・保存・利用等々、その範囲は広く、教育や研究も含まれる。そうしたことを筆者は「大学史活動」と呼んでいる。そして近年、『大学史および大学史活動』(26)と題して一書にまとめてみた。そこでは大学史活動の一環としての資料調査のことを第Ⅰ部第二章「大学資料の調査・収集」で集中的に論述した。また、本書においても次節「大学史歩きの提唱」によって展開する。したがってここでは大学資料調査に関する定義や目的・方法論といった論理的なことは最小限にとどめ、実践例を具体的に紹介してみたい。その意味では本書にとっては次節の前段階（序論）といったことになる。
ところで大学史活動、しかもそれが仕事となると覚悟がいる。「ながら」的気分ではすまされなかった。そのため一種の「迷い」と「不安」が生じたのは正直なところである。その第一は今まで、村の寺子屋や小学校など、地方史・地域史をテーマとしてきた筆者が大学や専門学校など中央史の分野に関わるといっても、その知識はもとより、資料調査の対象や方法、あるいは研究者の存在は全くの不案内であった（そのほとんどは教育学系の欧米大学史研究）。しかし、所属大学の大学史編さん業務に関わる内に、地方史も大学史も基本的には同じ歴史であり、業務も同様であるということが分かった。しかも大学史活動の分野はまだまだ関係者も稀少であり、かつ未開拓の余地が十分にあるということも知った。調査に関する当時の筆者の文章の一部を抽出する。

若干わかってきたことは、とくに大学史研究の分野は史実や史料に関する認識が浅いことである（このことは教育史研究全体に通じることかもしれない）。その典型は校史の執筆・編集である。調査をあまりせず、例えば記念行事のために付け焼き刃的に行ったものが多い。校史だけではなく、研究書においても事実の検証より一般論（一般史）を先行させ、付けたり的に史料を添えたものなどがかなり目につく[27]。

(2)その後の調査・研究

大学史活動に関与してまもない頃のことである。筆者は試行錯誤の極みでありながらも大学史活動における調査研究のあり方について、備忘録に筆記し続けた。そしてかなりのちになって「大学史活動の基本——大学史資料の調査方法にあたって——[28]」としてまとめた。すなわち大学史資料を中心として大学史活動の基本姿勢、あるいは心得的なものである。ただしここでは全文を掲載するスペースはないので、項目だけを列記する。

・基礎・基本の重視

・史実の解明
・比較研究
・視線の低下
・学生や校友の重視
・地方・地域への重視

この時、最も強く考えたことはとくに前記一・二点目に強く関わるところの、資料を探し、その資料を十分に分析しないと、事実ではないことが拡散するということである。大学史の世界にはあまりにもそのことが多いということを強く思い知らされたからである。

しかしまもなく、こうした基本姿勢というか、心得だけで大学史活動を発展させることは不十分であることを察知した。もっとこれらを越えた考えの必要を痛感したのである。試行錯誤の連続により、考え出したのは大学史活動としての「広がり」と「深まり」の論理であった。結論だけを図式的に示すと、広がり＝ハード＝目に見えやすいもの＝制度・施設＝木・葉、深まり＝ソフト＝目に見えにくいもの＝内容＝根・茎とし、この双方の両立のためには「頭」と「足」を使うべきであり、後者の比率が大であるとした。このことからすれば資料調査は「深まり」に属すが、きわめて重要な部分であり、結局、大学史活動は資料調査に始まり、資料調査に終わるということまで分かった。

ところで先に述べた「大学史（中央史）と地方・地域史」との関係といった課題にも苦慮した。いったいどうしたら対極的な両者を結びつけたらよいのかということである。それともう一点、茨城県西の「景観・生活史」共同研究の終盤頃から千代川村史編さんの最中、「村の太郎・花子」論（以上、前項）だけで全ての歴史を説明できるのかという大きな疑問を抱くようになり、その不安と疑問は地域で資料調査をすればするほど、高まり強くなっていった。

迷いに迷いながら職場では「大学史」、家では「地方史」といった姿勢で研究を続けていたある日、資料調査先で次のようなことが閃いた。山形県天童市における講演の記録を引用したい。

天童に初めて来た時に、天童駅の近くにお住まいの阿部安佐先生のお宅で史料を見せていただいた時です。阿部安佐先生のおじいさんの方は庫司といいますけれども、米沢中学を卒業した後、東京の明治法律学校に入って、宮城浩蔵の教えを受けるのです。その時、勉強したノートとかを奥の部屋の方からたくさん出していただいた時に、同人はどのような気持で東京へ行って勉強しようという気になったのだろうと。それからこちらに戻ってきて、東京で勉強してきたことをどのように還元しようとしたのだろうかと思いました。(29)

やがて、「地方史と大学史」（時には「大学史と地方史」）と名付けた地方と中央の相関論により、近代日本の構造を知ることができるのではないのかと思った。すなわち明治の世ともなると身分や職業等、さまざまな制約から解き放たれ、多くの人は新しい文化に、そしてその中心の東京へあこがれた。とりわけ地方の青少年は夢と希望を膨らませ、堰を切るようにどっと上京、そして多くの者は大学や専門学校等に修学し、ある者は功成り名遂げ、またある者は挫折した。また卒業後は東京に在住する者もあったが、郷里に帰住する者も少なくなかった。さらには海外に雄飛する者もいた。このように時代状況を把握するとますます「地方史と大学史」研究に邁進するようになった。

(3)資料調査点描

この山形調査でも資料所蔵者・博物館・図書館・編さん室・地域研究者あるいは卒業生等々、多くの方々のご協力をいただいた。というよりも共に調査や研究に当たったことが少なくなかった。

前記の山形天童・阿部安佐家の近所に佐々木基子家がある。同家の忠蔵もやはり明治法律学校に学んだのであり、多くの資料が所蔵されていた。そして同氏は資料の閲覧だけではなく、さまざまな関連情報を提供してくださった。その後、同氏は祖父忠蔵について発表をされた。(30) こうしてパワーをいただいた筆者はさらに、東村山地方の資料調査を頻繁に行うこととなった。幾度も山形に通うことになったのであるが、資料調査はすればするほど、次々と調査先を見出すとともに研究課題が次々と浮かび上がってくるからである。新たな資料の発見のたびに感動の連続であったが、とくに明治初年、地元・天童の人達が上京者と連携して学習会を設立した資料に出会った時のことは強く印象に残っている。

こうして山形、とくに宮城浩蔵や佐々木忠蔵のことを調査していくうちに郷里・山形の山形法律学校設立運動のことを知った。またある時には池田栄亮（前出）のことを調べるために、東京大学新聞雑誌文庫において『随聞随筆総房人物論誌』等を閲覧した時には、時田治郎蔵なる明治法律学校卒業生が千葉町法律研究所で法律経済を講じている旨の記事が目についた。明治期の卒業生の中には帰郷し、法学普及のため法律学校を設立した者が少なくないことも分かった。研究仲間・郷土史研究者・卒業生からも情報・連絡があった。この法律学校こそ「地方史と大学史」を解明する強力な題材になると思った。

明治法律学校卒業生によるものを北から順に追うと山形法律学校（明治二〇年代設立）、新潟法律学校（同十九年）、東北法律学校（同三三年）、前橋法律講習所（同一九年）、八王子分校（同一六年）、浅草法律学校（同一八年）、法学予備校（同二一年）、千葉町法律研究所（同二〇年代）、関西法律学校（同一九年）、同志社政法学校（同二九年）、岡山法律英学校（同一八年）、岡山法律学校（同二一年頃）、尾道法律学校（同二二年）、博審学校（同二二年）、高知法律学校（同二〇年）、熊本法律学校（同二二年）といった存在が分かり、当然、地域に向かい調査に奔走した。この法律学校調査においても地域の資料所蔵者・研究者・有志・教育委員会・機関・団体・卒業生等々、多くの方々に多大な協力をいただいた。ここでは明治大学『Ｍ　ｓｔｙｌｅ』に掲載した「学校を発掘する（その12）松江の法律教育――博審学校・松江法学講談会など――」を紹介する。

松江市といえば、松江城、宍道湖、小泉八雲あるいは和菓子とさまざまなものが、次々と想い浮ぶ。そして何よりも山陰の中核都市であるとともに、近年では国際文化観光都市とも称している。その松江は明治時代になると、法学教育の動きが見受けられる。明治一七（一八八四）年三月一四日発行の『山陰新聞』によれば、松江法学会舎開設が代言人野口敬典らにより、英米仏羅法等法学研究のために企てられている。「舎」とあるので、一種の学校とも思われるが果して開設せれたのか、どうかは分からない。同一九年頃、沢野革兵衛により開設された、松江雑賀町の乾塾は、確かに開校され、法律学をも教授したのであるが、三年後の生徒募集案内には同学科は見当たらない。やはり明治一〇年代の地方法律学校はかなり不安定であったことが分かる。明治二〇（一八八七）年一〇月に明治法律学校（現明治大学）を卒業した和田重之助が博審学校（学校位置は元材木町）の法律学部講師に就任したのは、同二二年一月のことである。同校はそれまでは、普通科のほかに専門科があり、その中に法律科を設けていたが、この時に拡充を図ったのである。和田は慶応二（一八六六）年三月、のちの鳥取県会見郡米子岩倉町（現同県米子市）に生まれたのであり、卒業まもなく近隣松江に就職したのである。その和田は同年同月、白潟尋常小学校内に、松江法学講談会を開設した。当初は毎夜七時始業としたが、すぐに六時に変えた。教員は会主である自分以外に、地元の判事・裁判所書記等に依頼した。科目は日本刑法・仏国財産法など六科であったが、のちに憲法を加えた。こうしてみると、彼は博審学校の講師でありながら講談会の講師でもあった。すなわち昼間は学校生徒に、夜間は一般社会人にと法学を教授していたのである。それだけに彼の地域における法学教育への熱意のほどが伝わってくるようである。本格的な法律専門学校というべき、松江法律学校が松江に誕生するのは、明治二三年四月のことであり、場所は母衣町の民家（やがて殿町に新築移転）である。同校の校主は桑原羊次郎と佐々木佐吉郎であるが、実は彼らは東京法学院・英吉利法律学校（現中央大学）の卒業生である。ということはイギリス法を学んだわけであり、フランス法による明治法律学校および関係者とはライバル同士である。たしかに松江法律学校教師陣はイギリス法関係者が目立つ。しかし、例えば刑法・債権担保法篇担当の百瀬武策は明治法律学校出身である。[31] また明治二四年六月、この松江法律学校の講師に採用された中山吉太郎は、島根県出身で同二三年五月に明治法律学校を卒業していたのである。地方の法律学校では、英独仏法の内、ひとつの学統で占めることができなかったのであり、したがって相互に協力し合いながら教育に当たり、法律への理解を高めようとしたのである。本稿では、松江地域の法学教育をかいまみたのであるが、そこでは生徒対象の学校と一般社会人を対象とした学習会により行われていたことと、学統に限らずになされていたことなどが分かった。[32]

地域では必ずしも、指導者の学統にこだわらず教育がなされていたのであり、やはり中央の教育の「下請け」・「安売り」ではなかったのである。こうして卒業生らによる地方法律学校設立を通してみた「地方史と大学史」論を進めていくうちに、中国や朝鮮・韓国でも同様の動きがみとめられることが分かった。前者では北京法律学堂（明治四〇年頃）と安慶省法政学堂（同四五年頃）、後者では大同法律学校（同四〇年頃）と京城法学校（同四三年頃）である。[33] このことからすれば「世界史と大学史」論が成り立つ可能性がある。今後の調査研究課題である。

高知市で高知法律学校の調査をして以来、久しぶりに四国に渡ったのは、明治法律学校卒業生安藤正楽の資料調査の時であった。調査の対象は愛媛県宇摩郡土居町（現在の四国中央市）、とくに安藤亮一・山上次郎・山上蒼家が中心であった。この調査の最中にはマスコミ数社の取材があったり、地域の学校より教材化の依頼があった。このことについて、本書では次節の大学史論で『愛媛新聞』の求めにより綴ったものの一部を紹介するので、ここでは省略する。いずれにしても筆者はそこで、やはり「足を使う」資料調査と生活史からの視点を唱えたのであるが、最も力説したかったのは、地方・地域と大学の協同作業のことである。

また長年、資料調査をしていると、それまで意味の分からなかった資料が、別のところで目にしたものによって事実が鮮明になることがある。これこそ資料調査の醍醐味である。このことについても同様に次節で取り上げることとこする。

最後に嬉しくもあり、悲しくもあった一件を簡潔に紹介する。それは明治法律学校創立者三人の内の一人、矢代操に関する調査研究である。筆者はその出身地鯖江市には調査のみならずさまざまのことで訪ねたのであるが、そこには実に心強い、きわめて信頼できる研究者がいた。竹内信夫氏である。信頼できるというのは、どのようなことかというと、地道ながらも調査力・分析力にきわめて長けているということである。同氏は主に矢代の属した鯖江藩とその藩士としての活動を追ったのに対し、筆者の方は上京以後の矢代の活動を担当した。しかし両者にとって最も重要な調査項目は矢代操の系譜、とりわけ現在の子孫確定であった。すでに操と夫人（政子）との間の嗣子・三郎には子がなく、その夫人（キミ）の妹の家は現在に至っていることが分かっていた。竹内氏は鯖江市域の松本家（矢代の実家）を中心に追った。筆者が探したのは、政子夫人の妹（鉒）であった。以下、竹内氏との共著『明治大学創始者矢代操』の中で、筆者は次のように述べている（鯖江市における講演録の部分）

矢代操の関係系図を載せておきました。矢代操はどこにいるかといいますと、松本家に生まれましたから、その家の三男、つまり美太（操）のところです。ですから、お兄さんは伊作です。美太は長じて矢代家に養子に行きました。そして中村政という人と結婚します。妻の政のお父さんはすでに述べました常平社という仕出し屋で鯖江出身の中村助九郎ということがやっとわかりました。政のお姉さん、この方の名前が何というのだろうか、どこにいるのだろうかとさんざん探しました。結論を先に言うと鹿児島県串木野市に直系の方がおられました。私は串木野に三年ぐらい通いました。矢代操の義姉は鉒さんということが分かりました。(34)

上記の内、串木野とは、現在の鹿児島県いちき串木野市である。矢代操の妻、政子の妹・鉒は長《おさ》直四郎と結婚し、夫の郷里の同地に住んだのである。長は郷士の家に生まれ、のち上京、その時矢代らの明治法律学校を支援し、その縁で鉒と結婚したのである。長直四郎の末裔は鹿児島におられ、筆者は孫に当たる直香・中和・久保睦子の各氏には平成一二（二〇〇〇）年から三年間、本当にことばでは言い尽せないくらい協力をしていただいた。久保家には多数の文書とともに鉦の肖像画も掲額されていた。矢代の系譜を確認できたのである。しかも現在の方々は直四郎・鉦夫妻の直系であった。だが、両人は離婚することとなり、鉦は時々、裏山より子供達を見にやってきたとのことであった。その後、鉦は実父の元（東京府の両国）に戻ったといわれるが、筆者は調査中久保家所蔵文書から一片の書付を見出した。そこには「中村鉦子女史　大正二年四月八日午前九時　台湾台東南街本間方ニ死」とあった。

ここでも最後にまとめをしておきたい。仕事として関わることになった大学史活動はそれまでの地方史研究とは、筆者の頭中において別々にあった。そうした苦悩を解決の方向に導いたのはやはり資料および資料調査であった。すなわち今まで行ってきた村人の生活史研究、いわば「太郎・花子」論だけでは日本歴史、とくに近代の出発点というべき幕末維新期を描けないという筆者の疑問をも解決の方向へ推進させてくれることとなった。それは地方・地域の村人の生活史と中央・大都市の国家・政治史との相関の解明のための「地方史と大学史」論という立案であった。こうなると調査研究の上でもかなりの部分を占めるようになった。その研究結果は本論の目的ではないのであまり触れず、調査の状況やそこから得たことを綴った。むろん資料調査の準備や実施の過程で「頭」を使うことも必要だが、やはり資料調査が基礎・基本であり、とくに「足」を使うべきである。「足」は必ず新たな資料を見出し、それによって流す「汗」は良い結果をもたらす。そして見出した資料は次々と新たなテーマや課題を創出してくれる。ここで取り上げた大学の校友、あるいはそれによる地方法律学校はその好例である。しかしこうした資料発見の喜びとともに別個にあった資料が有機化することもまた資料調査冥利に尽きるのである。それにしても資料調査による多くの人達との出会い、人と人との交流は単に研究だけではなく、それ以上のことを教えてくれた。また対象とする事柄や人物が必ずしも成功談ではなく、歴史のいわゆる「負」や「裏」の部分に出会うが、それはそれでまた歴史的な意味を考えさせてくれた。

おわりに

本節では地方・地方史、とりわけ文化史をどのように調査したらよいのかということについて、拙い経験をもとにして綴った。冒頭にも断わったように、案の定、随想的になった部分もある。だが、結果としては肩肘張らず率直に書けたように思われる（もっとも格好をつけることは無いのが事実である）。

すでに各項で、いささかのまとめをしてきたので、繰り返す必要はないと思われるが、いずれにしても不安と苦悩に見まわれることが少なくなかった。それは高校入学前に望んだ指導者にめぐりあえなかったことから始まり、暗中模索の自己流による資料調査、定職として得た高校教師による現場教育と歴史研究の両立、職務・立場の「四足の草鞋」状態、自治体史編さんのあり方、「生活と文化史」の関わり、大学史活動の世界における地方・地域史と大学史の問題等々、生活・教育・研究といった三つどもえの中で常に壁にぶつかり、不安・苦悩が続いた。ところがそれに等しいくらいのやりがい・達成感を味わうこともできた。生涯、調査・研究の上で木村教授より厳しく、激しい指導を受け続けたこと、共同の調査研究のメンバーからさまざまなことを学びとったこと、あるいは「村落景観・生活と文化」論や大学史の「広がりと深まり」論、「地方史と大学史」論の提示、新たな自治体史編さんへの参画、人物論の提示等々である。

こうしたことは、何といっても現地で確認すべく「足」を駆使した資料調査、つまり「内での調査」（序章参照）に基づくと断言してよかろう。この「内での調査」に、「外への調査」（同）についても加えて終えたいところであるが、詳細は次節に譲る。

注

（1）乙竹岩造、目黒書店、昭和四年九月。
（2）石川謙、刀江書院、昭和四年四月。
（3）同右、至文堂、昭和三五年二月。
（4）「特別講演　宮城浩蔵と山形の人々」『明治大学創立者　宮城浩蔵——国と地域をかける——』明治大学校友会山形県支部、平成一四年一〇月。
（5）特筆すべきものは利根啓三郎が関東農山村の寺子屋を調査研究し、やがて『寺子屋と庶民教育の実証的研究』（雄山閣出版、昭和五六年二月）を刊行したくらいのことであった。
（6）「「林彦兵衛」と「干潟教育のあゆみ展」」『神奈川大学評論』第二七号、神奈川大学、平成九年七月。
（7）同右。
（8）『明治大学史紀要』第十六号（明治大学、平成二三年三月）所収、拙稿「文化史から見た木村史学」を加筆・訂正したものである。
（9）明治大学、平成二五年三月。
（10）『大原幽学とその周辺』、八木書店、一九八一年一〇月。
（11）『日本教育史研究』第6号、日本教育史研究会、昭和六二年七月。
（12）「書評　高橋敏著『日本民衆教育史研究』『民衆と豪農——幕末明治の村落社会』『史潮』新19号、歴史学会、昭和六一年七月。文中の「B」とは上記『民衆と豪農』の第二章目（章題に番号が付されていないため、便宜上、記したもの）。
（13）『歴史論』第八号、明治大学近世近代史研究会、昭和六二年九月。
（14）前出『村史紀要　千代川村の生活』第一〇号「講演会録」。
（15）「新しい歴史の見方・考え方を求めて——村の中の生活と文化」『「川越街道の昔を歩く」記録集』新座市立野火止公民館、平成一一年三月。
（16）前出『「川越街道の昔を歩く」記録集』。
（17）同右。
（18）こうした調査研究にとって参考になった文献に、松本新八郎「将門記の印象」（『文学』第19巻第10号、岩波書店、昭和二六年一〇月）がある。つまり平将門の乱を山根地帯と平野地帯の戦いとしている。

(19) 前出『村史紀要　千代川村の生活』第一〇号。
(20) 同右。
(21) ただし、筆者はこの時には高校教員は退職していた。
(22) 前出『村史紀要　千代川村の生活』第一〇号。
(23) 『村史　千代川村生活史』第二巻地誌、千代川村、平成九年三月。
(24) 明治大学、平成二五年三月。
(25) 前出『村史　千代川村の生活』第一〇号。
(26) 日本経済評論社、平成二二年一〇月。
(27) 「地方・学生からみた初期明治法律学校」『明治大学史紀要』第一二号、明治大学、平成六年一二月。
(28) 『明治大学史資料センター事務室報告』第二十五集、明治大学、平成一六年三月。
(29) 前出「宮城浩蔵と山形の人々」。
(30) 「祖父（忠蔵）の思い出」『天童が生んだ人物――明治・大正期の教育者――』天童市、平成一六年六月。「鈴木太助について」『天童・ひろば』第七三号、木村正、平成一七年一二月。
(31) 拙稿「百瀬武策と広島法律学校」『明治大学学園だより』第三二三号、平成一五年一〇月参照。
(32) №6、明治大学、平成一八年一〇月二〇日付。
(33) 「学校を発掘する（その14）――海外の法律学校――」『Ｍ　ｓｔｙｌｅ』№25、明治大学、平成二一年四月二〇日付。
(34) 帰郷した直四郎は戸長・県会議員・県授産学校長などをつとめた。

三　「大学史歩き」の提唱――大学史資料を求めて――

はじめに

長年、村の中の太郎・花子の文化活動を追ってきた筆者は、それだけでは不十分だと決定的に、かつ強く意識したのは、大学史の業務に関わるようになった次の時であった。

このことを平成一三（二〇〇一）年八月、山形県天童市において「宮城浩蔵——その東京時代と山形」と題して講演をしたことがある。その時の講演の記録は一冊子の中に収録されているので[1]、ごく一部分を抜粋する。

明治法律学校の学生を調べていくうちに、何となく地方出身者が多いことを感じはじめた。ある時、宮城浩蔵を調査する仕事で天童市に赴いた際、同市三日町の阿部安佐家を訪ねることがあった。訪問目的は同家の祖父が明治法律学校に在学した時の資料を拝見することであり、実際、講義筆記ノート、履歴書などが残されていた。なぜ上京しようとしたのか、その時、親は子供にどのように言ったのだろうか、帰郷後、学んできたことをどのように生かそうとしたのか。資料を見ながら、わくわくしたことを覚えている。そのことが契機となり、筆者は「地方史と大学史」というテーマを立てた。その後、今度は逆に大学はどのようにして地方学生を求めたのか、上京した学生はどのように学生生活を送ったのかということを考え、これは「大学史と地方史」というテーマにした。

村および村々の歴史だけでは日本の歴史、とりわけ日本近代史は解明できない。地方（村）と中央（大学）との相関関係を究明しようとしたのである。

この大学史の資料調査に関しては、以前『大学史および大学史活動の研究』[2]の中のⅠ－二「大学資料の調査収集」で、また本章二の「地域文化史調査の軌跡」でも論考したことがある。しかし、まだまだ論ずるべきことや補足すべきことが少なくないと思い、ここに筆を執ったわけである。

1　資料調査の位置と意味

⑴調査の形態

一口に大学史資料の調査の形態といっても、まず考えられるのは大学史関係の機関（部署）の一員として当たる場合と個人で行う場合が考えられる。それ以外に、有志による研究プロジェクトのメンバーといったこともあるが、いずれにしても、組織的に行うのか、個人的にするのかということである。

前者、とくに大学史関係の機関（部署）においては、以下の三つの調査形態がある。

・全体調査（機関・部署の統一テーマに関する地域や施設設備等：全メンバーによる）
・分科会調査（その機関・部署の中のプロジェクト・チームがテーマに関するところ：チームのメンバーによる）
・個別調査（その機関・部署に属していても個々のテーマに関するところ：前記ふたつの調査の個別捕充のこともある）

以上のことに対し、個人調査ということで、全くの個人によることもある。一般には前者（機関・部署）が公費で行うのに対して、後者（個人）は自費ですることが多い。その他には、例えば依頼調査といったこともある。

⑵対象とする資料

ここではその種類を列記してみるが、少なくないことが分かる。

ア　資料の種類

・　文書（公文書、私文書等）

例：業務関係……法人・教学・その他（とくに経営・運営）

教育・学術関係……講義ノート、成績記録、出席記録、試験問題、ゼミ記録、論文等

・モノ資料……機械、道具、記念品等
・視聴覚資料……写真、テープ、ビデオ等
・書籍……書物、新聞、雑誌等
・芸術作品……絵画、彫刻、銅像等
・建造物……校舎、体育館、記念館、学寮等
・その他

基本的には、上記したような資料があることを心得ておくにしても、実際となると整然と区別して存在しているとは限らない。例えば書物の中にディスクが含まれているようなこともある。

イ　学内資料と学外資料

大学史の資料を求める場合、学内と学外に区別することも考えられる。一般に学内資料は組織母体が生産し、所有するもので、行政や業務に関するものが多い。また所在は学内であることがほとんどである。一方、学外資料は組織母体関係以外が作成し、所有するもので、関連の機関・団体、あるいは個人が作成したものである。その所在は学内であるが、学外にあることも少なくない。

ただしこの場合も、例えば私立学校創立期の資料の中には両資料が混在することもあり、区別することはむずかしい場合もある。

(3) 調査の重視

いうまでもないことではあるが、大学史活動の第一歩として位置付けられるのが資料の調査である。つまり、その

活動の入口に当たるわけであり、それから収集（実物、もしくは複製・複写として）、整理、保存していくわけである。しかし、このことはいわゆる「エンドレス」であり、一回で完結することは少ない。しかもこうしたことは「目に見えにくい」、地道な活動である。それだけに時間や手間がかかるが重要な部分であり、大学史活動の中で比率は大といってよく、いうなれば「調査で決まる」という言い方もできよう。というのも資料を見出すということ自体も重要であるが、すでにこの段階で体系的か否かはともかく「頭」を使って考えてもいるのでもある。

重要なことは、資料は「なかなか、やってこない」のであり、「つかみに行く」という意識でなければいけないということである。ところが、このことが実にむずかしいことである。よく聞かれることばに「分かっちゃいるけど」がある。このあとに連なるのは「時間がなくて」である。このことばからは調査は二次・三次的な活動と位置付けていることが明らかである。ではどうするのか。ある研究者は「資本論さえあれば書ける」とか、「文章に括弧を付けておき、そこに地名を入れればよい」と真顔で語っていた。またある調査において「こんな体力仕事やってられない」という声が伝わってきたこともある。あるいは「資料を用意してくれれば書きますよ」との発言を受けたのは一度や二度ではない。個人で資料調査をする場合はともかく、複数で当たる場合には、こうした声や意識を念頭におく必要もあろう。

なお、資料の整理とか保存ということを述べたいところであるが、本章は調査論が中心であるので割愛する。だがいずれにしても資料保存の状況・状態、あるいは調査方針・体制等によってさまざまに対応すべきである。

2　ビジョン・目標と調査

(1)大学史活動の特色

大学史活動の資料を探す、そしてそこに足を運ぶということ自体は推奨すべきことである。しかし、一方では人手と時間は無尽蔵にあるわけではない。もっとも身近に聞かれることばは「収納するところがない」ということである。やはり、第一に考えるべきことは、大学史の活動は何のためにすべきかという目的・目標である。それはやはり「事実」（証拠）の継承であることは疑いない。さらに大学史に寄せていうならば、高等教育機関としての「大学」の存在を確認し、主張すべきである。すなわち国家・社会、ひいては世界をリードしてきたことによる「知的財産」を所有し、それを還元していく必要がある。このことが対外的な位置や立場だとすれば、対内的には大学内において検証・評価・継承する重要な役割を担っている。

以上は、大学史活動の第一歩というべき、資料調査を開始するための心得・意識といったことである。ただし、大学史活動は、何も歴史に関する一般的な活動から全く独立しているわけではない。そのため資料調査とても根本的には同じことである。このことはあえて述べることではないが、時折、教育史を研究している人達より「自分は教育学が専門なので資料調査はあまり力を入れていない」という声、それによる活字化された二次資料や刊行物に依拠するケースに出会うからである。

以上、述べたことは組織として資料調査に当たる場合を中心としたが、むろん個人調査でも同様である。またそのことは以下に綴ることでもしかるべきことである。

(2)ビジョン・目標

大学史活動に当たって、基本的な考えを明確にすることは必須である。かつて明治大学において百年史編纂委員長を担った木村礎教授は「編纂上の基本精神と方針」を発表した。このことについては、すでに本章一「木村史学における文化史論」の中で項目（五点）のみ紹介しており、[3]またこれに基づいて筆者は一大学史活動の基本——とくに調査研究にあたって」と題してより具体的に、かつ新たな動向をふまえた上で[4]やはり六項目を並べた。紙数の関係でここでは詳細は省略するが、やはり組織であろうと個人であろうと、大なり小なりビジョンや目標は必要であろう。筆者は明治大学資料センター設立の際に、その目標・業務分野、あるいは活動項目を設定した。その詳細は前出『大学史および大学史活動の研究』中のⅠ−一「大学資料館の開設」を参照されたい。ここでは項目の列記にとどめる。

ア　目標

・大学の「顔」としての存在
・帰属意識の場
・情報のサービス
・伝統の維持・発展
・大学史の開拓・構築

イ　業務分野

・編纂
・展示
・サービス（情報公開を含む）

ウ　活動項目

・創立者
・校友
・地域（地方を含む）

右記の各項目を有機的に関連させつつ、推進していくわけである。ただし、こうした内容は適宜、時代・社会や各別学校事情により見直しや変更をしていくべきであろう。

また大学史の流れに関する事柄を把握しておかねばならない。まずはその大学の「ポイント」・「ヤマ」といった部分を設定してみることが考えられる。最初から大学史における全体的な制度史から入るのではなく、具体的事象を一覧しておき、そのようにしてから大学制度（例えば大学誕生→帝国大学令公布→大学令公布→戦時下大学統制→新制大学発足→大学管理等々）、あるいは大学史の実態（例えば高等教育機関の簇生→私学撲滅→京大事件→学徒出陣→「駅弁大学」→全共闘運動等々）を把握していく方法である。むろん、その逆、つまり調査研究対象の全体の制度史から個別史という手順が間違いというわけではないが、いずれにしても既成の事実に囚われないことやより身近なところから考えるといったことが有効と思われる。要は完全なものではないにせよ、一応大きなビジョン・目標を設定してから、大学史活動の第一歩というべき調査をするということである。

3　手段や「道具」

(1) 調査の開始とその後

筆者がはじめて文書目録を作成したのは昭和四〇（一九六五）年のことである。

その後、日本村落史研究者木村礎教授の指導を受けるが、教室の指導とともに現地の資料調査は厳しく、激しいものであった。筆者はその実情について、いくつかの文章を書いてきており、前節「木村史学における文化史論」はそのひとつであるが、ここでは『木村礎著作集　月報5』所収「研究と教育の原点・木村塾」[5]の一部を抽出する。

すでに職業としては草深国民学校教員、研究としては香取社領や佐倉藩領をフィールドとされたことがある木村先生は下総について熟知されていたが、私の干潟教育史の発表（大学院演習）がひとつのきっかけとなり、ついに一〇年計画による「大原幽学とその周辺」と題した研究を発案された。メンバーにOB・学生が次々と名乗りをあげた。私は今までの経緯からマネージャーのチーフとなった。そして第一回の合宿調査は一九七一年八月二七日から総勢三五名により町中央公民館を拠点として行なわれた。朝五時に起きる当番が作った弁当を各自、手に各班は担当する地区や家に向かった（忘れたものはみじめであり、班員にも迷惑をかけた）。一週間、皆飛びまわった。研究とは自ら「足」で歩くことから始まるということを知った。夜は調査報告会がなされ、二時間位、張り詰めた空気が流れた。心配そうな班のリーダーの顔、おどおどした発表者のようすを今でも思い起こす。

本格的に「足」を使うこと（木村教授によれば「村歩き」）とは、こういうものだと実感した。この大原幽学研究以降、木村教授に同行し、資料調査およびそれによる研究の機会が多くなった。というのも木村教授は合宿調査だけでも約二〇〇回主宰したが、筆者はおおよそ半数近く参加した。そのことをもとに近年「「村歩き」の研究」（前節4参照）という題名でまとめたので、参考にされたい。つまり、ここでは木村礎教授の資料調査の影響を強く受けたことを主張したかったのである。

(2) 「大学史歩き」について

前述したように、筆者が地方（地域）の庶民文化史と中央の大学史が直結させようとした背景にはこうした木村教授の「村歩き」が基礎にあったからといえよう。こうしたことを筆者は「大学史歩き」と呼びたい。この「大学史歩き」を始めたころの論文を本書第二章一「自由民権期の法律学校学生と地域」として掲載した。

ところで筆者はかつて大学史活動、とりわけ大学資料館設置と業務における環境・条件として予算・場所・法規・人の四点をあげたことがあるが、中でも人（人員）のことを重視した。(6)「大学史歩き」は全く人手によるものであり、資料探査機とか資料整理機などは考えられない。近年、ノート・パソコンを持ち込んで資料の入力がなされることもあり、否定するわけではないが、まだまだ問題点がある。

4　学外調査について

大学資料は学外と学内にあることはすでに述べた。またそれにより「大学史歩き」もその二つに区分した。ここではとくに学外調査について扱う（とくに序章で述べた「外への調査」について）。

(1)問題設定・準備

すでに紹介したように筆者は長年、地方・地域の調査研究をしてきた。その詳細は前節で綴った。調査ではやはり「村歩き」にともなう意識や技術を、研究では地方・地域の実態重視（とくに「村」の景観）、無名の人物への注視（「太郎・花子」について）、生活への注目（目線の低下）等々、多くのことを学んだ。またこうしたことを念頭に置きつつ、自分なりに考え出し、実践した大学史調査について、いささかなりとも綴ってみたい。

まずは準備が重要である。すでに述べたようにビジョン・目標、さらに問題設定のことである。前記した地方・地域と中央との歴史的な相関関係把握による近代史解明はその一例である。

そこまで大々的な課題でなくとも明治初年の大学設立事情を探究するための創立者関係とか戦時下学生の大学実態を究明するための卒業生（元勤労働員学生）の動向等々、いくらでもある。しかしながら、課題設定の確定が重要とはいえ、ストーリーや結論といったことは仮定程度にとどめておきたい。また時折、資料調査の準備はどの程度まですべきか、と問われることがある。この点はそのテーマの研究状況にも規定されるのでさまざまであるにしても、せめて現況把握は最低限のことである。資料の所在状況、地理的環境条件、地域の史的変遷、筆者は必ず一調査には一冊のノートを用意し、さまざまなデータを書き込んだり、貼り付けたり、あるいは調査項目を整理して臨んだ。事前に地域関係者の好意により豊富な情報を得て向かったこともあるが、必ずしもそのようなことばかりではなく調査を拒否されるか、消極的に対応されることもある。

筆者が校歌が大学史にあってきわめて重要な存在と知ったのは、明治大学において作詩者問題が起こった時である。それは学内関係者から「白雲なびく駿河台」にはじまる有名な校歌の作詩者は、それまでの児玉花外よりむしろ西條八十とした方がよいという問題提起であった。この問題は理事会の議題にまでなった。結局、大学史を担う筆者は理事会の命により調査研究に入った。当初は校歌の歌詞の分析に当たったが、ことは簡単ではなかった。ある情報により、静岡県の中伊豆町（現在の伊豆市）の寺院に児玉花外の資料が多く所蔵されていることを知った。しかし、寺院側は明治大学内の動向をすでにキャッチしており、不快感のためか、調査の承諾をしてもらえなかった。やむを得ず筆者は、同寺院からの寄託により展示をしている同県田方郡天城湯ヶ島町（現在の伊豆市）の伊豆近代文学博物館や同じく寄託されている東京都目黒区駒場の東京都近代文学館（のちに閉館）で調査をした。あるいは文学資料の多くを収蔵する同地の日本近代文学館にも幾度か足を運んだ。その間、再び中伊豆の寺院に連絡をしたが、やはり色よい返事を得られなかった。まもなく大学評議員より静岡県清水市（現在の静岡市）の井出洋子家に児玉花外の資料が存在することを知った。実は同氏の夫孝氏（伺う三カ月前に亡くなられた）は中伊豆の住職とはいとこであるため、筆者の調査に全面的に協力してくださった。「いや、あなたの執念には負けましたよ。いとこの家からも連絡がありましてね」と中伊豆上行院住職渡辺信勝氏のことばをいただいた時には、天にも昇る気分であった。平成一三（二〇〇一）年五月のことである。その後、数度の筆者の資料調査には大変に協力をしてくださるだけでなく、『明治大学史紀要』(7)にも一文を寄せてくださった。それだけでは終わらず、大学当局は地域校友会の協力により同寺院では児玉花外を偲び、マンドリン演奏会を催した。

なお、この間、筆者は山口県の長門市・萩市・山口市において花外の故地を訪ねたり、親族宅（山口市白藤美喜枝家）に伺うなど、飛びまわった。萩市指月公園はちょうど花見客で混雑していたが、酔客をかき分けて花外の歌碑を探し歩いた（見出した時、横で宴会をしていたグループは敷いてあるシートをずらしてくれた）。この調査中、長門・

萩では予備データが少なく一人で迷いながら歩いたが、それだけにひとつひとつが大きな成果となった。その調査結果を渡辺住職に報告した時には、しばし花外と日本海・萩の維新との関係のことで議論に花が咲いた。

この調査事例を通して筆者が述べたかったことは、資料調査は必ずしも最初から「本丸」で実施できるわけではないこと、その時には周辺調査を積み重ねることにより信頼関係を築くことも必要ということである。さらに資料調査は資料を介しての人と人の関わりであり、そのプロセスが大切であることも付け加えたい。

(2) 聞く、頼ること

「大学史と地方史」というテーマの研究を掲げて、おもに明治期の前半に明治法律学校の卒業生が帰郷後、地域の法律知識の普及と後進の育成のために法律学校を設立することの実相を求めて、全国を発掘して歩いたことがある。この報告と考察は、すでにいくつかのところで発表してあるので[8]、ここでは省略する。また調査状況についても、そのつど大学々内紙『明治大学学園だより』（のちに『Ｍ　ｓｔｙｌｅ』）で一面を使用し、写真を含めて公表してきた。岡山法律英学校の場合は、「大学史の散歩道」第29回を担当した際、「学校を発掘する（その６）――間野正雄と岡山法律英学校[9]」と題し、次のように書き出した。

　数少ない明治法律学校（後の明治大学）第一回卒業生の中に間野正雄の名前がある。ここではその間野について紹介する。彼は一八六四（元治元）年一月一五日、備前国都宇郡新庄上村（現岡山県岡山市新庄上）の名主の家に生まれた。少年時は近隣の足守藩校追琢館、漢学塾で学び、さらに岡山中学校（現岡山朝日高校）に進んだ。

（以下略）

実は間野が新庄上という所に住み、岡山法律英学校なる学舎開設していたことは、当時発行された『明治法律学校校友規則並表』に「都宇郡新庄上村一二七番地」に居住しており、「岡山区野田屋町　岡山法律英学校長」をしているとあった。あとは学内資料に第一回卒業生として名前が掲載されているだけであった。

平成一一（一九九九）年三月、熊本法律学校資料調査に向かう予定を二日繰り上げ、間野の勤務した閑谷学校の後身・岡山県立和気閑谷高等学校に立寄った。同校には同窓会館に資料室・展示室が付設されており、担当教員竹内良雄氏の案内のもと、所蔵資料中に間野の経歴等を知ることができた（この時は閲覧しきれず、のちに再び同校を訪ねた）。翌日は閑谷学校に出向き、同校資料館において小林恒夫氏により同校の資料を閲覧した。とりわけ同校卒業アルバムの中から間野を見出した時は心が踊った。この調査は何か今後への光明を悟った気がした。

しかし、本命は岡山市、とくに新庄上の調査である。全く不安な中、同年一〇月、岡山市に向かった。予備知識を得るため県立図書館郷土資料室において郷土関係図書と地域新聞に当たった。この際、一閲覧者に同室員は有意義なアドバイスをしてくださった。とりわけ明治初年の岡山区とその周辺の学校については『山陽新報』が有効とのことで、十分なデータを得ることができた。筆者は間野の住所「新庄上一二八番」のことも伺うと、位置を提示してくださった。翌年、正確には一〇月一八日朝、ＪＲ吉備線備中高松駅で下車した。駅前を見渡すと、岡山市役所高松支所があった。同所では「新庄上一二八番地」や間野姓について、当たってくれた。用事で支所に来ていた近所の故老も加わった。結果「そこは細長い地形」で、新庄上には間野家は無いとのことだった。絶望的になった。あてもなくなりその新庄上の地区に向かうと、途中に高松公民館があった。事務員の方や老人会の方々が話し合ってくれたが、結局、近所の渡辺武士さんが郷土史に詳しいと、訪問をすすめてくれた。渡辺氏は「間野姓は聞いたことがある」、そして、「新庄上の浅沼璋也氏を訪ねるとよい」とのことであった。伺ったところ、家人より「不在だが、午後帰る」とのことであった。

やむなく筆者は「一二八番地」を訪ねた。同番地の真横に三垣英二家があった。幸いなことに同氏は岡山県の歴史編纂に協力をされたことがあり、地域資料を所蔵、一点ずつ説明してくれた。そして同家本宅横の小さなスペース（細長いところ）に以前、家と井戸があったとのことである。支所の説明と一致した。

さらに三垣氏は、間野家跡地のことを思い起こし、同地へ案内してくれた。広い更地に井戸だけがあった。さらに以前、同氏に間野家跡のことを話したことがある近隣の赤城護氏を訪ねるとよいとのことであった。同家は間野家のことについて、庄屋であった等々、語ってくれ、近くの本隆寺に間野家墓地がある旨、話してくれた。急いで墓地に行くと、確かに間野正雄の墓があった。住職は不在であったが、夫人に後日、手紙を書く旨、伝えた。再び浅沼家を訪ねた。璋也氏は帰宅されており、間野家に関する資料を所持しておられた。さらに同氏は近隣の間野家関係の故地を案内してくれた。

実に多くの方々に、訪ねたり、お願いして、ついに間野家にたどりついた。三垣家の横「一一二八番地」は正雄が、同家衰退後に一時、居住した所であった。しかし子孫の方々の移住地は分からなかった。

上京後、本隆寺住職宛手紙を書いた。返信では現在間野家直系は倉敷市にお住まいとのことであった。一二月二一日、倉敷市郊外の間野忠衛（元医師、正雄孫）御夫妻を訪ねると、明治法律学校関係を含めて、多くの文書・新聞・写真資料を大事に所蔵しておられた。さらには岡山法律英学校の位置、正雄の行跡等々、客観的、かつ詳細な話をいただいた。しかも「論文は、事実通りに書いて結構です」ということばをいただき感動した。

翌日は朝、岡山ゴルフ倶楽部に向かった。その理由は、そこが正雄が一時、勤務した帯江鉱山（のちにゴルフ場）跡であることが分かったであったからである。予想外にも、クラブ・ハウスの方が鉱山について、詳述してくれ、さらに研究者の池田陽浩氏を紹介してくれた。池田氏は『帯江鉱山とその地域社会』という著書を有する方であった。午後には和気閑谷高校（前出）にて以前調査しきれなかった分に当たり、さらに次の日は岡山市立中央図書館で、間野正雄や足守藩・都宇郡関係資料を閲覧した。また同図書館敷地内の八角園舎は、明治四一（一九〇八）年六月竣工(10)にも関わらず教育的配慮（中心の広間を囲んだ八つの教場）がなされていることを館長の案内で知り、間野正雄が新たな教育をめざして活動した頃の岡山近代教育の一端に触れた思いであった。

ここでは、「足」を使って資料調査をする際、「聞こう」・「頼ろう」、つまり地域の人々に進んで教えを願おうということである。それは単に「だしに使う」・「いいとこ取り」といった次元ではない。

(3)共同・協力

大学史の資料調査は一人のこともあるし、そうではないことも少なくない。例えば多くの卒業生が地域博物館学芸員として活躍している場合、共同で調査に当たることもある。卒業生でなくとも有能な館員とともに調査をして成果をまとめたこともある。一例をあげると福井県鯖江市立資料館長の竹内信夫氏（前節5(3)で紹介）とは、明治法律学校創立者矢代操の調査研究を行い、展示だけではなく『明治大学創立者　矢代操』等を刊行した。(11)

こうした事例は枚挙にいとまがないが、ここでは愛媛県四国中央市における安藤正楽の調査のことを紹介する。筆者は安藤正楽のことを、『明治大学広報』(12)に「21世紀を想わせる卒業生・安藤正楽」と題して、資料調査の中間報告を報知した。その書き出しは以下の通りである。

幕末維新から第二次大戦後まで、八六年間を「平和・自由・人権」のために生きた一人の明治大学卒業生がいた。資料を所蔵される、愛媛県宇摩郡土居町（のちに四国中央市）の安藤亮一家に出向いたのは平成一二（二〇〇〇）年八月のことである。親族の山上次郎家・山上蒼家も含め資料は厖大であることが分かった。その三ケ月後、明治法律学校を中心に再度、資料調査に向かった。その結果、次の三つのことを決めた。

・明治大学史資料センターでプロジェクト（分科会）を組み、調査研究に当たる。
・地域で合同により調査をする。
・地域外（県内外）へ調査を及ぼす。

この調査は平成一八（二〇〇六）年八月まで続けられた。また一六年末から、明治大学史資料センター内に「安藤正楽研究会」を組織し、研究に当たった。その結果は一九年三月に同センター『大学史紀要』第十一号に「安藤正楽研究」としてまとめられた。この間、資料調査状況について、前記学内紙だけではなく地元紙、あるいは中央紙に掲載された。以下、長文であるが、愛媛新聞社の求めにより筆者が『愛媛新聞』第４２９２７号と第４２９２８号の二号にわたって「安藤正楽の調査と研究――足を使い人物像探る――」という題名で執筆した記事を途中から紹介する。(13)

正直なところ、安藤正楽という活字をはじめて目にした時、「せいらく」と読んだ。確か、安藤正楽という明治大学（当時明治法律学校）の卒業生がいたということは、一度くらいは聞いたような気がする。筆者の認識はその程度のものであった。明治大学史の仕事を任とする筆者がそれくらいだから、学内の実情は大体想像できる。ところが、正楽のおいに当たる山上次郎氏による正楽研究のことが、文学の研究を通して懇意であった本学文学部玉井崇夫教授（愛媛県出身）から、筆者に伝えられたのは四年前のことであった。（略）

玉井教授と筆者が山上次郎家と安藤亮一（正楽の令孫）家を訪ねたのは平成一二年八月のことであった。地方史研究のため長年、土蔵に入り史料調査をしてきた筆者としては、やりがいがあることと直感した。筆者は歴史の研究のためには「足と頭を使え」と指導されてきたし、そのことを信条としている。「足」とは現地を歩き、現物を見ることである。「頭」とはそれをもとに理論構成をすることである。とりわけ、前者の比率はかなり大きい。

ところで、安藤家の史料は膨大にある。この史料をどのようにしたらよいのか思案した。このことが気になり、秋が深まった頃、もう一度、両家に伺った。その結果、基礎作業として史料目録を作ることが必要と判断した。順序は安藤家、次に山上次郎家、そして山上蒼（正楽のおい）家とした。史料整理はやさしくはない。それは史料が多いということだけではない。文書以外、多面にわたっていることであり、またその文書のほとんどが私文書であるということによる。しかし、この作業を終えないことには、われわれは正楽のさらなる研究はできないし、また史料の劣化を食い止められない。いわゆるつまみ食い的な史料調査は、研究を後退させたり、真実ではないことを伝えてしまうのである。歴史研究とは事実を確定し、さらに他との関連性を有機化するためである。だからどうしても地道な基礎作業が必要なのである。

目下、基礎作業を進めているところである。まだ「頭を使う」段階ではないが、それでも時々、作業をしながら抽象化とか体系化を考えることもある。そのために、いわゆるマクロな視野で筆者は次の三つの方法（しかけ）を用意している。ひとつは事実の検証をするということ。

また正楽を取り巻いた社会や周辺の人々のことを念頭に置くこと。さらに筆者が目下、進めている「大学史と地方史」論を応用すること。ここでは、この三番目の手法を紹介する。明治期、青少年はなぜ上京して勉強しようとしたのか、上京して何を学んだのか、また学んだことを郷里でどのように生かしたのかという問題を解明することである。正楽の残したり、学んだ明治法律学校等の史料を分析することにより、正楽の歴史的な位置と意味、さらには近代日本における中央と地方の相関関係を明らかにすることができる。

一方、ミクロな視点も用意する必要がある。安藤・山上両家は正楽に最も身近な人達であるだけに、その事実に詳しい。しかし、われわれのなすべきことは第三者から見たミクロな視点である。一口で言えば「生活史」の観点から迫るということである。土居という地域、そこの家に住む正楽の現実的な日常生活を解明することである。そのため筆者は東京大学明治新聞雑誌文庫にて明治期の『海南新聞』をめくり、正楽や地域の関係記事を抜き出し、目録にすることを急いでいる。例えば、一八九四（明治二七）年八月四日の記事「臨時召集軍兵遺族救助」によれば、正楽らは日清戦争へ召集された予備後備兵らの遺族へ義捐金を贈る活動をしている。こうしたことが、やがて「忠君愛国の四字を滅すべし」という正楽の表現のもととなっている。とくに生活史研究にとって心強いのは、膨大な手紙や日記が残されていることである。またこの調査の過程で正楽からの聞書集が発見された。そこにはバクチ、鉄砲、戸長など地域・家・個人に関するさまざまなことが記されている。地域や家に規制されながらも、自己を最大限に表現しようとした正楽の実態を知り得る好材料である。

昨夏の調査から町教育委員会の方々、郷土史家、愛媛県歴史文化博物館学芸員も加わり、今夏は一六名で史料調査をした。地域と大学、それぞれ立場や目的は異なりながら、一体となって調査に当たった。また町は今年度より作業場所の提供等、便宜を図ってくださった。

安藤正楽の研究を広げ、深めるにはまだ足を使っている段階である。研究とはそうした陰の部分が多い。とにかく足を使っていくしかないのである。

この表題には「足を使い」云々を副題としたが、それとともに、あるいはそれ以上に強調したかった点は地域におけるさまざまな職業・立場の方々と共同で資料調査に尽力したことである。

なお、この安藤正楽の研究結果（筆者分）は、本書第二章二に「明治期青年の上京と修学」として掲げた。

(4) 周辺・他の分野

前述した安藤正楽調査では関連する人物や事柄について、安藤家およびその親族の資料を調査した。それだけではなく近隣の各家でも文書調査をしたり、聞き取りも行った。さらには隣接の市・村、松山市、東京都の目黒区・千代田区等々にまで広げた。まさしく大きな基点から各所へと飛ぶような調査であった。

ところで、そうした調査とはやや目的や方法を異にする資料調査をしたことがある。以下のことは前節でも簡単に触れたが、ここではやや具体的に述べたい。

平成一四（二〇〇二）年九月三日、山形市と天童市に向かった。明治大学創立者宮城浩蔵に関する資料調査のためであった。このころには同地には何度も足を運んでおり、また知り合いの方々も増え、山形市の山形県立図書館、天童市の三宝寺・天童市立図書館と実にスムーズに進んだ。翌日朝、明治大学、そして筆者の活動に理解と協力をしてくださっていた遠藤登市長（当時）のことばを想い起した。「格知学舎に行ってみるとよい」。

残りの調査を終えてから、市域農村部・貫津という集落に向かった。平地から山間部にかかる同地に「格知学舎」はあった。この学舎は明治二（一八六九）年二月、地域民が上山藩校明新館督学の本沢竹雲を招聘して開設された。本沢は儒学を中心としつつも、仏教や神道にも精通していた。のちに同学舎は「ちょんまげ学校」と通されるように、皆、髷を結っていた。このことからも察知できるように、本沢の教えは江戸時代以来の伝統を保守せんとするものである。

筆者は直系であり、管理者の本沢孝一氏を訪ねた。突然にもかかわらず同氏は建物や収蔵庫等々を時間をかけて案内、さらに教場で多くの資料を広げて竹雲や門人のことを話してくださった。それだけではなく、近隣の諸家を訪ね、資料調査や聞き取りの案内をしていただいた。

この調査で、本沢竹雲の格知学舎は同時代・同地域・さらに同じ学問・教育にありながらも、筆者が調査の主対象としていた、近代法の研究・教育に尽力した宮城浩蔵とは対称的であることを痛感した。明治時代に近代を迎えた日本が必ずしも全てが一直線に西洋路線に突き進んだというわけではなく、伝統と革新・中央と地方・市街地と農村部等々、さまざまな要素・条件を検討しなければならないことを知らされた。そして資料調査は主目的だけを対象とするだけではなく、周辺の他分野にも目を配らなければならない。

この衝撃的な一件を天童市の講演で、次のように打明けた。

つまり宮城浩蔵をこの天童の町場の方で調査をしておりますと、天童の街→宮城浩蔵→日本の近代化・世界へ、とイメージができておりました。ところが、あの貫津の方の農村部に行きまして、格知学舎の階段を降りながら考えこんでしまいました。つまり、宮城浩蔵が育ったり、帰省した頃に、伝統的な塾が同じ様に天童で栄えていたということ。洋学、フランス法に対し儒仏学という非常に対極にある学問教育。そして上京した宮城浩蔵に対して地域に戻った本沢竹雲という。これらのことをどのように考えていったらいいのだろうかと。やはり格知学舎の方のことも分からなければ、日本の近代を解けないのではないのか、ということを考えまして、大変憂鬱な思いをしながら階段を降りて帰ったわけであります。そうしてみますと、私は地域を歩くのが得意ですけれども、天童に来て、町場の方ばかりを歩いていて、周りの農村部に目を向けることが少なかったのではないのかと反省しました。(14)

(5)「外への調査」ということ

再度、強調しておきたいことがある。筆者は、第一章において、地域を徹底して資料の調査をし、そうしたことにより環境・条件をおさえた上で、文化史等の具体的テーマを設定することを主張した。そしてその調査方法を「内での調査」と呼んだ。調査上の意識としては悉皆・博捜というイメージであり、あえて図形にたとえれば球の中をはいまわるようなものである。しかし、こうした方法だけでは地域や時代の全てを解明できないことも思うようになった。それによりまず考え出したのが「外」との関わり、とくに文化面では「上から」のものと「横から」のものへの着目であった（以上、第一章記述）。

その思いは、大学史活動を進めることにより、「外への調査」を見出すこととなった。つまり一定のテーマ・ひとつの地域の調査だけではなく、関連のテーマや他の地域とを強く結びつけるのである。例えば大学史では中央・大学の事柄を把握した上で、地域・地方等の調査をすることにより、近代日本の特質である中央と地方地域の相関を把握できるのである。「外への調査」は照射・追求といった意識、図形で表現すればひとつの基点から飛び立ち（飛ぶ距離はさまざま）、角錐の頂上に降り、やがて底辺へと広がっていくといったイメージである。

こうした「外への調査」の実践や研究結果は、これまで本書第二章や本章でも紹介してきた。例えば創立者出身地や地方法律学校等々。いずれにしても地域の調査は「内なる調査」と「外への調査」の二つの方法を駆使すべきである。

5 結果

(1) 資料調査の醍醐味

大学史活動における資料調査を通して、有意義に思ったことは数多いが、第一は当時のトップレベルや最新の資料に接することができたことである。明治大学記念館解体の際は設計に関する最高技術の図面が六〇〇枚以上、当時の設計者の子孫より寄贈された。外柱彫刻については、日本溶射工業会から当時、世界一級の先端メタリコン技術との報告書が届いた。

卒業生三木武夫元首相に関する多量の文書・物品等を夫人睦子氏より寄贈された時は、当時の日本を先導した生の資料に接することができた。この三木武夫のことは本書第二章三「地域から東京、そしてアメリカへの修学」も併せて閲読いただきたい。

あるいは創立時以来の講義録、著作、原稿等を受贈・収集するたびに当時の学問や芸術の水準を想い、あるいは野球用品、ラグビー・ボール等に触れるたびに大学スポーツの華やかさを味わっているようだった。

大学史という新しい分野にとって新たな事実の発見や資料の発掘は感動と喜びの連続である。具体例をあげればきりがないので、一例だけとする。筆者はかねがね五味（のち百瀬）武策という人物に関心を寄せていた。理由は明治法律学校第一回卒業生であること、出身県の長野県は同校入学者（明治期）がきわめて多いこと、同人はのちに判事となり、赴任先にあった法律学校で教鞭をとっていたことである。出身は現在の塩尻市南内田であった。知人の紹介で同市立平出博物館長に情報提供を依頼した。それを受けて平成一四（二〇〇二）年一二月、末孫の五味信子宅を訪ねた。かなりの積雪の日であり、道無き中を迷いつつ、幕末維新期建築という屋敷にたどりついた。大歓迎を受ける中、武策関係資料を拝見、さらに高齢の同氏は雪の中、杖をつきつつ、関係の場所を案内してくださった。

武策は百瀬家に養子となったが、その家は東京都中野にあるとのことであった。翌年二月、百瀬正雄家に連絡、多くの資料を閲することができた。その中には創立時における創立者の書簡・日記・辞令等も含まれていた。筆者は早速、学内紙『明治大学広報』[15]に「大学史資料調査報告　明大創立時の資料を発見」と題した記事を書いた。

また、これと並行するように広島地方裁判所勤務時についても調査を二回ほど実施したが、この際は広島市立中央図書館、県立文書館、さらに呉市（編さん室）にまで足を運び、予想以上の成果があった。またこうしたことを知った全国大学史資料協議会会員より、広島法律学校講義録と講義ノートが多数、神田のある古書店で販売されていることを知り、購入できた。百瀬武策の資料調査は、創立者による文書まで発見にまでいたるとは予想だにしなかった。

資料調査冥利に尽きる、と思うことはさらにある。このこともまた必ずしも大学史の資料調査に限るとはいえないかもしれないが、あえて記す。

平成八（一九九六）年一〇月、学内において総務理事より呼ばれた。数日前、校友より「明治大学目黒施設使用計画図」を受贈したので、保存するようにとのことである。このことについて、筆者は『明治大学カード　ＬＩＮＫ　ＴＯＧＥＴＨＥＲ』vol.８[16]に「伊藤家旧蔵資料とＧＨＱ関係文書」と題して一文を物したので、紹介する。

さほど遠いいにしえのことではないのに、その実情がよく分からないということはままある。戦後、占領軍統治下の頃のこともそのひとつである。それでも近年はいわゆる「ＧＨＱ文書」の公開・研究により、かなりその実態が明らかになってきた。教育に関することもその例外ではない。しかし、こと大学史の分野についてはまだまだ、かなり不明なことが多い。むろん、この時期の明治大学についても同様である。

ところで、最近、明治大学歴史編纂事務室にこの頃の明治大学史をひもとくうえで大変貴重な史料が寄贈された。ひとつは岐阜県中津川市在住の山本鉑氏（元名古屋大学事務局長、前中部大学副学長）からの占領期の教育史料である。どれも目新しい文書であるが、とくに目黒の「エビス・キャンプ」（戦前は海軍技術研究所、戦後は連合軍接収、現在は防衛庁技術研究所等）関係のものは明治大学史にとっては興味深い。すなわち、当時、工学部の用地を求めていた大学は占領軍接収の用地払い下げに期待したのである。そして、その広大な土地の青焼き図面の上にははっきりと「明治大学分」記されている。

もうひとつは東京都杉並区在住の伊藤好一氏（元明治高校教諭　歴史研究の第一人者）からの父・故伊藤省吾氏関係史料である。多種多様な史料の中に日記・手帳がある。その一行一行からは新制明治大学が敗戦直後、再建に向けて苦悩しているようす、反面、希望に燃えて邁進している気概が読み取れる。例えば、敗戦直後にはしきりに大学用地を求めて千葉県内・東京都内の候補地を歩き廻ったり、大蔵省・千葉県庁等を訪ねたことを記したメモが見うけられる。

このように、史料によって戦後まもないころの大学史の空白は確実に埋められ、さらにまた事実と事実がつながることによって、より大学史は豊かになる。いや大学史だけではなく歴史全体が、というべきである。別々の資料と思っていなかったものが、つながる。これこそ大学史活動、とくに資料調査のしがいである。なお、このことが機縁となり、岐阜県中津川市の山本家を訪問、戦後教育資料、あるいは長年探し求めていた女子部制帽をも受贈することとなった。

(2)社会貢献

資料調査において多くの人が経験するのは、所蔵者から「こんなものでも貴重なんですか」と聞かされることである。実際、それが歴史上の、いわゆる「一等資料」といわれるものとは比類できないことがある。しかし貴重ではない資料というものはない。「そうですか、それなら今後、大事にします」という言葉を聞かされると、資料の保存に一役買った気分になる。

資料の調査は大学史活動の始まりであることはすでに述べた。それが契機となり、大学史の社会参画に結接したことは数多い。例えば地域との交流である、一例をあげる。筆者が明治大学創立者宮城浩蔵の出身地・現山形県天童市を訪れたのは平成二（一九九〇）年一二月のことであり、以降、毎年幾度も資料調査をした。それにつれ、天童市立旧東村山郡役所資料館・市中央公民館、さらに市長・教育長と講演会・展覧会・胸像建設等々で、あるいはまた天童郷土史研究会員と研究会で、交流・協力が盛んとなった。さらにその波は隣接の山形市や山之辺町にも及んだ。当然、校友会山形支部の人達とも出版やイベント等が盛り上り見せた。また資料所蔵者とも年々、連絡・協力が密となったことはいうまでもない。

付論――学内資料について

(1)学内歩き

ここでは大学内の資料のことを扱いたい。とすると大学の立地は本書で扱う「地域」なのかということになる。地域であるといえばいえるし、ないといえばそうかもしれない。無用な議論を避けるため、付論として扱うこととした。また学内の資料調査というと、調査というよりも収集の域と思われるかもしれない。確かに、狭義のアーカイヴズの論理では、そうかしれないが、学内資料の調査はあるし、しなければならない。したがって、ここでは「大学史を歩く」を学内の場合について綴りたい。このことは、時には前述した一定の基点での調査（「外への調査」の前段階）

の場合もありうる。

筆者は大学史活動に関わりはじめた時、いつもの地方調査の癖で、どのような所に「獲物」があるか、時間が許す限り学内を「徘徊」した。他のキャンパスに出張した時も、授業や業務が終わると校舎内外を「うろついた」。一番好みの場所はゴミ捨て場であった。公文書・教材・教具、備品等々さまざまなものがあり、拾ってきた。業者による粗大ゴミ回収日には、回収前に飛んでいった。ここでは現用文書ではなくとも貴重なものが稀にあった。その内、場所だけではなく時期的なことも考えるようになった。例えば年度末、教職員の定年退職時、学内組織変更時、建物解体時、用地売却時等々である。

この内、明治大学三代目記念館の解体（新校舎「リバティタワー」への建替）のことについて、簡単にふれたい。関東大震災によりことごとく崩壊した明治大学、とりわけ中心的シンボルであった記念館（二代目）が再建されたのは昭和三（一九二八）年三月のことである。「大鳳の翼」と称されるほどの巨大な建物の三代目記念館は平成八（一九九六）年三月に解体工事が開始されることとなった。

この解体工事に先立ち、大学では管財部が主管となり、各部署の仮移転の説明会があった。一通り、説明・質疑応答が終わったあと、筆者は大学資料の保存、収集を依頼した。そのことを声高にさせたのは、すでに引越準備を予備的に開始していた短期大学事務室から女子部以来の校旗・文書移管を打診されていたからである。この依頼の効果は大きく、さまざまな部署や機関から資料の移管を受けることとなった。

また大学資料の収集・保存を耳にした学内関係者、とくに職員からはさまざまな資料が寄贈された。中には三代目記念館に関するグッズ類（ペナント、灰皿、オルゴール、マッチ等）も届けられた。また、別の職員は記念館解体経過を撮影し、アルバム仕立てにして寄贈された。

大学史の業務を担う筆者は日々学内を巡回して、「獲物」（学内資料）を追っていたが、この時はその度合が頻繁となった。記念館内の総務部や教務課等の収蔵庫は各管理者の了解を得て入室した。また地下室は「無法状態」に近く探険気分であった。当然、施設設備の関係のものにも留意した。例えば壁布・カーテン・塑像等々である。時には工事業者に依頼して土留鉄骨・講堂椅子・外柱メタリコン彫刻・ドーム屋根銅板・土台レンガ（二代目記念館当時）等々を取りはずしてもらった。この機会を逸すると永遠に資料は忘失してしまうという気持であった。このようにしていくと自然、直接担当部署の施設整備推進室だけではなく、さまざまな部署・機関から声をかけられるようになった。こうしたことは列記するときりがないので止める。そして、何よりも有意義であったのは、これを機に、以降も資料の移管に協力する部署・機関が増加したことである。

(2) 組織的資料の調査収集

とはいえ、以上のような学内資料の調査・収集は、あたかも一人で柄杓を持って掬って歩いているようなものである。これにはおのずから限界があることは目に見えており、組織的な系統性が求められた。

記念館解体頃より、大学史の世界でも徐々に、狭義の「大学アーカイヴズ」つまり学内業務文書の保存が問題視されはじめた。その先駆的存在は京都大学文書館である。また広島大学文書館でも二元的（公文書と大学史資料）機能を特色とするようになった。この傾向は年々増大しつつあり、とくに国立系大学では、旧帝国大学を中心に先行しているといってよい。その背景には何といっても、法的裏付け（公文書館法・公文書管理法）がなされていることが第一の理由であるが、それ以外にも端的にいえば文書管理の安定性や用地・収蔵スペースのゆとり（私立大学等に比べ）等々も指摘できよう。それに対して私立大学の場合は問題や課題とすることが多いのが実情である。その理由は経営、つまり営利が最も優先されることである。それもあって組織変更が始終なされる。つまり経営、次に研究、次に教育といった順序が一般的である。スペースの狭小さ、つまり「効率」のよい利用も資料保存をしにくくしている要因である。また資料が集中的に存在しないのは、個人の学校として出発したり、また卒業生（校友）の力が大きく、個人的・個別的に散在したり、時には処分されていることが多いためである。さらに公文書館法や公文書管理法が国立大学ほどの影響が無い、はっきり言えば適用外というのが実情である。したがって学内業務文書中心の「大学アーカイヴズ（狭義）」の必要性を主張しても「他大学ではどうか」と問われることが多い。近年、ごく一部の私立大学にあっては先進的に試行しているが、実際にはまだ思考のレベルであるので、「わが校では時期尚早」といった具合になってしまう。

だからよいというわけにはいかない。以下、正に試行錯誤の実態を簡潔に述べる。学内資料の調査・収集・受入について、検討をはじめたのは平成一五（二〇〇三）年二月であった。それは明治大学歴史編纂事務室の職場研修で中心の議題とされた。同室は二カ月後には明治大学史資料センターとして改組・拡大されたが、事務局員（管理職、専門職、事務職、嘱託）により続行された。各自、研究発表をし、討論を行ったり、学外関係の大学・機関の見学もした。中心のテーマはやはり学内資料の所在状況把握、文書に関する学内規程の検討、収集規程案の作成等々であった。

この間、平成二〇（二〇〇八）年になり、いよいよ大学史資料センターに分科会として「アーカイヴズ研究会」が設置された。しかし実際には筆者が中心とならざるをえなくなった。そして同年一〇月の同センター運営委員会に、「学内資料の収集・保存」という素案を提出したが、全く異論はなかった。その後の同案の検討は事務局担当者と進めた。外では早稲田大学大学史資料センターのアーカイヴズセミナーに参加したり、内では総務部総務課担当者や管財課等々と調整をするなどした。そして作成した資料の「学内資料の収集・受入について（職場研修、経緯）」、「学内資料収集概要（法的措置、対象部署・機関等、保管場所、各部署・機関との連携、公開、作業計画、その他）」、「明治大学史資料センター資料収集業務に関する内規（全一一条、資料等寄贈申込書、資料等受領書）」、「関連法規等（文書ファイル管理システム、明治大学史資料センター資料公開基準、明治大学史資料センターで公開できない資料について、明治大学史資料センター規程、文書の整理及び保存に関する規定)」によりセンター運営委員会に最終提案をし、了承された。さらに平成二二(二〇一〇)年三月二四日に担当の総務理事へ要望書を提出、前向きの回答があった。(ただし、残念ながら筆者は同月三一日付で定年退職となった)。その後、明治大学では年一回、「文書整理期間」を定め、各部署からの不要資料を大学史資料センターへ移管することとなった。

まとめに代えて――さらなる大学史資料調査にむけて――

大学史活動のさらなる発展を願う筆者は現在、次のようなことを考えている。それは何といっても大学史資料の部署・機関における専門職制度の確立である。それは専任であるなら専門職という職位でもよいし、教員や職員の身分でもよい。いくら機械化・デジタル化が進展したとはいえ、やはり大学史活動、とくに資料調査は「人」である。その人といえば、学内の各部署・機関に連絡員・通信員の設置(兼務でも可)をすすめたい。あるいは友の会のようなものを組織することも有効であろう(むろん、友の会は会としての活動もあるが)。こうしたことは、随分、学内、さらには全国の多くの方々から資料の受贈や情報提供に支えられてきた経緯がある故、力説できることである。

最後に、資料調査の共同・連合・統合ということを強調したい。それは各大学で連合したり、あるいは地域(国外も含む)と連携(安藤正楽研究については既述)することが考えられる。さらに拡大して、全国大学史資料協議会のような全国的な大学史の団体が中心となり、例えば「大学昇格」・「戦時下の対応」・「学園紛争」・「国際交流」などといったテーマを掲げて調査や収集に関する情報提供や実践的な活動をするとよい。実際、同協議会東日本部会は、平成二二年一月に「大学の設立」というテーマで大学史展を開催したのであるが、その際、詳細な各大学の資料・情報の収集やデータの分析を行ったのである。(17)

注

（1）「宮城浩蔵——その東京時代と山形」『大学史紀要』第六号、明治大学、平成一三年一一月。
（2）日本経済評論社、平成二二年一〇月。大学史活動とは、同書において単なる大学史の研究だけではなく、資料調査収集・整理保存・利用活用・社会参画を総称したものとした。
（3）詳細は『明治大学百年史』第一巻史料編Ⅰ（明治大学、昭和六一年三月）を参照されたい。
（4）『明治大学史資料センター事務室報告』第二十五集（明治大学、平成一六年三月）。
（5）平成八年一一月、名著出版。
（6）前出『大学史および大学史活動の研究』。
（7）「晩年の花外と日蓮思想のめぐりあい——その安心と更なる誓願——」『大学史紀要』第七号、明治大学、平成一四年一二月。
（8）前出の『大学史および大学史活動の研究』・『幕末維新期　地域教育文化研究』、『歴史編纂事務室報告』第十九集（平成一〇年三月、明治大学）、同第二十一集（平成一二年三月）。
（9）『明治大学学園だより』明治大学、平成一二年五月一五日付。
（10）明治一八年四月に川東幼稚園保育場として設立。平成一一年三月に、解体・保存されていた建材を利用して復元。
（11）矢代操先生胸像建設実行委員会、平成一五年一一月。
（12）第五三〇号、平成一五年一一月一日付、明治大学。
（13）愛媛新聞社、第42927号は平成一四年一一月二四日付、第42928号は同年同月二五日付。
（14）前出「宮城浩蔵と山形の人々」。
（15）明治大学、平成一五年八月一日付。なお、五味信子家の資料調査のことは、同紙同年二月一日付で報知済。
（16）明治大学、平成一〇年四月一五日付。
（17）目下、全国大学史資料協議会東日本部会では、東京神田における明治初年の法律学校の設立と学生街の形成について、共同で調査や研究をしており、展覧会も計画している。

おわりに

「資料調査に行く」と言うと時々、その近くの観光地をあげて、羨ましがられる。しかし、そうした所に寄ったことは一度もない。例えば本書でも取り上げた千葉県旭市では数えきれぬほど資料調査をしたが、一度も九十九里海岸に行ったことがない。金沢市の兼六公園の周辺には五回ほど行ったが入園したことはない。それは意固地になっているわけではなく、調査時間がたつのがあまりにも早く、その余裕がないからある。昼食をせず飛び回ったり、あるいは収蔵庫や土蔵から出てきたら周囲は薄暗かったということも一度や二度ではない。しかも一回で完結することはほとんどない。座席指定列車の時刻が迫る中「こんなものでよかったらまだありますよ」と家人が追加して出してくださった文書に茫然としたり、地元博物館学芸員より「行っても文書《もんじょ》はありませんよ」というのに一日中、大字中を訪ね歩き、顔は真赤に焼け、ついに夕方、最後の家で「こういうものならありますよ」と保存箱を示されたが、次回の調査をお願いし、あわてて空港に向かったこともある。また調査が終わりそうになると、家人は「こういうものを持ち回ってますよ」と区有文書を出してくれたり、「そういうものなら、あそこの家にあるかもしれない」と教えてくれる。だから資料調査に終わりはないのである。

しかも資料調査を進めると、新たな資料の出現により、分からなかったことが、「なるほどこういうことだったのか」ということになる。あるいは資料を手に周囲をながめることによって「検地の上田とはこういう所なのか」と納得する。資料調査は疑問や混迷を解決するとともに、次の段階を展望させてくれる。

目下筆者の関心は長年の調査研究で扱うことの多かった人物、とりわけその人物像の描き方とか、人物の評価に関心がある。なぜかといえば今まで、最も苦しみ、迷ったのは大学史活動において創立者を調査研究した時である。それはあまりにも、資料に基づかない「美談」が多かったり、時には創立者を呼び捨てにするといぶかしがられることもあった。あるいは歴史的に重要ながらも、いわゆる「負」の部分を意図的に隠蔽している大学も少なくなかった。何事も暴けばよいというわけではないにしても、それでは大学史活動のみならず歴史学は発展しないと思った。だが人物の取り上げ方は難しい。筆者は近年、利光鶴松という小田急電鉄創業者の幼少時代のことを調査し、小論として発表（「大学史の人物・調査・郷土」『大学史紀要』第十四号、明治大学、平成二二年三月）した際に、人物の調査研究の基本となるべき項目をまとめたことがある（その原文は本書第二章二「明治期青年の上京と修学」等にある）。その後、現在は江戸時代の大原幽学について、没後の顕彰に関することを調査している。そして行く行くは人物研究論の確立に少しでも寄与したいと考えている。

なお、最後に本書各章の初出について記しておきたい。

第一章　一　幕末維新期の地域社会と数学知識（新稿）

二　ある農家の生活と文化（「伊古立村」、木村礎編著『村落生活の史的研究』八木書店、平成六年一月）、加筆・修正

三　地域の文化形態と景観（「村落生活と文化」、同右）、加筆・修正

第二章　一　「自由民権期の法律学校学生と地域」（「初期明治法律学校と地域および学生――佐藤琢治を中心に――」『明治大学教職課程年報』No.16、明治大学、平成六年三月）、加筆・修正

二　明治期青年の上京と修学（「明治前期・青少年の修学事情――安藤正楽の場合――」『大学史紀要』第十一号、明治大学、平成一九年三月）、加筆・修正

三　地域から東京、そしてアメリカへの修学（「三木武夫の修学時代」、小西徳應編著『三木武夫研究』、

日本経済評論社、平成二三年一〇月）、加筆・修正

第三章　一　木村史学における文化史論（「文化史から見た木村史学」『大学史紀要』第十六号、明治大学、平成二四年三月）、加筆・修正

二　地域文化史調査の軌跡（新稿）

三　「大学史歩き」の提唱（新稿）

なお、本書の執筆に当たって、第一・二章の研究結果と第三章の資料調査実践録を構成・内容面で整合させることを検討したが、完全にはなっていない。しかし、大概、一致するように努めたつもりである。

本書は、木村礎元明治大学教授・学長（故人）や吉本富男元埼玉県立文書館長・元同県立浦和図書館長をはじめ、多くの方々の御指導をいただいた結果のものである。また資料所蔵者や図書館・博物館等の各機関や大学・大学史団体にも御協力をいただいた。感謝してもしきれないほどである。

本書の刊行に当たっては日本経済評論社取締役栗原哲也氏、出版部の梶原千恵氏には大変お世話になった。末筆ながら謝意を表したい。

[著者略歴]

鈴木秀幸（すずき・ひでゆき）

千葉県鴨川市に生まれ、育つ。明治大学（学部・大学院）で学んだのち、埼玉県の公立高校の教員となる。その傍ら、恩師・木村礎先生の指導を受け、幕末維新期の地方庶民文化史を研究する。明治大学入職後は、百年史の編纂、大学史資料センターの設立・運営あるいは歴史学・教育学の授業に当たる。その間、学位（史学博士）を取得する。同大学退職後も授業（非常勤）をしたり、旭市の大原幽学記念館の業務に関わっている。主著には『幕末維新期　地域教育文化研究』（日本経済評論社、2010年）や『大学史および大学史活動の研究』（同）などがある。

地域文化史の調査と研究

2013年10月8日　第1刷発行　定価（本体4800円＋税）

著者　鈴　木　秀　幸
発行者　栗　原　哲　也

発行所　株式会社　日本経済評論社
〒101-0051　東京都千代田区神田神保町3-2
電話 03-3230-1661　FAX 03-3265-2993
info8188@nikkeihyo.co.jp
URL: http://www.nikkeihyo.co.jp
印刷＊文昇堂・製本＊高地製本所
装幀＊渡辺美知子

乱丁落丁はお取替えいたします。
Printed in Japan

ISBN978-4-8188-2290-0